民营企业社会责任研究

李秋华 著

浙江工商大学出版社 | 杭州
ZHEJIANG GONGSHANG UNIVERSITY PRESS

图书在版编目(CIP)数据

民营企业社会责任研究 / 李秋华著. —杭州:浙江工商大学出版社,2019.10

ISBN 978-7-5178-3461-8

Ⅰ.①民… Ⅱ.①李 Ⅲ.①民营企业—企业责任—社会责任—研究—中国 Ⅳ.①F279.245

中国版本图书馆 CIP 数据核字(2019)第195330号

民营企业社会责任研究
MINYING QIYE SHEHUI ZEREN YANJIU
李秋华 著

责任编辑	范玉芳 谭娟娟	
封面设计	林朦朦	
责任印制	包建辉	
出版发行	浙江工商大学出版社	
	(杭州市教工路198号 邮政编码310012)	
	(E-mail:zjgsupress@163.com)	
	(网址:http://www.zjgsupress.com)	
	电话:0571-89995993,89991806(传真)	
排　版	杭州朝曦图文设计有限公司	
印　刷	浙江全能工艺美术印刷有限公司	
开　本	710mm×1000mm 1/16	
印　张	16.75	
字　数	247千	
版 印 次	2019年10月第1版 2019年10月第1次印刷	
书　号	ISBN 978-7-5178-3461-8	
定　价	49.80元	

序

李秋华老师的学术专著《民营企业社会责任研究》历经艰辛打磨写就，知其学之维艰、写之维艰，诚愿为之作序。

一

一个时代有一个时代的主题，一代人有一代人的使命。历史，总是在一些特殊年份给人们以汲取智慧、继续前行的力量。

2018年，是中国改革开放四十周年。四十年来，党领导全国各族人民以一往无前的进取精神和波澜壮阔的创新实践，谱写了中华民族自强不息、顽强奋进的壮丽史诗。从农村到城市、从经济领域到其他各个领域，全面改革的进程势不可挡地展开了；从沿海到沿江沿边，从东部到中西部，对外开放的大门毅然决然地打开了。这场历史上从未有过的大改革大开放，极大地调动了亿万人民的积极性和创造性，使中国人民的面貌、社会主义中国的面貌、中国共产党的面貌发生了历史性的变化。

正如习近平总书记2018年11月1日在民营企业座谈会上的讲话中指出的：四十年来，我国民营经济从小到大、从弱到强，不断发展壮大。概括起来说，民营经济具有"五六七八九"的特征，即贡献了50%以上的税收，60%以上的国内生产总值，70%以上的技术创新成果，80%以上的城镇劳动就业，90%以上的企业数量。民营经济已经成为推动我国发展不可或缺的力量，成为创业就业的主要领域、技术创新的重要主体、国家税收的重要来源，为我国社会主义市场经济的发展、政府职能的转变、农村富余劳动力的转移、国际市场的开拓等发挥了重要作用。长期以来,广大民营企业家以敢为人先的创新意识、锲而不舍的奋斗精神,组织带领千百万劳动者奋发努力、艰苦创业、不断创新。我国经济的发展能够创造中国奇迹,民营经济功不可没!

二

李秋华老师的新作《民营企业社会责任研究》,切中了改革开放四十年的历史境脉,也切中了浙江民营企业的发展实际。

浙江亦可谓因改革开放而生,因改革开放而兴。改革开放如春风化雨,万千草根在浙江这片热土上创业创新。改革开放以来,浙江发展成为中国最开放、最具活力的省份之一,经济社会发展取得巨大成就。这种成就的取得,与浙江民营企业家有着密切关联。浙江民营企业发展与改革开放历史性同步,证明了习近平总书记所言的:人民是真正的英雄。

如果说浙商已经较好地处理"义"与"利"的关系是"实然",那么如何将民营企业发展拓展为社会责任向度则是进一步发展的"应然"。该书通过一系列实证研究,揭示出浙江民营企业家履行社会责任的主体意识。改革开放四十年来,浙商勇担社会责任,义行天下;并以开明开放的姿态,热心参与国家各区域的开发建设。改革开放以来,浙商始终艰苦奋斗、顽强拼搏,极大地解放和发展了中国社会生产力。天道酬勤,春华秋实,无论是捐助于慈善事业,参与公益,投资文化产业,还是参与共享经济,浙商四十年来持之以恒、锲而不舍,推动中国发生了翻天覆地的变化。改革开放以来,浙商始终上下求索、锐意进取,为开辟中国特色社会主义道路做出了贡献。四十年来,浙商始终与时俱进、一往无前,充分显示了中国人民群众中所蕴含的发展潜能。浙商群体敢闯敢试、敢为人先,积极性、主动性、创造性空前高涨,充分展示了作为国家主人和群众英雄推动历史前进的强大力量。

同时,该书也客观地揭示出民营企业对企业社会责任担当有待深入理解和做出理性思考,指出民营企业家还需要在创造自身利润和促进自我发展的同时承担起更多的社会责任。企业如何承担社会责任?当前民营企业应该承担哪些社会责任？应该承担至什么样的程度？这些社会责任应该如何建构？上述一系列问题在该书中都得到了多维度的解答，从而有助于澄清民营企业担当社会责任的内容、要求和特殊性，有助于明晰民营企业社会责任承担的动机、意识和存在的现实制约。

三

难能可贵的是，该书既有学理层面的遴选辨明，也有现实层面的意义建构。在理论层面，通过结合浙江本土实践，将抽象的理论具象化，并将企业社会责任的精义讲清楚、说透彻，让人看明白；在现实层面，阐释出浙江民营企业家为"浙江精神"的传播以及社会主义核心价值观在浙江落地生根做出的巨大贡献。

新时代要有信仰的力量支撑。在一个将经济价值置于整个价值体系的最前列的社会氛围或一个将职业、业绩、成功等奉为衡量人的社会地位的决定性因素的价值取向体系中，人们殚精竭虑、奋力维护或热切希求的，是如何在竞争的压力下"成功"地扮演好各自的角色——董事长、总经理、经理、秘书、职员、技术员等等，而不是关注他作为人的存在与发展的价值和意义问题。而所谓的"成功"，实质上往往只是在市场上有"销路"而已。一个人越"热销"就越显得有价值、有成就，就越能得到上司的器重和他人的认同，因而也越显得有尊严、有社会地位；反之，一个"滞销"的人，即使人品高尚、思想深刻、富有爱心和创造性，也会被认为是没有价值和无足轻重的，会被当作失败者而遭轻视甚至蔑视。正如没有永恒的世界冠军一样，成功热销者也不可能永远成功热销。于是，无论是热销者或滞销者，都一样被不安、焦灼、烦恼、混乱、疑虑、困惑、迷惘、厌倦、空言、废话、无助感、无意义感等所纠缠，挥之不去。因此可以说，物质财富固然是必需的，但却是不够的——对人生而言最为根本、最有境界的是道德需要和精神需求，这才是安身立命之本。

伴随着改革开放以来的经济增长，中国也不可避免地陷入了"城市化程度提高与生态环境恶化""人民收入水平提高与幸福指数下降""企业现代化程度提高与不良责任事件频发"等矛盾之中。因此，企业承担社会责任不仅是企业的"应然"选择,而且是"必然"选择。2018年度的诺贝尔经济学奖得主保罗·罗默(Paul Romer)从经济学角度指出,知识是一种公共品,是非竞争、非排他的——一个人使用知识,并不妨碍别人使用知识,同时每个人也无权排斥他人使用和自己一样的知识。当这种要素被作为投入品用于生产时,它就会产生强大的正外部性,从而导致规模报酬递增的出现。一旦有了规模报酬递增,持续的增长也就成为了可能。在我看来,伦理也和"知识"一样是"内生动力"。经过改革开放四十年的发展,我国经济社会水平得到显著提升,中国特色社会主义进入新时代,经济发展也全面进入了"新常态"。中国想要"强起来",就必须有众多优秀企业做支撑,尤其是在企业社会责任领域有突出表现的企业,这才是企业发展和社会进步的持久"内生动力"。

因此,该书对"什么是企业社会责任?为什么要承担社会责任?要承担哪些社会责任?如何承担社会责任?"等的理论破解,有助于民营企业主超越把社会责任仅仅等同于捐款和参与慈善事业的感性认知,认识到遵守法律法规、照章纳税吸纳就业、保护环境和员工的健康、维护市场秩序以及参与社会建设等,都是企业"必尽"和"应尽"的社会责任。

进而言之,以下问题值得进一步研究:企业社会责任承担能否创造价值?企业社会责任承担如何创造价值?企业社会责任承担创造什么价值?这三个问题之间存在着逻辑上的递进性,也包含了企业作为经济主体与道德主体的"两难困境",更指涉新时代企业蜕变的"必然选择"。

四

习近平总书记在民营企业座谈会上的讲话中指出:"非公有制经济要健康发展,前提是非公有制经济人士要健康成长。希望广大民营经济人士加强自我学习、自我教育、自我提升。民营企业家要珍视自身的社会形象,热爱祖国、热爱人民、热爱中国共产党,践行社会主义核心价值观,弘扬企业家精神,做爱国敬业、守法经营、创业创新、回报社会的典范。民营企业家要讲正气、走正道,做到聚精会神办企业、遵纪守法搞经营,在合法合规中提高企业竞争能力。"

　　回顾历史,浙江民营企业家改变了社会环境和自身命运,增强了共同体的幸福感和获得感;展望未来,浙商必将再出发,在承担社会责任中向着建构命运共同体的目标不断迈进,同心共筑中华民族伟大复兴的中国梦,共创浙江和中国的美好未来!

　　在此意义上,李秋华老师的著作《民营企业社会责任研究》,既是对浙江民营企业进一步发展的合乎伦理的思考,也是作为浙江学者对新时代中国特色社会主义思想的经济学与伦理学的理论呼应。

陈寿灿

2018年11月写于看山居

自 序

改革开放以来,中国经济快速增长,经济的增长来源于中国企业尤其是数以万计的雨后春笋般诞生和发展的民营企业。以浙江为例,涌现了一批诸如吉利集团、传化集团、娃哈哈集团、西子联合控股集团、阿里巴巴、万向集团、正泰集团、方太集团、华立集团等明星级的民营企业,它们几乎都从草根起步,大胆尝试、锐意进取、虚心学习,走出了一条条各具特色的民营企业创业成长之路。正如习近平总书记2018年11月1日在民营企业座谈会上的讲话中指出的:40多年来,我国民营经济已经成为推动我国发展不可或缺的力量,成为创业就业的主要领域、技术创新的重要主体、国家税收的重要来源,为我国社会主义市场经济的发展,政府职能的转变,农村富余劳动力的转移,国际市场的开拓发挥了重要作用。我国经济的发展能够创造中国奇迹,民营经济功不可没。

但我们也清楚地看到:一方面,改革开放以来,中国创造了世界经济发展的奇迹,成为了世界上经济发展速度最快的国家;另一方面,中国也不可避免地陷入了"城市化程度提高与生态环境恶化""人民收入水平提高与幸福指数下降""企业现代化程度提高与不良责任事件频发"等矛盾之中,我们不得不面对环境污染、资源短缺、假冒伪劣、市场信用缺失及频繁爆发的食品安全事故等一系列严重的问题和危机。如果经济的增长和发展与人类追求品质生活、幸福生活的目标背道而驰,那么这种发展毫无意义,极端情况下我们将可能无法生存。因此企业担当和履行社会责任不是企业的自由选择,而是必然选择。

浙江作为民营经济较发达的大省,民营经济的发展走在全国前列,一部分民营企业已意识到履行社会责任的重要性并开始实践,主动担当社会责任。如:吉利集团秉承"源于社会,回报社会"的一贯宗旨,除了履行企业所应该承担的基本责任外,还一直热衷于捐资助学、扶助贫困等慈善公益活动;传化集团以"社会责任为核心价值观",强调企业不仅是赚钱的工具,更是推动社会进步的重要载体;华立集团总结自身的发展历程,认为其"成功源于责任";等等。但我们在调查中也发现,绝大多数的民营企业对"什么是企业社会责任? 为什么要承担社会责任? 要承担哪些社会责任? 如何承担社会责任?"等问题没有明确而清晰的认识,很多民营企业往往把社会责任仅仅等同于"捐款"和从事公益活动,民营企业社会责任的践行存在着随意性、随机性、功利性、盲目性等特点。毫无疑问,这种情况导致的是企业行为一定不是基业常青、持续发展,而是前途渺茫和生命力低下。

本书在对企业社会责任研究进行国内外文献梳理的基础上,探讨了民营企业社会责任的理论基础,研究和论证了民营企业社会责任的应然性、内在性;在实证调查分析的基础上,借鉴企业生命周期与罗宾斯的企业社会责任四阶段扩展模型,实证分析民营企业生命周期与履行社会责任的动态演变过程以及行业差异,从中研究其发展轨迹与规律;实证分析研究民营企业社会责任的认同意识、角色定位与社会责任担当的内在联系;并根据实证分析的结论,探讨民营企业社会责任治理与实现的对策。

全书内容分为三部分:

第一部分为理论分析(第一、二、三章):阐述了责任、道德责任的含义及道德责任与企业社会责任的关系;回顾了企业社会责任思想产生和发展的历史;并对国内外企业社会责任研究的文献进行了全面的梳理,在此基础上做了简要的评论;回顾了我国民营企业发展的历史,认为社会契约论、利益相关者理论、企业公民理论以及亚里士多德的德性论、康德的义务论等是民营企业社会责任的重要理论基础,研究并论证了民营企业社会责任的正当性、应然性以及内生性。

第二部分为现状分析(第四、五章):本部分在回顾了国际企业社会责任标准发展历程的基础上,重点介绍和分析了 SA8000 和 ISO26000 的推进现状和管理过程以及其对中国民营企业的影响和应对策略;选取民营经济较发达的浙江省近四百家企业作为调查样本,通过对民营企业社会责任有关问题的问卷调查和访谈调查,剖析民营社会责任建设的现状、存在的问题及原因。

第三部分是对策分析(第六章)。民营企业履行和担当社会责任是企业科学发展之道,也是民营企业作为伦理实体其内在应有之义,而非外在强加。因而首先要变革理念,提升民营企业社会责任的认同意识,实现由"经济人"到"社会人""道德人"的转变;要提升民营企业家素养,强化企业家高度的企业社会责任感。其次,从宏观、中观、微观三个层面入手,探讨了民营企业社会责任治理与实现的对策。

1. 本书与已出版同类著作的主要不同点及创新之处

①本书是国内少数专门研究民营企业社会责任问题的专著之一,与大多数经济学、管理学视角下对民营企业社会责任的外在性和工具性理解不同,本书从多学科交叉层面,尤其是从伦理学视角,探讨民营企业作为伦理实体承担社会责任的可能性和正当性。本书认为民营企业承担社会责任的动力主要来自其自身内部的伦理属性,是民营企业自身的道德主体性要求及其生存与发展的需要,民营企业社会责任实质是作为市场主体的民营企业基于内在的需求,不是被动地回应社会的要求,也不是被动地遵守法律等制度规范。具体来说,笔者主要从社会契约论、利益相关者理论、企业公民理论以及亚里士多德的德性论和康德的义务论等视角论证了民营企业社会责任不是外在的、工具性的,也不是外部环境和社会强加给民营企业的负担,而是民营企业内在的、自生的、应然的义务和责任。

民营企业作为社会的一部分,存在本身就蕴含了人类的价值取舍和理想诉求,而且其具体内容是与生产力发展水平相适应的,"人是目的",幸福是人的最终目的,只有拥有德性,我们才有资格得到幸福。而企业社会责任就是帮助人类实现幸福的一种德行。无论公民还是"企业公民",都在社会中承担着特定的责任,公民对特定职责的实现是其存在的卓越状态,也是自身幸福的所在。

②基于问卷调查对民营社会责任状况进行的实证研究,确认了民营企业社会责任的真正水平点,为今后的相关研究和政策制定提供了参考。主要结论有:①民营企业及公众的企业社会责任意识正在逐渐深化,相当多的民营企业已超越"经济人"身份而把自身定位为"社会人""道德人",但由于中国经济发展的阶段性及企业成长的周期性等原因,决定了中国民营企业社会责任问题很难得到根本上的解决。②民营企业社会责任的担当因民营企业发展阶段的不同而有所区别,处于成长期、成熟期阶段的民营企业有能力事实上也践行了更多的社会责任;另外行业和企业规模也会影响民营企业社会责任的担当,不同行业除了有共性的一面外,还会有差异;一般来说,规模较大的民营企业社会责任担当具有稳定性和战略性,而规模小的民营企业履行社会责任能力较弱,且更容易受短期机会左右。③民营企业对社会责任的认同意识和角色定位会促进其社会责任的履行和担当。企业社会责任的认同意识越高,社会责任担当情况就越好;企业社会责任的角色定位层次越高,其社会责任的履行和担当就越好。因此,民营企业社会责任的认同意识、角色定位与社会责任的履行和担当呈正相关关系。④民营企业社会责任的治理与实现应理念先行,只有对企业社会责任有深刻的理解和认同,才会在实践中主动履行和担当社会责任;其次,民营企业社会责任实现的当务之急是构架既体现行业特色,又与民营企业发展阶段相对应的民营企业社会责任标准及其运行、推进机制;再次,推进民营企业社会责任的履行和担当是一个系统工程,需要从宏观、中观、微观等层面多方配合和努力。

③本书是作者多年持之以恒不懈努力的结晶,有近十篇公开发表的论文作为支撑(其中国家1B核心期刊1篇,2A核心期刊5篇),以民营企业社会责任研究为主题,曾成功申报浙江省教育厅和浙江省哲学社会科学规划课题,并分别以论文和系列论文结题。作者所撰写的关于民营企业社会责任的论文,在浙江省"经济伦理与区域发展"学术研讨会上,曾获优秀论文一等奖。

2. 本书在理论、学术及实践上的意义

本书是一部专门研究民营企业社会责任的专著,其中对企业社会责任涵义的界定及对其核心层次即企业伦理责任(道德责任)的界定和分析,对

民营企业社会责任的内在性、应然性、正当性的研究和论证,在一定程度上补充和丰富了民营企业社会责任理论;通过实证调查研究分析得出的结论,对架构民营企业社会责任评价体系、标准及推进机制有一定参考价值;同时对民营企业社会责任实务工作也具有操作手册的指导价值。

本书是作者从伦理学等视角对民营企业社会责任问题的初步探索。由于时间、精力和资源有限,本书在问卷调查样本的选取、案例对象的选择方面都存在着一定的局限性,对于许多问题的思考还不够十分成熟,对民营企业社会责任的研究还亟待深入,未来研究还有很大空间,谨以此书抛砖引玉。

李秋华

2019年6月5日

C 目　录
ontents

导　论

第一节　研究缘起及意义

一、研究缘起

改革开放以来,我国的民营经济从小到大、从弱到强,实现了突飞猛进的发展,民营经济是中国经济发展过程中最富活力、最引人注目的部分,也是推动中国实现经济转型、保持经济持续高速增长的主要动力之源。民营经济在国家经济实力增强、人民生活水平提高过程中功不可没。据国家工商总局统计,截至2015年底,私营企业数量由2011年的967.68万家增长到1908.23万家,接近翻番。全国登记个体工商户由2011年的3756.47万户增长到5407.92万户,增长43.96%。2015年10月1日,"三证合一""一照一码"登记制度改革全面实施,当年11月、12月全国新登记企业数量连创新高,分别达到46万家、51.2万家。据统计,在新登记的企业中,96%属于民营小微企业。到2016年底,全国实有各类市场主体8705.4万户,全年新设市场主体1651.3万户,比上一年增长11.6%。2014年商事制度改革以来,新登记企业保持较快增长势头,每年以超过23%的速度增长,2016年全年新登记企业552.8万家,平均每天新登记企业达1.51万家。目前,私营企业数量已占全部企业数量的85%左右。据统计,截至2017年3月,我国A股上市民营企业数量占比已接近60%,创业板90%是民营企业,中小板近80%是民营企业。可见,民营经济已经成为中国经济最重要的组成部分,在促进经济增长,推动科技创新,调整产业结构,加快城镇化进程,繁荣城乡市场和改善人民生活等方面发挥了越来越重要的作用,已经成为推动科学发展的发动机,深化改革的催化剂,促进社会和谐稳定的稳压器,成为衡量地区发展的重要标志。

但我们也清楚地看到:体制外生长的出生背景和相比于公有制经济的非主流地位,加上法制法规不健全、不完善,也使民营企业社会责任缺失事件频发,带来了诸如环境污染、诚信缺失、违反法制、健康受损等一系列与社会全面进步和发展相冲突的矛盾和问题,尤其是进入21世纪以来,在我国相继发生"毒奶粉""瘦肉精""毒肉松""彩色馒头"等恶性事件,造成恶劣的社会影响。这些事件一方面暴露出政府在安全监督体系方面还存在诸多漏洞,另一方面则折射出部分企业(民营企业)在市场经济大潮中曲解了市场经济的本质属性。在"效率优先"价值观的指导下,企业主要贯彻的是"以利润最大化为第一追求"的方针,将追求效益理解为唯利是图,而维系社会持续健康发展所需要的企业社会责任意识则严重缺失。极少数民营企业在履行企业社会责任方面已经缺少了对基本底线和本质精神的尊重,并且导致集体性的伦理道德的沦丧。

相继发生的企业社会责任缺失事件,使我们有必要对企业社会责任从理论上到实践上有一个正确的认识。企业社会责任这一概念是在20世纪初随着资本的不断扩张而引起一系列诸如贫富分化、劳工问题和劳资冲突等社会矛盾的背景下提起的。国际上关于企业社会责任的含义虽没有统一的说法,但学者们的观点大致可以分为两类:一类是将社会责任和利润最大化等同的观点,认为企业作为经济实体和利益实体,它的存在目标是追求自身利益的最大化,亦即利润最大化;而利润越大,企业利用社会资源的效率就越高,从而对社会的贡献也就越大。持这一社会责任观的最典型代表是1976年诺贝尔经济奖获得者、主张自由经济学说的美国经济学家米尔顿·弗里德曼(Milton Friedman)。另一类观点认为,企业应该关心长期资本收益率的最大化,为此企业应该承担一定的义务,履行一定的社会责任。这种观点的典型代表是舍而文(Douglas;S.Sheruin),他从企业的所有者、雇员和顾客三个方面来认识企业的社会责任问题。美国佐治亚大学管理学教授阿尔奇·卡罗尔(Arcie B.Carroll,1991)则对企业的责任做了一个较为清晰的阐述:企业的社会责任囊括了经济责任、法律责任、伦理责任和自由决定的责任。

在实践上,20世纪90年代中后期,世界悄然兴起了一场"企业社会责任"运动,一些政府、非政府组织纷纷开发了企业社会责任量具,形成测量、评估、改进、沟通企业在社会环境和道德方面的标准机制,来支持与衡量企业的社会责任活动;越来越多的跨国公司也变被动为主动,对企业社会责任逐渐认同,以CRI、SA8000、ISO26000为首的各种企业社会责任标准已经在许多国家得到推行。

近年来,国内学者对企业社会责任的研究日趋深入,除了介绍国外企业社会责任的最新发展与研究成果外,还针对中国企业社会责任的现状及前景,从理论、政策、实践三个层面做了较为系统的研究。湖南农业大学李立清教授以湖南省为例,研究了企业社会责任评价理论(2006);厦门大学博士李正根据来自沪市上市公司的经验证据,对企业社会责任与企业价值的相关性进行了研究(2006);湖南农业大学陈冬林、李燕凌提出了企业社会责任标准"本土化"应遵循的六项基本原则(2007);浙江大学贾生华教授等认为应把CSR问题视为全局性的社会问题,从政府、社会、企业三方协同互动视角进行理论研究和实践探索(2007);吉林大学温炎对企业社会责任行为与其品牌成长关系进行了研究(2012);陈煦江对企业社会责任影响企业财务绩效的中介调节效应进行了研究(2014);阳秋林等对企业社会责任、政治关联与债务融资之间的关系进行了研究(2017);等等,不一而列。从总体上讲,国内学者对企业社会责任的研究已从概念辨析走向机制分析,从理论把握走向理论与实践相结合,从借鉴国外理论与方法走向结合中国实践进行总结与抽象,这些变化一方面体现了研究工作的深入与认识水平的提高,另一方面也反映了企业社会责任理论与实践在中国的不断发展。

当然,国内学者对企业社会责任的研究依然存在薄弱之处与盲点依然存在,不同程度地存在着以下三方面的欠缺或不足:

（1）理论深度不够，国内对民营企业社会责任的研究还处于概念和模型建构的初级阶段，且大部分研究成果大多局限于某一个视角；从外在规范角度研究企业社会责任较多，而对企业社会责任的内生性关注和论证较少；

（2）实践上，对企业社会责任研究的对象缺乏细分，对处于不同行业、不同发展阶段的民营企业所承担的社会责任的差异性、规律性研究较少；

（3）在研究方法上，以静态为主，大多属于定性分析，实证的分析和支撑还有所欠缺。总之，现有的研究偏重于务虚，对实践的解析能力与指导作用有待加强。

鉴于此，本书以民营企业社会责任为研究对象，选取浙江民营企业为研究样本，研究民营企业为什么要承担社会责任，研究民营企业生命周期与履行社会责任的内在联系或规律；研究民营企业对企业社会责任的认同意识和角色定位与社会责任担当之间的关系；同时梳理SA8000、ISO26000等标准推行后浙江民营企业之现状、存在的问题及原因，研究应对的策略；研究如何根据我国民营企业发展状况，建设相应的企业社会责任标准及其运行、推进机制。

二、研究意义

中国是一个正在走向现代化的发展中国家。与西方发达国家不同的是，西方的企业较为成熟和理性，承担社会责任已经成为一种常识和规则，而我国民营企业还处于学习、探索、适应和成长阶段。因此，特别需要从中国的国情出发，构建具有中国特色的民营企业社会责任测量、评估体系和运行机制。本书拟对浙江温州、金华义乌、宁波、绍兴等地民营企业履行社会责任的演变过程和发展轨迹进行深入分析和研究，剖析民营企业履行社会责任的变迁路径和生成机理以及社会责任的认同意识和角色定位与民营企业社会责任担当之间的关系，在一定程度上补充和完善企业社会责任的相关理论，同时为制度创新、为建立有利于培育企业社会责任的宏观调控体系提供理论依据和实证资料。

我们试图通过研究，为民营企业社会责任运行机制的架构提供具体可行的指导性框架；为民营企业社会责任治理与实现的制度安排，提出一定的政策性建议。浙江作为民营经济较发达的大省,民营经济的发展走在全国前列,一部分企业已意识到履行社会责任的重要性并开始实践,不少企业已通过SA8000认证,取得了一定成效。根据民营企业生命周期与履行社会责任的规律,不少民营企业已有条件履行更多的社会责任,以浙江为例来研究民营企业社会责任,也许对全国具有一定典型意义和示范作用,有利于我国民营企业开拓国际市场,为民营企业与国际接轨,提升在国际市场上的竞争力创造条件;同时也有助于解决实践中遇到的诸多矛盾和问题,实现企业与社会的可持续协调发展,加快我国经济与国际接轨的步伐。

第二节　研究思路和方法

本书总的思路是在伦理学、认知心理学、经济学及管理学等学科之间建立"交互界面",采取理论研究和实证研究相结合的方法,按照"从一般到特殊,从理论的抽象分析到实践的现实思考"这一思路展开。在方法上:

(1)文献收集和理论建构。在对国内外企业社会责任文献进行梳理的基础上,针对我国民营企业实际,建构出我国民营企业社会责任理论分析的框架。

(2)问卷调查和实证分析。研究小组走访政府相关部门,并对375家民营企业(涉及不同行业、不同区域、不同规模等)社会责任认同意识、角色定位及社会责任的履行现状等情况进行问卷调查、实地调研和访谈,运用统计学和计量经济学的方法,借助SPSS等统计软件,梳理出影响民营企业社会责任担当的关键因素,分析这些因素的作用机理。建立民营企业社会责任关键评价指标体系,摸清处于不同行业、不同发展阶段的民营企业履行社会责任的现状与问题。

(3)比较研究方法。通过对国内外企业社会责任状况的比较研究,并进行横向和纵向的比较,分析不同行业、不同发展阶段的民营企业社会责任的认同意识及角色定位和社会责任担当的差异性、规律性。

(4)案例分析方法。通过案例研究,归纳总结浙江民营企业承担社会责任的经验及教训,从而为架构民营企业社会责任评估指标体系及推进机制提供实践依据。

第三节 本书的结构安排和重点、难点

一、本书的结构安排

本书通过对文献的整理和阅读,以民营企业社会责任履行和担当的现状作为切入点,全面探讨民营企业履行社会责任的正当性、应然性、内生性,沿着"企业社会责任的发展与文献综述——企业社会责任的理论基础——企业社会责任的标准——浙江民营企业社会责任的现状及其实证调查分析——民营企业社会责任的治理与实现对策"的逻辑思路,采用综合分析、比较分析、规范分析与实证分析相结合、定性分析与定量分析相结合等研究方法,展开了较为深入和系统的研究。

全书内容分为导论及六章。

导论:阐述本书研究的现实背景和理论背景,以及研究的理论意义和现实意义;提出要研究的主要问题、研究思路和方法;构建全书的整体研究框架和章节内容安排,并阐述本研究的创新之处。

第一章:企业社会责任的概念界定与历史回顾。阐述责任、道德责任的基本概念及其特征,分析道德责任和企业社会责任的关系,并对西方及中国企业社会责任思想的演变过程做了简单的回顾。

第二章:国内外企业社会责任研究文献回顾与述评。通过对企业是否应该承担社会责任、企业社会责任概念的内涵及范围和层次、民营企业社会责任的现状、民营企业社会责任的缺失问题及原因等问题的梳理与归纳,为本书的理论研究和实证分析提供理论基础。

第三章:民营企业社会责任及其主要理论基础。本章界定了民营企业、民营企业社会责任等概念,分析了民营企业社会责任的范围和限制,对我国民营企业发展的历史做了简单回顾。在此基础上,重点研究和探讨了民营企业社会责任的主要理论基础。主要从社会契约理论、利益相关者理论、企

业公民理论及伦理学视角分析企业承担社会责任的理论依据,论证民营企业担当社会责任的正当性、应然性以及内生性。

第四章:企业社会责任国际标准。本部分在回顾企业社会责任标准历程的基础上,重点介绍和分析了SA8000和ISO26000的推进现状和管理过程,以及对我国民营企业的影响,探讨了应对的策略和措施。

第五章:浙江民营企业社会责任的实证分析。在分析浙江民营企业社会责任推进状况及存在问题的基础上,选取375家浙江民营企业作为样本,实证调查民营企业对社会责任的认同意识、角色定位及其社会责任履行和担当的现状等问题。研究民营企业生命周期与履行社会责任的内在联系或规律;研究民营企业社会责任的行业差异及民营企业对社会责任的认同意识、角色定位与社会责任担当之间的内在联系,并对浙江民营企业社会责任现状做了客观评价和分析。

第六章:加强民营企业社会责任建设的对策。依据上述实证研究的结论,探讨民营企业社会责任治理与实现的对策。首先,要根据浙江民营企业的发展规律,确定能体现企业不同阶段又有行业特色的民营企业社会责任标准,将国际惯例本土化。其次,从企业、社会、政府三方面入手,建立体现我国国情的民营企业社会责任推进机制,包括企业内部社会责任管理机制;以社会组织为主体的企业社会责任建设、责任履行状况的评价、认证机制;以政府为主导建立企业社会责任管理体系。

二、研究的重点和难点

企业社会责任研究是一个涉及面广的系统性研究课题,民营企业的行业差异、规模差异、发展阶段差异、企业管理者差异等复杂因素都决定了企业社会责任研究的难度。①从伦理学、社会学等维度探讨民营企业社会责任的理论基础,研究民营企业社会责任担当的正当性、应然性、内生性是本书研究的重点之一。②借鉴企业生命周期与罗宾斯的企业社会责任四阶段扩展模型,实证分析民营企业生命周期与履行社会责任的动态演变过程以及行业差异,从中研究其发展轨迹与规律;实证分析研究民营企业对社会责任的认同意识、角色定位与社会责任担当的内在联系,这是本书的重点之二。③根据实证分析的结论研究应对的策略;研究如何根据我国民营企业发展状况,建设相应的企业社会责任标准及其运行、推进机制是本书的重点之三。

本研究的难点在于:

首先,民营企业社会责任的内生性很难量化研究,因而大多数学者都认为企业承担社会责任是一种外在约束的体现,是外在性要求。但事实上如何让这种"外在性要求落到实处"也并非易事。

其次,调查问卷的质量和调查的真实性是实证性研究的难点和关键。为提高问卷质量,课题组将在实地访谈的基础上,通过小规模试调查的方式,完善调查问卷的设计。同时课题组将通过在问卷中设置甄别题,电话抽样回访等方式,以确保调查的真实性。

再次,企业社会责任体系的设计会涉及政策、法律、文化、社会等众多环境因素,同时相关的政策设计又牵涉到众多的政府职能部门,因此在设计体系,以及提出对策和建议时必须充分考虑到其可行性和操作性。这也是本课题研究中的难点。

第四节　研究的创新点和不足

一、研究的创新点

本书立足于理论联系实际,规范与实证、定性与定量分析相结合,在以下方面有所创新。

一是理论创新。本书明确提出企业社会责任的核心层次是企业伦理责任(或称为道德责任),并对其进行了界定和分析,做出相应理论概括,在一定程度上丰富了企业社会责任的内涵。本书又从伦理学等视角,分析民营企业承担社会责任的理论基础。与大多数经济学、管理学视角下对企业社会责任的外在性、工具性的理解不同,本书认为民营企业承担社会责任的动力主要来自其自身内部的伦理属性,而不仅仅是被动地回应社会的要求。创新性地研究民营企业社会责任的内生性以及民营企业作为伦理实体承担社会责任的应然性、正当性。

二是观点创新。本书在实证分析的基础上,对处于不同行业、不同发展阶段的民营企业所承担的社会责任的差异性、规律性进行了研究和总结;对民营企业对社会责任的认同意识、角色定位及其社会责任担当之间的关系进行了研究,从而提出民营企业对社会责任的认同意识越好、角色定位越高。其社会责任的履行和担当越好,它们之间呈正相关关系;提出改进民营企业社会责任的关键是构架既体现行业特色,又与民营企业发展阶段相对应的民营企业社会责任标准及其运行、推进机制;在此基础上,探讨了民营企业社会责任治理与实现的路径。

二、不足之处

由于时间、精力和资源有限,本书在问卷调查样本的选取、案例对象的选择方面都存在着一定的局限性;若能面向全国,走访更多的企业、发放更多的问卷,调查结果将更加科学和客观。

第一章
企业社会责任的概念界定与历史回顾

第一节　责任概述

古罗马政治思想家西塞罗曾指出:关于道德责任这个问题所传下来的那些教诲似乎具有最广泛的实际用途。因为任何一种生活,无论是公共的还是私人的、事业的还是家庭的、只关涉个人的还是关涉他人的,都不可能没有其道德责任。可以说,生活中一切有德之事均由履行某种责任而出,而一切无德之事皆因忽视责任而致。古往今来,众多学科都对责任概念极为关注,并从各自理论发展的需要做出了不尽相同的阐释。诚如当代英国哲学家鲁卡斯所言:"'责任'一词现在被广泛用于伦理学、政治学、灵学和日常词语中,且意义有很大不同,但只要我们考察该词的最初意义,就能发现'责任'二字在这些不同意义中却有着一些共同性。"①因此,为了准确把握责任的含义,从词义上辨析和从理论上定义"责任"是很有必要的。

---

① J.R. Lucas,Responsibility,New York,Oxford:Oxford University Press Ine.,1993(5).

一、责任的含义

现代汉语中的"责任"是从古汉语中的"责"发展而来的。"责"在古汉语中有索取、责备、谴责、责任要求等含义。其中责备、负责和处罚等我们基本上还在原来的意义上使用。在现代汉语中,责任的解释是多义的。在《汉语大辞典》中,责任有三重含义:其一,使人担负起某种职务和职责;其二,分内应做的事;其三,由于做不好分内应做的事而应该承担的过失。简言之,尽责的品质和状态、所要承担责任的事情、应受的谴责和制裁是责任的三层基本含义。在《中国伦理学百科全书》中,"责任"被解释为"职责和任务,是一种普遍存在的社会关系、行为要求和心理体验"。责任作为社会关系的体现,可以发生在个体之间、团体之间和个人与团体之间,因此而形成个人责任和团体责任。个人在社会关系中与他人、团体不可避免地发生经济、政治、法律、思想、感情、生理等多方面的联系,产生对他人、团体、社会的使命、职责和任务,形成经济责任、政治责任、法律责任、道德责任等多种责任。按照法学意义上的解释,责任一词包含两方面的语义:一是关系责任;一是方式责任。前者指一方主体基于他方主体的某种关系而负有的责任,这种责任实际上就是义务,后者为负有关系责任(即义务)的主体不履行其关系责任所应承担的否定性后果。

虽然在我国古代汉语中没有"责任"一词,"责"和"任"也没有连接在一起使用过,但责任一直是中华民族精神的血脉,是贤达之士和平常百姓修身立世之本。春秋初期管仲提出朴素的责任思想,"仓廪实则知礼节,衣食足则知荣辱",把道德责任意识与物质生活水平相联系,开始朦朦胧胧意识到责任的物质基础。作为中国传统文化主流的儒家思想虽没有系统阐述责任的概念、动因、构成、负责与免责的条件,但儒家的道德责任思想却是中华民族伦理精神的重要组成部分,其所主张的"仁义礼智信""孝悌温良恭俭让"等责任要求,对于规范人伦关系,调整个体和群体、个体与社会之间的关系,做出了重要贡献。孔子提出"克己复礼",实际上就是主张责任的落实,一方面要靠内心自觉,不断通过"克己""内省"等自我修养方法来完成;另一方面也要靠外在的制度化的"礼"来保证执行。孟子提出的"君子穷则独善其身,达则兼善天下"告诉我们:如果人身处逆境,不得志,就要锐意进取,修养个人品德;如果得志显达,就要造福天下,为整个社会、国家做贡献。中国有句古箴言:"命轻鸿毛,责重泰山!"自古以来,中华民族的志士仁人都把责任看得比生命还要重上无数倍。

在英语中,"责任"一词源自拉丁文 respondo,常用 responsibility,obiligation,duty,accountability 等词来表达责任的意思,(本书所使用的责任概念要比职责和义务都要宽泛,因而使用 esponsibility 这一概念)。古希腊哲学家亚里士多德在他的不朽之作《尼各马科伦理学》中,从行为者内部原因,如知识性和自愿性选择等角度来研究责任,较为系统地论证责任与知识、责任与自愿之间的关系,并对负责的条件和免责的理由进行了分析和阐述。在古希腊后期,斯多葛派的芝诺是第一个使用"责任"概念的人。斯多葛派崇奉自然之道,以"自然"来解释责任,认为责任是一种美德,是对自然秩序的恪守,"责任是指一旦完成,就可作出一个合理论述的事物"[①],它是一种与自然的安排相一致的行为,而且不仅仅适用于人。这种把"责任"看作遵循自然之道的美德,与我国传统道家的道德思想极为相似,虽然道家并没有以"责任"一词来解释对自然之道的内化。古罗马政治家西塞罗继承了古希腊的美德责任观,以书信体的方式写了一部重要的伦理学著作《论责任》,认为:"关于道德责任这个问题所传下来的那些教诲似乎具有最广泛的实际用途。因为任何一种生活,无论是公共的还是私人的、事业的还是家庭的、只关涉个人的还是关涉他人的,都不可能没有其道德责任。可以说,生活中一切有德之事均由履行某种责任而出,而一切无德之事皆因忽视责任而致。"[②]到中世纪,基督教神学家奥古斯丁在《论自由意志》一书中,对自由意志与责任之间的关系进行了论证。他认为上帝赋予人自由意志,人是根据自己的意愿,自愿做出行为选择的,所以人就必须对自己的行为负责,承

---

① 转引自苗力田:《希腊哲学史》,中国人民大学出版社1989年版,第616页。
② [古罗马]西塞罗:《西塞罗三论:论老年·论友谊·论责任》,徐奕春译,商务印书馆1998年版,第91页。

担其后果,不能将后果推诿给上帝。①此后,他的罪责说成为基督教责任说的经典教条。"人行善就是指他充当应上帝召唤而负责的人……就我们回答上帝对我们的启示而言,我们的行为是自由的……因此人的善总是在于责任。"②教条把责任与善联系在一起,用责任来解释善。

到了近现代,伴随着伦理学作为一门学科逐渐从哲学的母体中独立出来,讨论责任的思想家越来越多,对责任内容和本质的探讨也越来越深入。不管是规范伦理学还是元伦理学都把责任作为重要内容之一。如霍布斯、洛克、培根等人从自由选择入手试图解决道德责任判断问题,而元伦理学的标志性人物摩尔在《伦理学原理》中曾就如何理解"意志自由"和"选择"进行过细致而有影响的论证,艾耶尔、维特根斯坦、史蒂文森、黑尔等思想家更是从语言学来解释"责任"以及与之相关的概念词语。

关于责任的含义,美国学者艾伯特·福劳斯(Alben Flores)和黛博拉·G.约翰逊(Deborah·G·Johnscon)在《团体责任与职业角色》一文中对责任的四种含义做了详细说明:①被期望扮演角色所履行的义务。例如,父母为孩子的健康和关爱负责。②尽责的、可信赖的品质。例如,某人是"负责任的"。(黑顿 Graharn Haydon 把这称为美德责任)。③是这一事件的原因。在这种意义上,负责和结果处于一种因果关系之中。例如,约翰对破碎的花瓶负责,意味着他打碎了花瓶。④在该责备或有罪的意义上使用。这种"有责任"的意义暗含着错误。也就是说,当我们在这种意义上说人们是有责任的时候,我们是根据一定原则或标准来评价他们的行为。在这个评价意义上,那些有责任的人在这一术语的其他意义之一上可能也有责任。前三种意义上的一个责任评价,经常是第四种意义上责任归因的基础。一个人由于没有完成一个责任(在第一种意义上),没有承担责任(在第二种意义上),或者以一种不可接受的结果行动(没有行动)(第三种意义上的责任)

---

① Augustine, On Free Choice of the Will, translated by Thomas Williams, Indianapolis/Cambridge: Hacket Publishing Company, 1993.

② [美]卡尔·米切姆:《技术哲学概论》,殷登祥等译,天津科学技术出版社1999年版,第93页。

而具有责任(在第四种意义上)。①

在著名的德国经济伦理学者乔治·恩德勒主编的《经济伦理学大辞典》中,对责任条款做了较详细的阐释:责任的归属以行为者、行为及双方之间的一些特性为前提,主要表现如下:行为者的特性是行为者必须有责任能力,而此种责任能力以行为主体意志自由为前提。行为的特性表现为遵循或违反道德规范都属于责任范围,而这种责任又包括三种情况:消极的义务(此义务要求行为不直接伤害他人)、严格的积极义务(此义务要求履行已经承担的角色义务)、广义的积极义务(此义务倡导行善)。在此三种义务中,消极义务是普遍适用的,它表达了社会群体赖以生存的最低界线;在形式上,严格的积极义务也是普遍适用的,而它的内容则依据不同的文化与角色发生变化,并且受社会变迁的制约,严格的积极义务要求行动而不是单纯的不做,而广义的积极义务不具有严格的约束力。所以,只有违反了不可违反的消极义务,以及不努力和不主动地履行严格的积极义务,而不是忽视广义的积极义务,才可以说是有责任。在行为者与行为之间的关系问题上,责任的归属依据一种因果性的解释图式,而这一图式在行为主体(如个人)的发展过程中日益分化。在下面五种情况下,行为主体(如个人)是有责任的:一是对一切终究与其有关的后果(关联);二是对一切已由其导致的后果;三是对一切由其导致的可预见的后果;四是对一切由其有意引起的后果;五是对一切由其引起的不合理的后果。

"义务"一词的英文来源于拉丁文的due,有欠债应还之意,是与一个人应对别人做某种事情联系在一起的,也意味着义务是可以强索的,像债务可以强索一样。就其本义而言,它与相应的权利相关。叔本华指出:只有那些由于我们的不作为便会对他人构成侵害的行为才称得上义务,"一切义务是依由一种缔结约定的责任决定的"②,义务基于责任基础之上,通过明确或默认的契约形式,每一项义务均包含一项权利。如弗兰克纳说:"在较认真的

① Albert Flores, Deborah G·Johnson, Collective responsibility and professional roles, Ethics, 1983, 93(3): (537-545).

② [德]叔本华:《伦理学的两个基本问题》,任立、孟庆时译,商务印书馆1996年版,第247页。

讨论场合,当我们想到像'讲真话'那样的准则,或像父亲、秘书这样的角色和职务时,我们倾向于使用'责任';而当我们想到法律、协定和诺言时,我们倾向于使用'义务'。"①

可见责任和义务是既有联系又有区别。在《现代汉语词典》中,"义务"被解释为三个意思:其一,公民或法人按法律规定应尽的责任;其二,道德上应尽的责任;其三,不要报酬的。在《中国伦理学百科全书》中,"义务"被解释为:"一定社会或阶级基于一定生活条件,对于人确定的任务、活动方式及其必要性所做的某种有意识的表达。"也就是说,处于特定社会关系中的人,把自身的职责、任务和使命用特定的概念确定下来,这就是义务。义务分自身义务和社会义务,社会义务又分多种,如法律义务、道德义务、政治义务和职业义务等。

责任和义务都是社会关系所要求的,体现为一定的职责、任务、使命。道德责任作为一种外在的社会客观规范,在内容上与道德义务有某些重叠。从理论形态上说,义务是道德"应当"的核心体现,它具有综合性和社会权威性,具有不依赖于个别主体的某种"天经地义"的性质,其内容是由当时的社会经济与文化背景决定的。在"应尽"的意义上,责任与义务具有一致性,是指行为主体在一定道德意识支配下,依照义务对自己、他人、社会所应当承担的任务。但应当注意,责任还意味着一种自觉控制力和承担行为后果的能力,与义务相比,它更具有具体性和直接个体性,在现实生活中也更容易落到实处。因而责任与义务就其特定关系来讲,所指的内容是同一个东西,所指的都是在特定关系中所要求做的、应当做的事情。但是抛开特定的关系,二者又有一定的区别。综合伦理学界关于责任和义务的不同观点,大致有以下不同:①责任偏重于主体的内在要求,义务侧重于外在要求。责任是处于一定社会关系中的成员对客观社会要求的自觉体认和理性选择,这种选择既有自觉遵从道德规律基础上的积极自律这样一种高姿态行为,也有在外在他人或社会评价、监督之下和制度约束下的被迫行为状态。而义务的他律性主要体现在它是现实关系和利益关系的产物,它是社会生活中普

---

① ［英］弗兰克纳:《伦理学》,关键译,生活·读书·新知三联书店1987年版,第97页。

遍存在的关系和要求的特定表现形式,具有不以人们的主观意志为转移的客观约束力。而且值得注意的是,在一般情况下,使用责任语言比使用义务语言更具有强大的道德力量。如果说责任强调的是主体的内在方面,主要显示的是自律性,那么义务则强调的是行为的外在方面,显示的是他律性。②责任的承担是以自由为前提的,它有一定的选择性,而义务是没有选择的。责任是行为主体意志自由的产物,在多种可能性的选择中,主体有按照自己意愿自由选择的权利,他可以选择这样或那样的行为并对自己的行为负责任。义务和责任不同,它没有选择的自由,是处于特定社会关系、特定历史情形之下必须履行的。③责任的承担与行为选择的自由度有关,而义务与社会关系的复杂程度有关。一般认为,行为选择的空间越大,行为就越自由,而行为选择的自由度越大,所要求的责任强度就越大。由此看来,行为的自由度与责任强度呈正相关。义务的承担与社会关系的复杂程度有关,社会关系简单,所承担的义务就少,社会关系复杂,所承担的义务就多。④责任更多地强调对后果的承担,而义务却相反,只强调行为的动机。人的行为发生与动机和效果有必然的联系,任何行为都是在一定动机驱使下朝向一定目的的行为,行为的结果是获得自己所希求的某种东西。实现或者没实现预定的结果,行为主体都要负责任,实现预期结果的行为受到肯定、称赞、奖励,没有实现预期结果的行为会因此受到批评、惩罚。义务是从善良意志出发的为了实现某种理想和善良愿望的行为,在行为之前没有考虑到任何行为后果,行为的结果可能是主体期望的,也可能是和主体期望完全相反的,但是不能因此而否认其在道德上的价值。⑤责任和报酬有一定的联系,而义务是和报酬无关的。在社会组织结构中,责任、权利、利益是三位一体的关系,有一定的责任意味着享有一定的权利,正确而公正地行使了自己的职责权利的负责任的行为,理应得到一定的报酬。义务是从纯粹的善良意志出发,为了某种理想和愿望的行为,行为本身和报酬无关,如果是为了得到某种报酬而进行的行为,本身就不是什么义务了。

根据以上对责任的讨论,我们可以给责任下一个定义:责任是指有胜任能力的主体做他分内应当去做的事情,以及对自己选择的不良行为应承担的后果。根据这一定义,责任概念包括三个有机组成部分:其一,责任是主

体的分内之事。也就是说,责任是主体为了完成自己的使命、或达到自己的
原有目的、或扮演自己的角色而应当去做的事情,可称为"尽责"的过程。它
的实现主要依赖于责任主体对自己责任的清楚认识和对自己行为的合理控
制。其二,责任主体没有做好分内之事时应受的谴责和制裁。它的实现主
要依靠社会(同时并不排除自责形式)对责任主体偏离社会规范的行为采取
处置措施,如惩罚和制裁,这个过程可称为"问责"。其三,对责任主体行为
的评价。这种评价是指对责任主体及其行为的情感反应和处置措施,主要
通过对责任主体的社会评价和责任主体的自我评价两个途径来实现。无论
扮演何种社会角色,行为主体都应尽责(不管是否自愿),这是社会的基本要
求。只有在行为主体都履行其所担负的责任的基础上,才有可能使社会机
构的各个环节协调一致地行动,才能使社会的秩序得到维护,才能使人与人
之间相互信任。从历史的角度看,责任不是上天的旨意,也不是主体的意
愿,责任是人类社会组织为了生存,通过劳动与协作,并在劳动与协作过程
中产生的;责任是人类为了交往,通过语言在理性发展过程中产生的。可见
责任是社会关系的产物,它与社会并存,它是人类社会历史发展的结果。这
体现了责任社会性的本质。

二、道德责任及其特征

根据《伦理学国际百科全书》的考证,"道德责任"这个名词最早可溯源
至公元前500年埃及的《死者书》,[①] 但作为伦理学上重要、核心的概念只是
近代随着权利意识的不断强化、义务概念的不足而发展起来的。美国芝加
哥大学教授威廉·史维克(William Schweiker)在《责任与基督教伦理学》
一书中指出:"以前所有的道德责任理论可以归为三种类型:行为者的、社会
的和对话式的。"[②]具体而言,所谓行为者理论,就是把责任建立在活动的行
为者之上,把行为者当作世界中存在的一个原因,其核心的伦理难题就是自

---

① Jdm K.Roth, Internation Encyclopedia of Ethics, salem Press Inc, London, Chicago, 1995(568).

② William Schweiker, Responsibility and Christian, Ethics, Cambridge University Press,1999(78-105,40).

由与决定论的问题。社会责任理论集中于赞赏和责备的社会实践,认为责任不应当根据行为者与其行为之间的因果关系,而应根据行为者所担当的角色和社会职业来判断。对话式理论根据我怎样回应他人对我的责任要求,使我成为责任承担者。责任的行为者理论集中于行为者/行为关系,社会理论集中于社会实践,对话式理论集中于自我/他人遭遇。[1]因而各自理论均有其局限性,应从整体方面和综合角度来理解道德责任问题,建立一种整体的、综合的道德责任理论。但是,由于史维克教授本人的宗教信仰和对于历史、社会较为狭隘的理解,其对于道德责任理论的设想并没有达到综合的效果。德国伦理学家伦克从行为活动方面概括地指出要给道德责任下定义,应该包括这样五个因素:某人/为了某事/在某一主管面前/根据某项标准/在某一行为范围内负责。[2]在此,"某人"即具有一定角色身份和权能的主体;"某事"即该主体的行为对象或行为后果;"在某一主管面前"中的所谓"主管",包括该主体的道德良心等主观的道德意识,也包括该道德主体所处的道德环境中的道德准则、道德习俗等客观道德规范;"根据某项标准",指的是基于某种责任归因;"在某一行为范围内"之所谓"范围",即道德主体的行为及其行为责任的领域;所谓"负责"则既意味着为履行应履行的职责和任务、使命,又意味着为没有履行应履行的职责和任务而担当应受追究的过失。因而伦克关于道德责任的界定,是把道德责任理解为对一定道德主体而言的当做之事和在做了不当做之事的时候应当受到的指责或应予担当的后果。如果说伦克是从行为活动视角来思考道德责任理论问题,那么约翰·马丁·费舍和马克·拉维扎则从微观角度,从心理、理性和形而上学层面来构建其独特的道德责任理论。他们在《责任与控制——一种道德责任理论》一书中明确指出其理论所具有的三个明显特征:外周论、相容论、全面系统性。[3]斯特劳森(Petcr Frederick strwson)认为:"我们可以把道德责任理解

① William Schweiker, ResPonsibility and Christian, Ethics, Cambridge University Press, 1999(78-105,40).

② 转引自甘绍平:《应用伦理学前沿问题研究》,江西人民出版社2002年版,第120页。

③ [美]约翰·马丁·费舍、马克·拉维扎:《责任与控制——一种道德责任理论》,杨韶刚译,华夏出版社2002年版,第240-242页。

为一种社会技能,按照这种路径,当社会成员被社会视作一位负责任的行动者时,他们在对他人的反应中赋予一种情感或态度的特性,比如,感激、怨恨、爱、尊重、原谅。"①这是目前西方国家占据强势地位有关道德责任的界定。他指出:"我们赋予他人对于我们的态度和意向以极大的重要性,而我们自身的情感和反应也极大地依赖或牵连于我们关于这些态度和意向的信念。"②斯特劳森对"反应性态度"的精湛研究,引起众多学者的共鸣,认为它对我们理解承担责任的实践活动有重要贡献,开辟了道德责任研究的新途径。他通过强调道德社群的观念并把重心转向社会关系,从而提供了把康德式概念和德性论概念整合到一起的新思路。伴随着当今美德伦理学的复兴,一些学者开始探讨品格与道德责任的关系。盖里·沃森(Gary Watson)认为,判断一个行为者是否负有责任的核心在于行为是否具有行为者自身本性的某种东西。③齐默曼曾解释说:"赞赏一个人,就是说在他的'人生墓石'上有一种'信誉',或者在他'作为一个人的记录中'有一道'光彩',他的道德地位得到了提高;谴责一个人,也就是说在他的'人生墓石'上有一种'污点',他的道德地位降低了。"这是美德论在道德责任概念解释中的表现。

　　西方伦理学史上关于道德责任的界定主要有两种方式:一是基于价值功过、"值得的"意义之上的观点。根据这种观点,只要行为具有道德价值,赞赏或谴责(道德责任归因的外在表现形式)就是恰当的。二是结果论者的观点。认为如果赞赏或谴责将有可能导致行为者自身或其行为的一个预期变化,那么这种责任归因就是适当的。④虽然第二种观点得到较多学者认同,不过近年来越来越多的学者开始把目光集中在第一种观点上。同时研究者也在思考,在价值多元化的今天,是否存在唯一标准的道德责任概念。

　　提出和使用"责任"概念、并把责任与道义密切相联,视"尽责"为道德

---

① [英]彼得·斯特劳森:《自由与怨恨》,薛平译,载于应奇、刘训练编:《第三种自由》,东方出版社2006年版,第30页。

② 同注释①,第26页。

③ Gary Watson:Two Faces of Responsibility, Philosophical Topics 24:1996(227-228).

④ 郭金鸿:《道德责任论》,人民出版社2008年版,第25页。

"善"行所应有的品质,这在中国伦理思想史上也有其悠久传统,"崇高之位,忧重责任深也"[1]"天下兴亡,匹夫有责""三军可夺帅,匹夫不可夺志也"等都是这一传统在中国文化古籍原典和世俗日常语言中的实际表现,虽然中国伦理史上并未就意志自由和道德责任之间的关系做一阐释,但中国人也在用自己独特的伦理智慧解读和践行着道德责任。中华人民共和国成立以后,大多是结合现实生活,对责任问题进行深入分析和论证,更多的是从历史呈现的责任现象上来把握,理论基础相对比较单薄。随着责任时代的到来,责任缺失引发的社会问题和责任伦理学的发展,道德责任成为中国学者不得不研究和重视的问题,由此对道德责任问题的研究越来越热烈,也越来越深入。

对于道德责任的概念,学者们基本上认为道德责任包括两层含义:一是与外在的道德义务概念大致相当,指向行为主体应当担当或履行的道德义务、职责,旨在揭示自由意志行为者应当做些什么;二是相对于道德主体的自由选择而言,指道德行为主体应当对其行为后果负责。这指向自由意志行为主体对自身行为及其结果负责,旨在揭示自由意志行为者应当以及在何种意义上对自己行为及其结果负责(是无条件的负责,还是有条件的负责)。应当做什么与对行为后果的评价,就构成了道德责任概念的两个不同方面。20世纪90年代以前,各种版本的教科书和伦理学辞典,大多是从第一层含义,即从作为社会规范的角度来理解道德责任,因此道德责任与道德义务两个概念常常相互解释。90年代以来,人们对于道德责任越来越从第二层含义来理解,从惩罚性的角度来理解道德责任的功能。"道德责任是指人们对自己行为的过失及其不良后果在道义上所承担的责任。"[2]这种观点把道德责任与不利后果紧密联系在一起,认为它们是一种因果关系,虽然说明了道德责任的性质及产生原因,但是未能精确揭示出道德责任的结构,也没有区别行为者动机、行为境遇等在行为责任中的影响。

根据历史的沿革和现实的考察,根据语义区别和学理分析,本书认为:

---

① 范晔:《后汉书·杨震传》,转引自:《古汉语常用字字典》,商务印书馆1996年版,第365页。

② 金炳华:《马克思主义哲学大辞典》,上海辞书出版社2003年版,第665页。

所谓"道德责任",是指道德主体在道德上分内应做之事和应当为没有做好分内应做之事所承担的道德过失;其中,所谓"分内"之"分",即意味着"在一定的社会之中",也意味着"按照一定的道德准则",还意味着"具有一定的角色身份或权能"。道德责任表现为行为主体(包括个体、团体与国家)对责任的自觉认识(责任感、责任心)和行为上的履行(包括自觉自愿和非自觉自愿两种态度),以及可能导致的有利于或有害于他人或社会的行为后果承担相应的责任。

责任是伦理生活和伦理评价的核心,道德责任的界定既要体现道德责任的必为性,又要考虑道德责任的当为性;既要体现道德责任的性质,又要考虑道德责任的结构和因果关系。道德责任是衔接道德形而上学性理念与实践性规范的环节,作为个体走向道德完善的必然通道,主要有以下几方面的特点。

1. 道德责任体现了规范性与价值性的统一

道德责任作为一定社会的外在客观规定、要求、规范,其内容具有层次性。如:罗尔斯把道德区分为"责任"与"超责任"。[1]德国伦理学家格特鲁德·努纳尔—温克勒(Gertrud Nunner-Winkler)认为,责任有三个层次,起码的责任是用"不"一类禁令表述的责任,积极的责任是用"应该"一类道德规范表述的道德义务,理想的责任是用"使命"一类表述的道德境界。[2]康德也曾说过:利益代价的大小是衡量道德责任层次的唯一标尺,为之付出的代价越大,道德责任的层次越高。据此,我们可以把道德责任大致分为三个层次:

①较低层次的基本道德责任。这一层次也可称为"底线责任"或者"消极义务"。它对于社会全体成员来说都是必须遵守的道德责任,具有普遍性和强制性,因为基本道德责任是一个社会得以维系的基础,是一个人在社会上立身的根本。它主要表现为一种基本的禁令,如不能杀人,不可偷盗,不得损人利己;如父母对子女的养育,子女对父母的赡养,等等。如果不为,必终遭到谴责或制裁,社会在维护这一层道德责任时,往往(但并不总是)动用

---

① [美]罗尔斯:《正义论》,何怀宏等译,中国社会科学出版社2011年版,第110页。

② 转引自乔治·恩德勒等:《经济伦理学大辞典》,王淼洋等译,上海人民出版社2001年版,第420页。

暴力的、制度化的方式(国家政权)或是宗教的力量。

②中间层次的契约道德责任。中间层次的道德责任主要是通过契约、承诺、角色责任或职业责任来履行的,可称为契约伦理或"职责",因为它常与制度所给予个人的职务、地位有关。这种责任要求履行已经承担的角色义务,要求"行动"而不是单纯的"不做"。根据角色是否可以自由选择,一个人的角色可以分为两类:不可选择的角色与可选择的角色。不可选择的角色是一种不以当事者意志为转移的被确定的角色,比如作为子女、性别、种族等的角色。可选择的角色则是经由当事者自由意志选择的角色,一般都有其角色职责规范要求。不可选择的角色职责规范是一个共同体在共同生活过程中长期积淀形成的某种文化共识要求。这种既有的文化共识要求,无须具体个人认同,且首先以天经地义的方式强加给每一个人。可选择的角色职责规范相对于个人而言尽管也是既有的,但何种具体角色却是个人选择的结果,是面对诸多角色可能而自觉选择了其中某个或某些角色。个人的这种自觉选择同时就意味着:当一个人自觉选择了这个角色时就已知晓与认同这个角色的职责要求,并承诺自觉履行这个角色职责。[1]一方面,人在职业活动中所处的岗位和所拥有的职务决定了他应当甚至必须承担某些责任;另一方面,他所承担的责任也是他的岗位和职务的标志和内容。

③高层次的理想性道德责任。这种道德责任在一些伦理学家那里成为"超责任"。这种高层次的道德责任倡导行善,并且带有崇高性、超功利性、牺牲性、理想性等特点,是我们应该为之向往的"至善"。这一层次的道德责任在社会上只有很少一部分人能做到,不具有严格的约束力。如果没有这一层,社会基本上还能存在并运行下去;而有了这一层,社会质量会提高,运行得会更好。

总之,作为底线及中低层次的道德责任,较敏锐地反映现实生活,关系到整个人类的生存与发展,关系到整个社会的稳定,是必须推行的;而高层次的道德责任则彰显了人们对于至善的追求。三个层次没有严格的界限,

---

① 高湘泽:《一种可能作为比较纯正的规范伦理的原义"责任伦理"纲要》,武汉大学出版社2015年版,第135页。

把三层不同的要求放在一个道德责任范畴内,更容易引导人从低层次道德责任向高层次道德责任过渡。如果说低层次的道德责任表现为一种"做事",只要把事情做好就可以了,那么,高层次的道德责任则表现为"做人",通过做事来证明自己。道德追求的不仅是应该做什么(做事),而且更重要的是应该成为什么样的人(做人)。"做事"的道德在逻辑上很简明,通过观察它是否能使幸福最大化(功利主义)或者是否普遍化(康德主义),就可以来决定我们应当做什么。"成为什么样的人"则是道德品质的集合。道德责任正是把"做事"与"做人"紧密结合在一起,"做事"是为了更好地"做人"。①

正是由于道德责任本身具有这样一种层次性,使得它在道德规范体系中处于特殊的重要地位。但伴随着社会的发展,会产生各种新问题、新情况,道德责任也会不断地被注入新的内容和要求,因而道德责任本身是一个复杂的历史性概念,甚至其在不同的历史时期会有不同的具体内容。马克斯·韦伯在讨论道德行为时,曾使用了"责任伦理"与"信念伦理"这一对概念。在韦伯那里的"责任伦理"指的是行为准则必须顾及行为的可能后果,"信念伦理"指的则是行为准则只执着于行为信念本身而不考虑行为后果。②道德责任外显为道德主体的行为规范,其实质性内涵则是道德主体的价值取向。作为道德准则的行为规范,反映道德共同体成员为追求和维护共同利益而形成的价值诉求,并以此影响和约束共同体成员及其后代的思想和行为。

2. 道德责任是现实性和理想性的统一

作为一种以"应当"为核心的概念,道德责任包含着基于社会历史必然性和社会发展利益的价值理想。道德责任的一个重要功能在于以其理想、道义的力量不断促进社会进步和个人完善,它对于社会不仅有其现实规范,而且有其理想设计和理想规范,立足实然、遵循必然、指向应然,最终达到道德自由境界。因此,道德责任不仅意味着现实条件所要求达到的最佳状态,而且意味着期望达到的理想要求,是现有价值和应有价值的统一。

---

① 郭金鸿:《道德责任论》,人民出版社2008年版,第61页。
② 马克斯·韦伯:《学术与政治》,三联书店1998年版,第107页。

3. 道德责任体现了他律性与自律性的统一

道德责任对于道德主体行为的约束和规范关系虽是客观存在的,不以该主体是否认识为转移,但道德责任对于道德主体行为的约束和规范作用的实现,具有鲜明的主体自觉性和自律性。责任的自觉性是责任主体履行责任的内在的直接动力,当然这种动力的形成最初可能来自自然和社会压力,是强制力量的约束。只有当一个人在责任面前觉得不是"要我干",而是觉得"我要干",才能成为一个有责任感的人,才能使得人们逐渐将外在客观要求内化、升华为自我的真正需要。道德责任的承担虽然也有某种强制性(制度或舆论的强制),但主要还是靠人们的自愿选择来完成的。正因为如此,道德责任的履行和承担需要有较高的精神境界。

但道德责任作为一种社会外在规范对个体或群体提出的必为要求,并不是任何主体都能自觉认识到并自愿履行的,因此要通过强制督促来实现。叔本华曾指出,通常责任可以建立在纯粹的强制性上。①道德责任的强制性来自道德责任的规范性,是指道德责任具有约束、规范人行为的消极一面。责任的强制性主要通过责任内容及责任制度的约束性表现出来。总之,道德责任本身具有的"硬约束"与"软约束"、他律性与自律性统一的特点,强制是自律的手段,自律是强制的目的。但是对这种统一性的理解一定要建立在社会实践的基础之上。因为,任何道德责任都是具体的、历史的,都是在满足一定社会经济发展需要而发展起来的。只有这样,才能深刻把握道德责任的本质特征。

三、道德责任与企业社会责任的关系

(一)企业及其性质

企业社会责任应该是由企业的本质与性质决定的,社会只不过是影响

---

① [德]叔本华:《伦理学的两个基本问题》,任立、孟庆时译,商务印书馆1996年版,第87页。

了企业担当社会责任的力度和宽度。企业本质问题即企业是什么的问题，企业是单纯利润最大化的经济实体，企业存在的目的只是追求利润最大化，企业经营与道德建设没有关联；还是企业同时也是伦理实体，其存在的目的不仅仅是为了利润的最大化，同时也要为人类的健康与幸福、和谐和发展做出贡献，直接决定企业社会责任的存在与否。对企业性质的认识是一个历史过程。在经济学发展史上关于企业性质的认识存在四种代表性观点，即古典经济学、马克思主义、新古典经济学派和现代企业理论关于企业性质的认识。

1. 古典经济学派及新古典经济学派的企业本质观

古典经济学家是从提高效率和增加国民财富的角度来认识企业的，他们对企业是什么、企业为什么存在的原因分析是建立在效率和利润最大化基础之上的。亚当·斯密（1774）在《国民财富的性质和原因的研究》（下简称《国富论》）中就开始了对企业问题的研究。他认为分工推动了生产方式从个体向协作生产的转化，而企业是一个承担分工协作的生产单位。在《国富论》中，他开门见山地提出："劳动生产力上的最大的增进，以及运用劳动时所表现的更大的熟练技巧和判断力，似乎都是分工的结果。"[①]关于分工能够产生效率并提高生产力，他提出了三点理由：第一，分工可以使劳动者的技巧日益提高；第二，分工减少了工作转换的时间；第三，分工促使了机器的发明，机器的发明使一个人的劳动代替了许多人的劳动。亚当·斯密依据他的分工和效率理论，把企业看作是将土地、劳动力、技术和资本等生产要素的投入转化成产出，从而增加社会财富的生产单位。而企业之所以存在，是因为在企业中分工所创造的生产力比家庭作坊和手工工厂要高得多。总之，古典经济学家对企业是什么、企业为什么存在的原因分析是建立在效率和利润最大化基础之上的。因此，以亚当·斯密为代表的古典经济学家把企业的性质定位于经济组织，企业的目的是利润最大化。这是古典经济学家对企业性质的基本看法。

---

① ［英］亚当·斯密：《国民财富的性质和原因的研究》，郭大力、王亚南译，商务印书馆1974年版，第1页。

新古典经济学派赋予企业以"经济人"的含义,认为企业使得厂商在经济活动中具有完全的理性,并掌握完全的信息,不断追求利润最大化。新古典经济学的核心是价格理论,它把价格机制看作是社会经济活动的唯一协调机制。对价格机制的这种研究思路,妨碍了新古典经济学对企业本质的认识。企业被看作是一个生产单位、"生产装置",其功能就是将投入的生产要素转化为一定的产品产出。研究企业的重点或唯一目的是如何以一定的投入获得最大的产出,即要满足"最小最大化原理"。新古典经济学对企业做了如下假定:第一,企业"经济人"假定。"所谓经济人,就是他不受道德的影响,而是机械地和利己地孜孜为利。"①即企业作为经济行为主体有完全理性和充分信息。企业是完全理性的经济个体的机械加总,企业是同质的,企业对未来的预期也是完全确定的,决定企业行为的唯一变量是价格。第二,完全竞争的市场环境、要素的同质和完全自由流动。可见,新古典经济学仍然强调,企业的唯一目标是创造利润,主张利用市场这只看不见的手进行资源配置;利用每个人的自利行为达到社会的公利。企业即使有社会责任,其责任也只是经济责任,即提高生产效率,追求企业利润最大化或股东利益最大化。企业只是"法人",或者说只是法律的制造物。对法律和社会组织而言,企业不过是工具,工具本身不具备道德的价值。因此,总体上说企业不具有道德主体性,企业的社会责任是不存在的。在这两种对企业性质的认识中,企业社会责任是不可能存在的。

2. 马克思及现代经济学家关于企业性质的认识

马克思继承了古代经济学家的思想并加以进一步发展。马克思在看到了分工提高效率的同时,也看到了协作的作用。在《资本论》中,马克思谈到了协作和协作在生产中的作用时指出:"什么是协作?许多人在同一生产过程中,或在不同的但互相联系的生产过程中,有计划地一起协同劳动,这种劳动形式叫协作。"②关于协作的作用,马克思认为:"单个劳动力的力量的机械总和,与许多人手同时共同完成同一个不可分割的操作所发挥的社会力

---

① 马歇尔:《经济学原理》(上卷),商务印书馆1962年版,第11—12页。
② 马克思:《资本论》,人民出版社2004年版,第362页。

量有本质的差别。在这里,结合劳动的效果要么是个人劳动根本不可能达到的,要么只能在长得多的时间内,或者只能在很小的规模上达到。这里的问题是不仅是协作提高了个人生产力,而且是创造了一种生产力、这种生产力本身是一种集体力。"①在分析协作不仅提高生产力,而且创造生产力的深层原因时,马克思又说:"在大多数生产劳动中,单是社会接触就会引起竞争心和特有的精神振奋,从而提高每个人的个人工作效率。"②……这是因为人即使不像亚里士多德说的那样,天生是政治动物,无论如何也天生是社会动物。亚当·斯密只看到了分工对提高效率的作用,马克思在看到了分工提高效率的同时,也看到了协作的作用。与亚当·斯密的效率来源于个人的观点不同,马克思的效率更多地来源于人与人之间的合作。马克思还看到了分工的负面作用,认为分工把人变成了机器,有损于人的身心全面发展。马克思关于协作创造效率和分工的负面影响理论以及现代经济学家提出的契约理论为建构企业社会责任铺垫了坚实的基础。如果说亚当·斯密的分工理论揭示了企业的经济实体属性,那么马克思的协作理论在一定程度上涉及了企业的伦理实体属性。

随着社会的发展,现代企业理论依据新的经济与社会的发展现实,提出了关于企业性质的新观点。1937年,罗纳德·哈里·科斯在美国《经济学》杂志上发表了一篇题为"企业的经济性质"的论文,对企业的性质以及市场与企业并存于现实世界这一事实做出了解释。科斯认为,企业是一个契约性的存在,它的存在和规模都是受交易成本限制的。企业之所以存在,是因为企业交易比市场交易更能节约交易成本。"创建企业成为有利可图之事物的主要原因似乎在于存在着利用价格机制的成本。"③在没有企业的时候,交易都是在市场上进行,市场交易存在一定的成本,例如:获得信息的成本,谈判中花费的时间、运输费、佣金等,由于市场的不确定性,每一次交易的对象是不同的,面对不同的对象需要重新获得信息,缔结约定,这就加大了交易的成本。科斯认为,市场运行是有成本的,通过形成一个组织,并允许某个"权

---

① 马克思:《资本论》,人民出版社2004年版,第362-363页。
② 同注释①,第363页。
③ [美]罗纳德·哈里·科斯:《企业的性质》,上海三联书店1991年版,第9页。

威"(企业家)来支配资源,就能节约某些市场运行成本。与市场通过契约形式完成交易不同,企业依靠权威在其内部完成交易。企业形成的原因,是为了减少市场交易费用,而把交易转移到企业内部。科斯的企业契约理论揭示了企业作为契约的存在能够节约交易成本这一事实;这一事实也被认为是企业产生和存在的理由,同时也使企业为除股东以外的第三方利益相关者负责提供了可能性。

企业是在社会的发展中,伴随着满足社会需要与落后社会生产的矛盾运动,适应商品经济的发展而产生、发展的,是社会生产发展到一定阶段的必然产物。作为社会的基本经济组织,企业的一切活动都是社会活动。在社会活动中,必然要发生两方面的关系,即人与自然的关系、人与人的关系,由此企业具有二重性:一方面,它是一个拥有劳动力、劳动手段、劳动对象等生产力要素,有效进行各项经济活动的经济组织,具有合理组织生产力、与社会化大生产协调联系的自然属性;另一方面,又具有同生产关系和社会制度相联系的,具体体现社会生产关系、实现生产目的的社会属性。企业行为中的经济性与社会性(道德性)在客观上是浑然一体不可分割的,因而企业具有生成社会责任的本质。企业社会责任虽然表现为社会对企业组织的外在要求,但本质上是企业作为伦理实体要求自身对人类社会承担的义务。

国际上,对企业定义的代表性观点是:科斯(1937)提出的企业就是"当一个企业家控制某种资源时出现的关系体系"。这种关系体系是指生产要素之间的合作内化,这些生产要素的所有者都是通过某一代理商或企业家签订双边契约合同而合作的。契约双方恪守合同规定,履行各自的权利和义务。

我国学者对企业定义的普遍认识是:企业是人的要素和物的要素相结合的、以营利为目的、从事生产经营或服务性活动的、具有法律主体资格的经济组织。

(二)道德责任与企业社会责任的关系

企业社会责任是"责任"对具有经济主体和道德主体双重角色的企业提出的一系列要求。从责任具有道德价值的意义而言,任何对行为主体提出的责任要求都是道德要求,其行为规范必然来自一般的道德规范,企业社会责任也不例外。由于社会责任所关涉的利益关系,也是道德的观测点和实施领域。因此,在一定意义上可以说,社会责任也是道德责任;或者说,道德责任与企业社会责任具有内在一致性。虽然,斯特瑞耶认为:"与企业道德责任不同,企业社会责任在很大程度上是基于某个集团或社会公众的期望而成的,此等期望可能与社会的道德观点有惊人的一致,但又并非总是如此。"[①]库珀也指出:"企业道德责任必须是对人类福利有相对重要影响的企业责任,而企业社会责任并不产生这样的影响。"[②]旨在揭示道德责任与企业社会责任之区别,但不可否认,道德责任与企业社会责任又是密不可分的,两者都旨在指导企业追求经济、法律等基本层次以外的更高层次的价值目标。当然,道德责任比社会责任具有更丰富的内涵和更高的道德境界,是企业社会责任背后更深层次、更实质的要求。

第二节 企业社会责任的兴起与发展

"企业社会责任观念是逐步演进的,唯有置身于一定的历史背景中,才能真正领会企业社会责任的完整意义。"[③]鉴于此,我们有必要对西方及我国企业社会责任的历史变迁做一简单回顾,以期从中获得有益的启示。

一、西方企业社会责任思想的产生和演变

(一)企业社会责任的早期思想

企业社会责任是一个现代概念,而对经济行为是非或规范的讨论可以追溯到几千年前,并且在东西方文化中都有相当悠久的历史。《旧约全书》中

---

① 卢代富:《企业社会责任研究——基于经济学与法学的视野》,法律出版社2014年版,第75页。

② 同注释①,第75页。

③ N. Ebersbadt, "What History Us about Corporate Social Responsibilities", Business and Society Reuiew, 1978(8).

就包含了对贿赂行为、从穷人身上获利的行为、滥用土地行为的鞭挞;《汉默拉比法典》中也描述了公元前18世纪巴比伦王国盛行的各种经济行为准则。在古希腊,商人的地位低下,牟利活动被严加排斥,社会对他们的期望就是为社区提供服务。如果他们的商业行为违反道德,将会受到制裁,社区的压力使商人追求社会利益。哲学家柏拉图指出:一个人无论是从事以钱易钱或是以物易钱的交易,都应当合法地给予或接受货真价实的物品……掺假将被所有人视为与说谎和欺骗同类。任何人如在市场商品中掺假,又说谎欺骗,那他就是漠视人类,亵渎神灵。①亚里士多德在《政治学》中指责了商人的敛财行为,倡导"分配的正义"与"平均的正义",认为求"财"并非人生的目的,"富"的追求应限于满足自己生存需要的必要范围,否则就违背了公平与正义的原则。古罗马思想家西塞罗也从"依循自然"的伦理原理出发,告诫商人不能以追逐自己的私利为目的,而应通过自己的努力服务于人类社会。此外,在基督教和犹太教的经文中,也可以找到大量对教徒们经济活动行为的劝诫和规范,在日常的宗教布道以及许多神学院或宗教学校的课堂中也不乏对商业道德问题的讨论。但这些早期思想,主要涉及的几乎都是经济活动中个人的道德和伦理问题,尤其关注用普遍的伦理原则来反对经济活动中个人的撒谎、偷窃或欺骗等不道德和不符合伦理的行为。

这些早期思想渗透于西方文化之中,一些具体的实践也反映出企业社会责任思想的悠久渊源。公元前3000年,就有关于森林保护的记录,这被认为是第一部环境法的雏形;公元前1792年,古代美索不达米亚罕默拉比国王颁布了一项法则,对因为自身疏忽而导致他人死亡的施工者、监管人和农夫处以死刑,这被认为是最早的健康和安全法。公元前218年,古罗马元老院的议员向商人提出社会捐赠的要求。

进入中世纪,商人的地位依然没有得到改善,教会作为社会中异常强大的政治势力,其价值观对界定商人的社会角色起着决定性作用。在教会看来,商人和商业体系都是不值得信赖的,营利动机是反基督教的。至于商人,则必须绝对诚实,履行好社会义务。中世纪著名神学家托马斯·阿奎那

---

① 亚宝三:《古希腊、罗马经济思想资料选辑》,商务印书馆1990年版,第26-27页。

对人们获取财富、交易及工资等问题都提出了明确要求。当时的商人为了提高社会地位,积极投身于社会公益事业,如建乡村教堂、救济所、医院等公共设施,以此来寻求"自己灵魂的幸福"。[①]可见,中世纪时期的欧洲为商人设定的社会责任是广泛的,教会的教义在中世纪文化中渗透得如此全面,以至于商人对自身存在的道德性也产生了怀疑。[②]

事实上,在中国古代及中世纪的欧洲,尚不存在真正意义上的企业,自然也不会提出"企业"的社会责任问题,社会责任的承担者依然是以个人为单位。这一时期商人社会责任的核心要旨是:商人不能为了逐利而伤害社会公共利益,要将社会公益放在首位。这一核心要旨为后来的企业社会责任思想的产生奠定了基础,是企业社会责任思想的早期萌芽。

(二)近代消极企业社会责任观

伴随着西欧封建社会的解体和资本主义生产方式的形成,西方社会发生了诸多重大的制度变迁,商人由原来的边缘阶层变为社会主导阶层。其原因主要是:第一,文艺复兴一改中世纪教会的宗教文化一统天下的局面,使得倡导宗教与教育和国家相分离的现世主义受到普遍尊崇。现世主义的盛行改变了商人的社会角色,动摇了中世纪社会价值观念中对商人逐利的偏见。第二,个体性和集体性被置于同等重要的地位之上,为个人积累财富与顾及社会利益并重提供了适宜的土壤。第三,加尔文和马丁·路德的宗教改革消解了中世纪社会对商人追逐财富的敌视。加尔文主张神的预定如何,要由人的活动来验证,即所谓"谋事在人,成事在天",因而应鼓励人去发奋进取。可见在改革后的宗教教义及其信徒那里,商人的社会地位和社会责任实际上同时得到了提升。第四,民族国家最终得以创建并日益成为社会生活的最高主宰;几千年来,鄙视商业和商人的传统观念被一种全新的经济学说和政策体系——重商主义所取代。凡此种种,无不对商人社会责任

---

① 转引自亨利·皮朗:《中世纪欧洲经济史》,上海人民出版社1964年版,第51-53页。
② 卢代富:《企业社会责任研究——基于经济学与法学的视野》,法律出版社2014年版,第30页。

观产生深远影响。①

工业革命的产生和发展,在为欧美国家创造巨大物质财富的同时,也引发了西方企业制度史上的重大变革——现代企业的出现。这一时期,企业家出于怜悯之心,有道德地经营企业,参与社区建设、捐款、兴办教育等慈善活动;这一时期的企业将改善经营所在地社区及雇员的生活看作企业成功的基本要素。譬如,18世纪90年代,英国消费者抵制购买加勒比海奴隶生产的糖,因此东印度公司改变了其经营方式,从不存在奴隶问题的孟加拉国进口食糖;19世纪的维多利亚时代,贵格教会制铅公司在英格兰为工人建小镇,并兴建学校和图书馆,还在公司生产过程中利用水泵回收废水;此外,如英国的吉百利家族、朗特里公司、爱尔兰的健力士公司、美国好时家族公司在19世纪都设立了具有社会责任意义的项目。这些社会责任实践主要来自宗教信仰的影响,特别关注以下三个方面的伦理行为:一是有道德地对待顾客及商业伙伴,如商业交易中的诚实和公正,并且认为这是道德使然,而不是法律规定;二是慈善捐赠,富裕的商人认为应该将自己的财富与社区分享;三是管家及家长主义,特别涉及雇员福利。家长主义认为,社会中有特权或财富的人,应该在各种决策中考虑到那些较不幸或较弱小者的利益。

当然,在这个阶段,在摆脱宗教的束缚之后,企业的逐利性被予以合理化并极度膨胀,企业承担社会责任并不积极,源自古代社会并在后世发展起来的传统意义上的商人社会责任观,已显式微。原因主要有两个:一是传统经济理论的影响。当时亚当·斯密的自由放任思想受到社会的普遍青睐,并为各资本主义国家的经济政策所遵奉。亚当·斯密在《国富论》中指出:只要各人按利己心行动,不仅可以增进个人的利益,更因一只看不见的手导引,亦可增进社会整体的福利。②据此人们认为,企业的责任就是为股东赚钱,除此之外没有必要做其他考虑,因为企业在销售产品和赚钱的同时,也就满足了一定的社会需要。二是受"社会达尔文主义"思潮的影响,许多人认为社会生活也是符合"达尔文主义"的,弱肉强食、适者生存也是社会生活的普

---

① 同注释②,第30-31页。

② [英]亚当·斯密:《国民财富的性质和原因的研究》,郭大力、王亚南译,商务印书馆1974年版,第57-58页。

遍规律。因此企业捐款资助弱者是与自然进化过程相违背的,由此造成的社会保护只会降低人类的适应能力。赫伯特·斯宾塞是带头倡导这种严酷主张的代表,他在1850年出版的一本书中写道:"这看起来很残酷,一个劳动者生了病,就丧失了与其他强壮竞争对手进行竞争的能力,就必须遭受穷困,那些寡妇和孤儿必须自己为生或死而挣扎。虽然如此,如果不是孤立地看,而是与整个人类的利益联系起来看,这些无情的命运就充满了最高的仁慈,正是这种仁慈使得那些父母患病的孩子早早入土为安,也正是这种仁慈使得意志消沉者、酗酒者以及那些受流行疾病折磨的虚弱者早早告别人间。"(Spence,1970/1850)

在这种"弱者死有余辜"思潮的影响下,许多企业不仅不主动承担社会责任,而且对那些与企业有密切关系的供应商、分销商、员工极尽盘剥,以求尽快变成社会竞争的强者。[①]在法庭纠纷中,法院也不鼓励企业做自身以外的事情,否则,将被判为"过度活跃"。

(三)现代企业社会责任思想的演变

19世纪末开始,西方企业经历了技术和生产力的突飞猛进,企业规模进一步扩大,同时也带来了许多社会问题,包括工伤、职业病、产品质量、环境污染等,这些问题演变为对企业的经常性诉讼和劳工运动。同时西方企业也经历了所有权与经营权分离的演化。管理者不再是完全拥有自己企业的企业主,在这种情况下,社会达尔文主义受到质疑,批评家们开始指责"社会达尔文主义"的残酷和冷漠,并意识到企业必须对那些与其有关联的群体负起责任。1895年美国著名学者阿尔比恩·斯莫尔(Albion W·Small)在美国《社会学》创刊号上呼吁:"不仅是公共办事处,私人企业也应该为公众所信任",这被认为是企业社会责任思想的萌芽。[②]英国学者欧利文·谢尔顿(Oliver Shelden)在1923年进行企业管理考察时第一次从学术的角度提出了"企业社会责任"概念,其在1924年《管理的哲学》一书中进一步把企业

---

① 转引周祖城:《管理与伦理》,清华大学出版社2000年版,第49页。
② 马力:《西方公司社会责任界说述评》,《江淮论坛》2005年第4期。

社会责任与企业经营者满足产业内外各种需要的责任联系起来,并认为企业社会责任含有道德因素在内。这是为后世所公认的企业社会责任术语的起源。

在20世纪初的美国,也提出了企业社会责任问题。伴随着工业化进程的加快,企业规模越来越大,企业的权力也进一步扩张,企业侵犯社会权益的事件时有发生。随后,社会上出现了一种思潮,强烈要求并呼吁保护消费者的权益,反对污染,反对垄断,希望通过立法建立消费者权益和环境保护组织,迫使企业尊重消费者和社会公众的权益,承担必要的社会责任。面对来自社会的压力,一些有远见的公司开始重视这些社会问题,并做出相应的回应。例如:一些大公司的领导人开始主动捐款,资助社区活动和慈善事业;一些富有的实业家也开始帮助穷人和弱者,这意味着公司的领导层对企业的社会责任问题开始关注。尤其是20世纪20年代,美国出现了三种对传统企业社会责任理念提出挑战并相互联系的观点:第一种是"受托人观",即认为管理是受托人,公司赋予他们相应的权利和地位,他们的行为不仅要满足股东的权益,而且要满足顾客、雇员和社会的需要;第二种观点是"利益平衡观",即管理者有义务来平衡那些与企业有关联的集团之间的利益,也就是说,企业管理者就是各种各样的相互冲突的利益团体之间的利益协调人;第三种观点是"服务观",他们认为企业有义务承担社会项目去造福或服务于公众,而管理者个人也可以通过成功地经营企业来减少社会不公、贫穷、疾病,从而为社会做出贡献。这些观点扩大了企业社会责任的含义。①

这些观点的迅速传播,促进了一些明智的企业领导人开始践行不同于以往的企业社会责任。1929年,通用电器公司的一位经理杨××在一次演说中指出:不仅是股东、雇员、顾客和广大公众在公司中都有一种利益,而公司的经理们有义务保护这些利益。在通用电器公司的经理看来,公司具有一种社会公共性,经理是这种社会公共机构的受托人,而不是简单的股东代理人。作为公共机构的代理人,其义务要广泛得多,除了要维护股东的资本

① 乔治·斯蒂纳、约翰·斯蒂纳:《企业、政府与社会》,张志坚、王春香译,华夏出版社2002年版,第52页。

安全,努力使其保值增值外,还应该开明、公正地协调股东、顾客和广大公众的利益,不应当为了股东的利益而牺牲广大公众的利益。杨××的上述看法,是有关企业对利益相关者负责的观念中最早和最为典型的表达之一。此类观点一经提出,立即获得了理论界的积极回应。一些激进的学者向传统的企业社会责任理论和公司理论提出了挑战,他们一改过去长期流行的那种唯股东利益至上的观点,力图就企业对其所有利益相关者负责这一观念做理论上的说明和制度上的设计。

当然,在自由经济制度占统治地位的美国,企业以股东的利益为核心追求利益最大化,这种思想在经济界和企业界长期占统治地位。企业不仅对股东负责,还要对与企业行为相关的利益相关者负责。这一观念的提出,向传统的自由经济制度及其奉行者提出了挑战并引起争论。

1. 20世纪20—30年代,贝利与多德之间的争论

在传统企业中,企业管理者既是所有者又是经营者,不存在对谁负责的问题,而在现代企业中出现了一个特殊的"管理者"阶层,针对管理者是谁的受托人,该对谁负责的问题引发了学界的激烈争论。

1931年,哥伦比亚大学教授贝利(Afdof A. Berle)在《哈佛法学评论》上发表了《作为信托权力的公司权力》一文,全面表达了他在公司权力问题上的传统观念。贝利对企业管理者拥有难以控制的权力深表忧虑,他认为有必要对企业管理者的权力加以规范和限制。他指出,属于企业以及企业管理者的权力只有在能够为所有股东带来可判定的利益时,方为允当。贝利强调:"企业管理者只有作为企业股东的受托人,其权力应本着股东是企业的唯一受益人之原理而创设和拥有,股东的利益始终优于企业的其他潜在利害关系人的利益。"①显然,在企业的功能、角色和企业管理者是谁的受托人等问题上,贝利代表的是传统的观点。

贝利的这种观点立即引起了哈佛大学法学院教授多德(E. M. Dodd)的激烈回应。多德认为,贝利提出的"商事企业的唯一目的在于为股东赚取

---

① 卢代富:《企业社会责任研究——基于经济学与法学的视野》,法律出版社2014年版,第46页。

利润,企业管理者只是股东的受托人"的观点是不合时宜的,也是不可取的。"公司是既有社会服务功能又有营利功能的经济机构,公司财产的运用是深受公共利益影响的,除股东利益外,法律和舆论在一定程度上正迫使商事企业同时承认和尊重其他人的利益;企业管理者应因此树立起对雇员、消费者和广大公众的社会责任观,'社会责任感'亦将成为企业管理者'妥适的态度'而得到采纳;企业的权力来自企业所有利益相关者的委托,并以兼顾实现股东利益和社会利益为目的;不仅要通过确立一定的法律机制促使企业承担对社会的责任,控制企业的管理者还应自觉地践行这种责任。"①

对多德的这些观点,贝利并未轻易地加以否定,甚至还表现出某种程度的认同。在一篇回答多德的论文中,贝利提出,关于企业管理者的"更大范围内的受托人"的职责,实际上在他早期的论文中有过相关的论述,只是贝利认为企业管理者对这些利益集团承担社会责任的时机尚未成熟,在此之前,企业管理者仍然只是股东的受托人,应只对股东负责。贝利相信:"在未来的某一个时期,股东以外的各种利益集团对企业资产的收益的权利主张将得到考虑,企业创造的财富亦将在股东和这些利益集团之间公平地分配。相应地,企业管理者最终会对企业潜在的利害关系人负担起法律所要求的广泛的社会责任。"②

贝利对多德的回应,缓解了两者之间的对立,贝利逐渐接受了多德的观点。得到贝利认可的多德教授却在1942年承认由于缺乏承担企业社会责任的内部动力和法律上的可行性,对管理者应为公司所有利益相关者受托人负责的观点产生了动摇。他说:"1932年春天,……我过于草率,虽然在传统上我们公司法的理论基础在于管理者的作用是追求股东利益最大化,但是应该更宽泛地看到,公司的管理者在一定程度上也是劳动者和消费者的受托人,正如贝利先生立即指出的那样,这里所涉及法律上的困难显而易

---

① E. Merrick Dodd, For Whom Are Corporate Managers Trustees? Haruard Law Review, 1932(45): 1145-1163.

② 卢代富:《企业社会责任的经济学与法学分析》,法律出版社2014年版,第75页。

见。"[1]论战的方向并没有因为多德立场的转变而发生改变,因为贝利明确表示认同多德的早期观点,他在1954年毫不隐讳地承认:"二十年前,笔者与已故的哈佛大学法学院的多德教授展开了一场争论,笔者以为公司的权力乃为股东利益而设定的信托权力,多德教授主张这些权力系为全社会利益而拥有。这场争论明显地以多德教授的观点获胜而告终。"[2]

2. 20世纪50—60年代以后有关企业社会责任的争论

始于20世纪30年代初的"贝利–多德论战"尽管以贝利的最终认输而暂告一段落,但企业社会责任并未因此而获得学术界的一致认同。有关企业社会责任的争论从未停息过,企业社会责任涉及面不断拓展,各种认识精彩纷呈。1953年,美国学者博文(bowen)出版专著《商人的社会责任》,较为规范和明确地提出了"企业社会责任"概念,因此被誉为"公司社会责任之父"。他认为:企业社会责任指的是商人有义务按照社会的目标和价值,制定政策、进行决策或采取行动。如果公司在决策中认清了更广泛的社会目标,那么其商业行为就会带来更多的社会和经济利益。[3]其他比较重要的文献还有艾而斯(Eells,1956)的《自由社会中的公司捐赠》、赫德(Heald,1957)的《管理者的社会责任》和塞利克曼(Selekman,1959)的《管理者的道德哲学》等;一些重要的学术期刊如《哈佛商业评论》等也开始刊登研究企业社会责任问题的研究成果。

哈佛大学的莱维特(Theodore Levitt)教授是较早勇敢站出来旗帜鲜明地反对企业承担社会责任的学者。针对20世纪实务界蓬勃开展的企业社会责任运动以及理论界日渐兴盛的企业社会责任思潮,莱维特在1958年就提出了"让企业承担社会责任是极其危险的"! 他认为企业的目标,唯在营利;社会问题的解决,主要是政府的责任。[4]

在20世纪60年代初,贝利与曼恩(Manne)继续就"贝利–多德论战"中

---

① Dodd, E. Merrick. Book Reviews: Buresucracy and Trusteeship in large Corperations. University of Chicago Law review, 1942(9):546.

② 刘俊海:《公司的社会责任》,法律出版社1999年版,第14页。

③ Bowen, H. R. Social Responsibilities of the Businessman. Harpor and Row, 1953(6).

④ 卢代富:《企业社会责任的经济学与法学分析》,法律出版社2014年版,第75页。

所提出的问题展开讨论。有意思的是,贝利这时由企业社会责任的反对者彻底转变成了企业社会责任的倡导者,他和曼恩展开了激烈的论争。1962年自由经济论的支持者曼恩在《哥伦比亚法学评论》上发表了《对现代公司的"激烈批评"》一文,批评贝利立场的转变,认为将企业管理者视为企业所有利益人的委托人的观点甚为荒谬。并指出"如果公司要在一个高度竞争的市场出售产品,他就不可能从事大量的非利润最大化的活动,如果他一定要这么做,那么很可能就无法生存"。针对曼恩的指责,贝利重申并进一步论证了多德早期的观点,并解释:"自己早年没有将企业管理者作为企业所有利害人的受托人和企业财富分配者看待,主要是担心企业管理者变成十足的政治活动家或者成为对学校及慈善机构起决定作用的资金供应者,并非出于企业管理者不是最适合担当此种角色的人选的考虑。而后来的平实和整个企业世界无可辩驳地证明了'多德的观点是正确的'。"①

20世纪60、70年代,企业社会责任理论研究步入快速发展时期。这一时期的研究主要围绕两大问题展开:一是什么是企业社会责任;二是企业是否应该承担企业社会责任。经上述两次关于企业社会责任的必要性之争,学界大致形成了两种观点:一是坚持企业唯一的社会责任是在一定的规则内实现股东利益最大化;二是认为除股东利益之外,企业还应该关注与企业相关的其他群体的广泛的利益。在企业社会责任的反对者中,除了哈佛大学的莱维特教授外,还有芝加哥学派的米而顿·弗里德曼(Milton Friedman)和哈耶克(Hayek)等,而反对最为激烈、也最有代表性和影响力的是诺贝尔经济学奖获得者弗里德曼。

弗里德曼是一位长期信奉传统理论而对企业社会责任颇有微辞的著名经济学家,他认为:企业是虚拟的人,其责任也是虚拟的。在1962年发表的重要著作《资本主义与自由》一书中,弗里德曼(1970)旗帜鲜明地表达了自己的观点:"在自由社会,存有一项且仅存一项企业社会责任。这就是在遵守游戏规则的前提下,使用其资源从事旨在增加利润的各种活动,或者说,

---

① 转引自卢代富:《企业社会责任的经济学与法学分析》,法律出版社2014年版,第54页。

无欺诈地参与公开而自由的竞争。"①1970年，弗里德曼在《企业的社会责任是增加利润》一文中又指出："企业管理者，从他自身来说，也是一个人，作为一个人，他或许有许多现实的或潜在的责任……对家庭、良心、宗教情感、教会、俱乐部、城市和国家的责任……如果这些是社会责任的话，它们是个体的责任，不是企业的责任。"他认为应该把企业家作为个人的责任与企业社会责任区分开来，如果企业管理者把"股东的钱"捐给慈善机构或用于其他社会目的，他实际上就是非法处置作为所有人的股东的财产，是对股东权利和财产的非法剥夺；同样，如果企业承担社会责任的成本通过提高价格而转嫁给消费者，这个管理者就是在花消费者的钱。因而，传统意义上的企业社会责任观是有失严谨的。"很少有其他倾向能够像企业管理者接受社会责任而非奉守为股东赚取尽可能多的钱那样，严重地动摇我们自由社会的根基"②。

诺贝尔经济奖的另一位得主哈耶克也是企业社会责任的反对者。他是自由秩序的提倡者，也是传统经济秩序的维护者。他认为在经济领域，自由意味着包括企业在内的经济个体自主地追求其各自的经济利益而不受外在干预，而企业承担社会责任是对经济自由的干涉，是有悖于自由的，企业参与社会活动的日渐广泛必将导致政府干预的不断强化。"因为企业应服务于特定公共利益以践行其社会责任的观念越是深入人心，则政府作为公共利益的当然代言人有权要求企业必须做出一定行为的论调便越是令人信服；从长远来看，企业及其管理者根据自己的判断而行善的权力必然是暂时的，他们将最终为短暂的自由付出高昂的代价，那就是不得不按照被当作公共利益代言人的政治权威之命令行事。"③结果是损害自由。

自由主义经济学对企业社会责任的尖锐批评遭到管理学派学者的反对，譬如戴维斯（K Davis，1960）不仅将企业社会责任的定义扩大到包括机构和企业，而且还提出了"责任铁律"，即"企业的社会责任必须与它们的社会权力相称"，企业"对社会责任的回避将导致社会赋予权力的逐步丧失"；斯蒂纳

---

① 转引自卢代富：《企业社会责任的经济学与法学分析》，第75页。
② 转引自卢代富：《企业社会责任的经济学与法学分析》，第53页。
③ ［英］弗里德利希·冯·哈耶克：《自由秩序原理》，邓正来译，三联书店1997年版，第48页。

(Steiner C)在其1975年出版的著作《商业与社会》中明确指出:在所有权与管理权分离的条件下,企业管理者应该做出有利于社会却不利于企业的决策。麦克奎尔(MeCuire,1963)明确地将企业社会责任概念延伸到经济和法律范围以外,指出企业应该承担除经济责任和法律责任之外的其他责任。

3. 利益相关者理论与企业社会责任研究的深化(20世纪80年代至今)

利益相关者理论产生于20世纪60年代,发展于80年代以后,它彻底颠覆了"股东至上论",推动企业社会责任理论向纵深方向发展。

1984年,弗里曼出版了《战略管理:利益相关者管理的分析方法》一书,明确提出了利益相关者管理理论。利益相关者理论认为:任何一个公司的发展都离不开各利益相关者的投入或参与,企业在本质上是一种受多种市场和社会影响的组织,不应该是股东主导的组织制度,应该考虑到其他利益相关者的利益要求。"利益相关者是能够影响一个组织目标的实现,或者受到一个组织实现其目标过程影响的所有个体和群体。"具体来说是指股东、雇员、代理商、客户、当地的社区以及处于代理人角色的管理者等。这些利益相关者与企业的生存和发展密切相关,企业的经营决策必须要考虑他们的利益或接受他们的约束;企业应追求利益相关者的整体利益,而不仅仅是某些主体的利益,因而企业是一种智力和管理专业化投资的制度安排,企业的生存和发展依赖于企业对各利益相关者利益要求的回应的质量,而不仅仅取决于股东。该理论一经提出,便受到来自管理学界和企业伦理学界的追捧。至此,几十年的争论得以平息,企业社会责任理论最终得以确立。

20世纪90年代,从利益相关者的角度研究企业社会责任的成果越来越多,许多学术会议也相继召开。

在实践上,20世纪90年代中后期,世界悄然兴起了一场"企业社会责任"运动。1990年,美国宾夕尼亚州通过《宾夕尼亚州1310法案》,规定企业必须对利益相关者负责任。在立法支持下企业承担社会责任的范围不断扩大,涉及教育、公共健康、就业福利、住房、城区改造、环境保护、资源保护等。1991年,美国Levis公司在亚洲的工厂雇佣低龄女工的行为被媒体曝光,受到社会指责,其产品则受到消费者抵制。美国劳工及人权组织针对成衣业和制造业发动了"反血汗工厂运动",Levis公司为了维护自身的声誉和商业利益,制定了自己的社会责任守则,在1994—1995年已建立起相应的社会责任审核体系,开始审核自己的供应商。

在劳工和人权组织以及消费者团体的压力下,在自然资源和环境保护运动的推动下,面对日益激烈的市场,许多企业如沃马特、迪斯尼、麦当劳等,也都相继建立了自己的社会责任守则。同时,一些政府、非政府组织及国际组织和机构按企业社会责任标准的要求积极酝酿新的企业行为标准。如经济合作与发展组织自1999年起就着手修订"跨国公司准则",以期建立一套对全社会负责的跨国公司行为标准。到2000年,全球共有246个社会责任守则,其中118个是由跨国公司制定的,其余是由行业、商贸协会、政府或国际组织与机构制定的。这些社会责任守则主要分布于美国、英国、德国、澳大利亚及加拿大等国。

尽管理论界对企业社会责任的争论从未停止过,但在企业实务界,履行和担当企业社会责任的主张得到了日益广泛的认同。越来越多的组织加入到推动企业社会责任运动的行列中,其中比较有影响的有:国际社会责任组织(SAI)、美国社会责任商会(BSR)、美国公平劳工协会(FLA)、英国道德贸易促进会(ETI)、加拿大社会责任商会、荷兰"洁净衣服运动"(CCC)、日本良好企业公民委员会(CBCC)等。这些组织的宗旨大多是追求以尊重道德、人类、社会和环境的方式获得商业成功。

总之,20世纪80、90年代以后,从政府、企业所有者、管理层,到消费者、投资者等各方面对企业社会责任的认识逐渐趋于一致;对企业社会责任探讨和研究的重点也从"为什么"逐步转向"是什么""怎么办";伴随着经济全球化的深入发展,履行社会责任日益成为全球企业的共同义务、挑战和追求,包括联合国在内的众多国际组织,分别从不同角度对企业社会责任进行了定义,由企业社会责任概念又不断衍生出利益相关者、社会回应、企业公民、企业社会绩效、社会契约、社会责任投资等概念,这表明对企业社会责任理论研究的深入和实践在不断发展。

综观西方企业社会责任思想的发展历史,可以发现其演变脉络经历了一个由"肯定"到"否定"再到"否定之否定"的辩证发展过程。从古代商人社会责任观经由近代的利润最大化到现代的社会责任观,这似乎是一种回归,但这是更高层次的回归。①

二、中国企业社会责任思想的产生和发展

(一)中国古代的社会责任思想

"企业社会责任"这一概念来自西方,但对于中国来说,企业社会责任也不完全是一件舶来品,甚至我们还能找到为其更为悠久的思想渊源。早在春秋时期,诸子百家就已经展开了"义利之辩",从广义上看,这正是对商人社会责任的一场争辩,其中比较有代表的是儒家和墨家的思想。儒家主张"礼以行义,义以生利",先有义再谈利,认为"不义而富且贵,于我如浮云"。当利与义出现矛盾时,孔子提出了儒家义利观的基本要求——"见利思义"。孔子承认人们追逐利润的正当性,但要求人们合法、合理地赚取利润,这就是俗语所讲的"君子爱财,取之有道";当义与利出现根本性冲突时,孔子强调"杀身成仁"。孟子继承了孔子"义以为上"的义利观,并做了一个非常精辟的比喻,"鱼,我所欲也;熊掌,亦我所欲也。二者不可得兼,舍鱼而取熊掌者也。生,亦我所欲也;义,亦我所欲也。二者不可得兼,舍生而取义者也。"②在利益与道义发生矛盾的时候,应该放弃、牺牲个人私利,甚至"舍生取义"。

归纳儒家义利观对古代商人社会责任观的影响,主要有四个方面:一是见利思义,义利合一。利是人类也是商人的普遍愿望,孔子指出:"富与贵,是人所欲也;贫与贱,是人之所恶也",但商人取"利"时要注意"义","不义而富且贵,于我如浮云"。主张谋取利益要符合道德规范,绝对不能因为利益而牺牲道义。二是先义后利。儒家主张"义以为上",主张通过"义"限制商人无止境追求"利"的行为。面对义与利的冲突时,主张"利"服从"义","先义而后利者荣,先利而后义者辱"(《荀子·荣辱》)。三是以义取利。"义者,百事之始也,万利之本也"(《吕氏春秋》)。认为义与利并非绝对对立,两者可以相互转化,在商人的经营中,义表现为良好的信誉和形象,成为无形资产,

---

① 高峰:《企业社会责任思想的缘起与演变》,《苏州大学学报》2009年第6期。
② 孟轲:《孟子》,杨伯峻、杨逢彬注释,岳麓书社2007年版,第198页。

也能带来稳定收益。四是兴天下之利。认为"天下非一人之天下,天下为天下人之天下也"(《吕氏春秋·贵公》)。《大学》要求君子"修身、齐家、治国、平天下",不仅仅要独善其身,还要积极造福民众,奉献社会。商人以仁德之心关爱顾客,为社会利益服务,如修路、造桥、助学、救灾等,社会也会以丰厚收益回馈商人。

墨家则主张义利兼顾,认为"利人者,人必从而利之",这是一种"主观为自己,客观为别人"的思想。在以儒家伦理规范为主导的价值体系下,社会对商人有仁、义、礼、智、信、诚、孝、俭和以德服人等道德修养方面的要求。古代商人基于传统商业伦理的"义利观",对消费者诚实守信,公平交易,并将商业活动作为实现价值的手段,博施济众,爱国济民。我国的儒商文化对东方各国的商人影响很大,在儒学思想熏陶下成长起来的我国商人很多都怀有强烈的秉持大义、经世济民的报国助人情怀。

(二)近代中国企业社会责任的变迁

近代以来,由于我国企业生存环境、历史使命不同,因而在承担企业社会责任方面,不同的历史时期有不同的表现形式,呈现出明显的阶段性特征,具体来说,大致可以分为三个阶段:晚清时期、民国时期、中华人民共和国成立后(计划经济时期和转型期)。

1. 晚清时期

19世纪60年代,洋务派创办的军事工业面临巨大的经济压力,而晚清政府在外国资本主义入侵和本国封建经济解体的双重压力下,财政出现了危机。另外,部分地主官僚和买办商人积累了大量财富,这些民间资本向往近代工业。同时中国农民和手工业者日益贫困,农业商品化程度日趋提高。这样,在多方力量的推动下,以官督商办为主要模式的洋务民用企业"仿西国公司之例"应运而生了。

所谓官督商办,李鸿章概括为"由官总其大纲,察其利病,而听该商等自立条议,悦服众商""所有盈亏,全归商人,与官无涉"(《李鸿章全集》[①])。官

---

① 李鸿章:《李鸿章全集》,《奏稿》卷20《试办轮船招商折》。

督商办模式虽模式模仿了西方股份公司的一些基本做法,但主要还是沿用了清政府历史上曾采用的制度,具有典型的路径依赖特征。这一时期的企业社会责任主要是在政府、投资者、雇员三方之间分配企业合作剩余。但在实际运作中,官督商办企业的决策、经营处于清政府的直接控制和掌握之下,表现为收回利权责任、报效责任和官利责任等企业社会责任形态。

所谓收回利权,是指各省绅商发起和领导的收回被帝国主义列强占据的铁路权和矿产权运动。19世纪末20世纪初,帝国主义把掠夺中国的铁路和矿山利权作为对中国进行资本输出的主要目标。各个帝国主义国家在中国或通过贷款,或独资经营,或通过合办,攫取了大量的路权矿权,严重损害了中国人民的主权利益,"凡百恶业,概归外人之手,大有经济上列为共有之势"。绅商们认为,欲振兴中国之实业,"必收回利权始"。"经营企业是收回利权的最好手段,关系国家命运兴衰","苟有爱国之心,应起而响应股份之招募"。① 也就是说,通过回收发展本国实业,使外资无隙可乘,自动撤退。在回收矿权方面,许多地方相继出现了官办或官商合办的矿务机构,这一时期新开办的矿产企业大多都带有抵制外资扩张的色彩。铁路方面,各省纷纷成立商办铁路公司,由此兴起了近代中国兴建铁路的高潮。

"报效"原指社会中某些地位低的个人或集团向地位高的个人或集团做的无偿贡献或贡赋。晚清初期,报效主要是清政府授予"专利"或是垫付官款的股份制企业向清政府无偿上交资金,这是清政府投入(权力或资金)资源后,分享企业合作剩余的制度安排。晚清后期,政府利用其在"谈判力"的优势地位,要求变更原有分配格局取得更大份额的企业合作剩余,报效日趋扩大化,主要包括缴纳税外费、无偿提供公共服务及赈灾运输等方面。

"官利"又称"官息""股息",是募股企业对股东本金按额定利率支付的息额,其特点主要有三个:一是不管企业经营情况如何,只要购买了企业的股票成为股东,享有从该企业获取固定利率的权利;二是这种固定利率以年利计算,企业年终结账,不是从利润中提分红利,而是先派官利,然后结算营业利益;三是官利自股东交付股金起必须计息,股东既是企业投资人,又是

---

① 虞和平:《中国现代化历程》第一卷,江苏人民出版社2001年版,第200页。

企业债权人。即使厂未开工,铁路尚未建成通车,官利也需支付。

上述收回利权责任、报效责任和官利责任是企业社会责任在特定历史条件下的特殊表现。

2. 民国时期

一般认为,民国时期分为四个阶段:北洋政府阶段(1912—1927)、南京政府阶段(1927—1937)、抗日战争阶段(1937—1945)和战后时期(1945—1949)。

民国初年,一方面民族资本得到进一步发展,另一方面国家资本也呈逐渐增强的趋势。1929年,南京国民政府颁布《公司法》,突出公司的赢利性质,将公司定义为"谓以营利为目的而设立之团体",从法律上明确了企业营利的社会责任,否定了原有的官利责任和报效责任,体现了近代中国经济的发展和企业经营环境的改善。

近代中国,河山破碎,百业凋敝。特别是1927年以后,虽然受到战争等影响,抵御外侮、维护主权、救民于水火以及企业本身的逐利性,都激发同时也迫使企业承担起社会责任。

(1)实业救国:企业对国家的责任

"实业"一词最早由康有为提出,按照大生企业集团创办者张謇的理解,实业就是"大农、大工、大商",即资本主义大农业和工商业。孙中山在中华实业联合会发表演讲时指出:"余观列强致富之源,在于实业。今共和新成,兴实业实为救贫之药剂,为当今莫要之政策。"[1]因而所谓"实业救国"就是通过兴办农业、工业、商业、路矿、航运等,以振兴民族经济,富国强兵,挽救民族于危亡之际。

中国的近代史是一部因贫困落后而挨打的历史。为了改变受欺凌的局面,为了发展民族经济,增强国力,抵抗外国资本主义入侵的民族资本主义经济便出现了历史舞台上。一批有识之士意识到"皮之不存,毛将焉附",将自身的经济利益和国家的存亡联系在一起,在"设厂自救""实业救国"的爱国主义思潮推动下,纷纷创办自己的工厂企业,发展中国的民族经济。例

---

[1] 孙中山:《孙中山全集》第2卷,中华书局1982年版,第340页。

如:上海厚生纱厂创办者穆藕初指出:"振兴棉业,不但于平民生机上有密切关系,而在全国经济上,亦生莫大影响。故振兴棉业,即所以救贫,亦所以救国。"[①]近代最大的民族资本工业企业集团创办人荣宗敬和荣德生兄弟,他们办厂的宗旨非常明确,就是"为国塞漏卮,为民添衣食","致力于生利之业,以达到振兴中华之目的。"创办家庭工业社的陈蝶仙,提出国货制造都应该立志向上,精益求精,希望用国货去代替外货,挽回外溢利权。铅笔大王吴羹梅在自己研制出的铅笔上印上"中国人用中国铅笔",以激发同胞的爱国热情。

(2)谋职工福利、办职工教育:企业对职工的责任

近代史显示:中国劳工阶级工资水平低,失业率高,生活贫困,劳资关系紧张,企业只图自身赚钱,不重视企业职工权益的现象是极为普遍的。但是也有许多民族企业和企业家,他们在社会化大生产的实践过程中,逐渐意识到企业不为职工谋利是对社会不负责任的表现,也不利于企业本身的发展。荣宗敬、荣德生兄弟经营着二十多个面粉厂、纺织厂和其他企业,雇有三四万工人。他们积极大办工厂:一则"人多手多,生产勃兴",国家富强才有希望;二则可以吸纳大批社会劳动力,扩大就业,这是稳定社会、发展经济的积极途径。为尊重保护员工的权益,荣氏企业所属的工厂都设有所谓"劳工自治区",内设男女单身宿舍和职工家属宿舍,办有工人子弟小学、工人晨校和夜校,建有医院、食堂、浴堂、影剧院、银行、图书馆、阅报室等。荣氏企业还先后创办了公益工商中学、中国纺织印染工业专科学校、中国纺织印染工程补习学校等学校,不仅为企业自身培养了急需人才,也为社会培养专门人才做出了贡献。卢作孚在他的民生公司里,把重视职工的生活福利列为企业责无旁贷的责任,为民生公司员工提供了优厚的待遇,如免费就医、供应膳食、定期休假、定期举办文体活动等,对年满60岁以上的员工公司给予终身养老金。康元印刷制罐厂经理项康原认为:办工厂"不要专从私人经济立场上谋营利的生产",而要"为大多数无衣无食的同胞们着想",要把职工的文

---

① 穆藕初:《振兴棉业刍议》,载赵靖主编:《穆藕初文集》,北京大学出版社1995年版,第89-97页。

化教育事业和生活福利事业都"包含于工厂之内",只有负起社会责任,才能一起"通力合作,谋厂务的发展"。穆藕初提出:"吾国实业人才之缺乏,……穷其原委,当归咎于教育之不修。"因此,他积极主张发展文化教育事业,他不仅捐资办小学、中学,而且还拿出大笔资金与人一起创办中华职业学校,并常年给予捐助,为社会培养专门人才。

(3)捐助社会公益慈善事业:企业对社会的责任

民国时期,社会多灾多难,内忧外患。在这种背景下,不少企业积极从事慈善事业,除上述兴办学校、设立教育基金会外,还捐资举办科研、医疗卫生、道路交通与市政建设等事业,为社会造福。如张謇在经营大生纱厂和大生系列企业的同时,还从事很多公益事业,"实业如农、如垦、如盐、如工、如商之物品陈列所,教育如初高小学,如男女师范、如农商纺织医、如中学、如女工、如蚕桑、如盲哑、如幼稚园之成绩展览及联合运动,慈善如育婴、如养老、如贫民工厂、游民习艺、如残废、如济民、如栖流之事实披露,公益如水利所建之堤闸、涵洞、河渠、桥梁,如交通所辟县乡干支各道之建设"[①]。创办"天字号"系列化工企业的吴蕴初,将其经营企业所得的一部分利润及其自己个人所得的红利、酬金等捐助给社会福利事业,这些捐助主要集中在与他经营的化学工业企业相关的科学研究和教育事业方面。荣氏兄弟除大力兴办教育事业外,还无私奉献,热心捐助各类社会公益慈善事业,并在家乡无锡建造园林、开发太湖风景资源;筑路架桥,改善交通环境;还兴办水利等公益事业,创办了平民习艺所、孤儿院、残废院、妇女救济院等慈善机构。

(三)中华人民共和国成立后企业社会责任的演进

以1978年改革开放为分界,中华人民共和国成立后企业社会责任发展历程大致可以分为两个阶段:第一阶段时间大致是中华人民共和国成立之后到改革开放之前,属计划经济时代;第二阶段从1978年到现在,这一阶段又以90年代中期、2005年为界分为三个小阶段。

---

① 张謇研究中心:《张謇全集》,江苏人民出版社1987年版,第108-109页。

1. 中华人民共和国成立之后到改革开放前(计划经济时期)

自中华人民共和国成立之后到改革开放前,我国采用计划经济体制,整个国家经济运行都由国家来掌控,企业缺乏经营自主权,一切都要服从计划和指令安排。这一时期不存在真正意义上的企业,也不存在真正的企业社会责任。作为社会中的主要生产经营者的企业被视为单纯执行国家经济计划的工具和实现社会福利的场所,实际上相当于政府的下属部门。企业的资本结构单一,运行主要遵照政府的指令,盈利不是企业存在的意义。政府对社会的管理和控制是转嫁到企业来实现的,一个企业就是一个小社会,所谓"企业办社会"就是指企业建立和兴办了一些与企业生产、再生产没有直接联系的组织机构和设施,承担了产前、产后服务和职工生活、福利、社会保障等社会职能。封闭式长期契约关系同时意味着社会资源低流动性,使得员工对企业产生强烈的组织化依赖。不仅是员工个人,家庭也对企业全面依赖,家庭生活和企业密不可分。企业为员工提供(准)终身就业,即通常所说的"铁饭碗",企业职工的生老病死也全部由企业负责。如果企业发生亏损或面临破产,经营者没有责任,企业也能得到国家财政的支持。这些做法使企业将大量资源投入非生产领域,冗员严重,政企不分,企业效率低下。

2. 1978年改革开放至现在(转型期)

(1)1979年至90年代初期,企业社会责任孕育阶段

改革开放以后,一方面国有企业逐步建立了现代企业制度;另一方面,在国家相关政策的扶持下,私营企业、合资企业也蓬勃发展起来。随着经济体制改革的深化,企业逐渐成为自主经营的经济主体,企业及股东的权益受到充分的尊重。市场经济不仅让企业体验到了竞争所带来的益处,也让企业感受到了竞争的残酷。

从1978年到20世纪90年代初期,这一时期的中国企业处于起步阶段,企业追求的是暂时的生存而不是长期的发展。无论当时的宏观环境、市场秩序还是企业家素质,都使企业表现出较强的短期性,由于企业的发展以盈利为导向,所以此时的企业只顾自身的发展,忽视对社会、环境的影响。在承担社会责任方面,突出对股东责任的重视,对管理层责任的重视,表现出对政府责任的淡化,对社会责任的忽视,对环境责任的推托,等等。

（2）20世纪90年代中期至2004年，企业社会责任整合阶段

20世纪90年代中期以后，我国市场经济秩序日趋完善，国际全球经济一体化的格局初步形成，同时社会主义市场经济的发展造就了一大批有竞争力的企业和企业家。与国际经济接轨使我们的企业和企业家感受到了与发达国家的差距，企业发展到一定阶段出现的停滞更带给企业家以思考。很多企业和企业家开始关注企业社会责任问题。学术界对企业社会责任问题逐渐给予关注，并开始进行相关的研究和探讨。

在这一时期，虽然我国的一些大型跨国企业对企业社会责任有了一定程度的理解与重视，但是从整体上看，我国企业对社会责任的认识与实践和发达国家相比还存在不小的差距。这一阶段是对企业社会责任认识的整合阶段。

（3）2005年至今，企业社会责任快速发展阶段

从2005年开始，我国的企业社会责任伴随着坚持科学发展观和构建和谐社会目标的提出得到了快速的发展。各级政府、企业组织、行业协会与组织等机构纷纷出台相关法律、指导文件等，从法律、行业自律、政策、企业社会责任管理等角度，积极推进企业社会责任，企业社会责任进入了快速发展时期。

2005年10月第十届全国人民代表大会常务委员会第十八次会议通过的《公司法》修改案第5条明确规定："公司从事经营活动，必须遵守法律、行政法规，遵守社会公德、商业道德，诚实守信，接受政府和社会公众监督，承担社会责任"。从法律层面上，旗帜鲜明地提出公司要承担社会责任。

2005年，中国纺织工业协会制定了行业社会责任指南《纺织行业社会责任管理体系总则及细则（CSC9000T）》，成为我国第一个行业社会责任管理体系指南。2006年3月，国家电网公司向社会发布了第一份中央企业社会责任报告，这成为中国企业社会责任发展的一个重要里程碑。2012年，国资委在推行社会责任管理方面采取了一系列的举措：国资委将加强社会责任管理作为中央企业管理提升十三项专项内容之一。2013年，国资委将通过发布"中央企业社会责任管理指引"开展社会责任评价等措施，推动企业进一步树立责任理念，完善社会责任管理体系，以实现央企与经济社会环

境和谐发展。中国工业经济联合会发布了《中国工业企业社会责任指南实施细则》,中国银行业协会在其最新发布的行业社会责任报告中也明确提出银行业金融机构要加强社会责任管理。这表明:企业是否要承担社会责任已从学术辩论,走向了社会关注的前台。越来越多的企业发布了企业社会责任报告,个别企业还设立了专门的企业社会责任管理部门,推动中国企业社会责任运动的深入和发展。政府推进企业社会责任实践的举措,也引导和推动了民营企业社会责任运动的深入和发展。

第二章
国内外企业社会责任研究文献回顾与述评

　　企业社会责任理论始于20世纪初的美国。一般认为,英国学者欧利文·谢尔顿(Oliver Sheldon)1923年在美国进行企业管理考察时,首次提出了"企业社会责任"概念。谢尔顿把企业社会责任与公司经营者满足产业内外各种人需要的责任联系起来,并认为企业社会责任有道德因素在内。1953年,被誉为"企业社会责任之父"的鲍恩(Howard R. Bowen)在其著作《企业家的社会责任》中提出了企业及其经营者有义务"采取与社会所期望的目标和价值一致的政策、决策和行动",这个定义正式提出了企业及其经营者必须承担社会责任的观点。企业社会责任理论自发端以来,已由一种理念发展到企业行为及政府立法行动。学术界、企业界和政府对企业社会责任都非常关注,进行了大量的研究、讨论和实践,形成了各种不同观点,也取得了很多理论和实践成果。

第一节　企业社会责任概念及相关问题的研究综述

一、关于企业是否应该承担社会责任

　　企业社会责任概念的提出,本身就是对传统企业理论所标榜的"利润最大化是企业唯一责任"的一次革命。此后,对企业是否应该承担社会责任,

以及社会责任的界定等问题,学界、企业界一直存在很大的争议,形成了否定企业社会责任的传统经济观和赞成企业社会责任的现代经济社会观。

1. 否定企业社会责任的传统经济观

自由经济学的鼻祖亚当·斯密主张,"每一个人,在他不违反正义的法律时,都应听其完全的自由,让他采取自由的方法,追求自己的利益。"①美国哈佛大学莱维特教授(Theodore Levitt)是较早勇敢站出来旗帜鲜明地反对企业承担社会责任的学者。他认为:让企业承担社会责任是极其危险的,企业应当远离政治。他指出:"企业承担社会责任实为企业参与政治的一种体现。此种趋向弊大于利,且由此而蒙害最大者当属企业自身,因为企业参与政治势必导致企业的生命力削弱而非维持和提升,企业对政治倾注的心力越多,它向社会提供产品的效率越低;企业一旦不再是社会期望的那种出色的产品提供者,则它必定陷入严重的困境。"②因此,莱维特主张企业应该固守创造利润功能,维护自由企业的本质。

哈耶克是自由秩序的提倡者,也是传统经济秩序的维护者。他基于自己的自由理论,反对企业承担社会责任,认为企业承担社会责任是对经济自由的干涉。"企业社会责任是有悖于自由的,因为企业参与社会活动的日渐广泛导致政府干预不断强化,企业履行社会责任的结果是不得不按照政府的权威行事而损害自由。"③哈耶克在他的著作《致命的自负》中,更把企业社会责任和社会义务归入"被毒化的语言"加以批驳,认为任何偏离利润最大化目标的行为都将危及公司的生存。

波斯纳认为:如果企业承担社会责任,不以利润最大化为唯一目标会造成很大危害。首先,试图以最低成本为市场生产产品而又改良社会的经理,最终可能将一事无成;其次,公司社会责任的成本会在很大程度上以提高产

---

① [英]亚当·斯密:《国民财富的性质和原因的研究》(下),郭大力、王亚南译,商务印书馆1974年版,第252页。

② Theodore Levitt: The Dangers of Social Responsibility, Harvard Business Review September-October, 1958.

③ F.A.Hayek. The Corporation in a Democratic Society: In Whose Interest Ought It and Will It Be Run? H.I. Ansoff, Business Strategy. Harmon Worth, 1969:260.

品价格的形式由消费者来承担,这不仅损害了消费者利益,而且最终企业会被逐出市场;第三,公司履行社会责任会降低股东自己履行社会责任的能力;而与此相反,公司利润最大化却可以增加股东的财富,股东可以以这种资源来对政治、慈善的捐款等做出贡献。①依波斯纳之见,企业之目标惟在利润最大化。

达尔文主义者赫伯特·斯宾塞也反对企业承担社会责任,认为慈善捐款等社会责任行为违背"优胜劣汰"进化规律,不符合自然进化过程,因为过度的社会保护会降低企业的适应能力。

在企业社会责任的反对者中,另有部分学者并不是一味地拒绝企业社会责任这一提法,而是在企业社会责任的名下,装入利润最大化的内容。他们认为:只要企业竭力追求利润最大化,即等于践行了其对社会的应尽之责,因为每个企业实现利润最大化,必达致全社会福祉的最大化。德拉克(Dmcker)是较早提出这一思想的学者。他认为牟取利润是企业的社会责任,这个责任是绝对的,是不可放弃的。弗里德曼是持这种观点的另一位代表。他认为:在自由经济中,"企业仅具有一种而且只有一种社会责任,那就是在法律和规章制度许可的范围内,利用它的资源,从事旨在增加它的利润的经营活动。"②他在《资本主义与自由》一书中说:"几乎没有什么事情能够像企业管理人员接受社会责任理念,而不尽力去为股东赚钱这件事那样彻底破坏我们自由社会的根基。"③其反对态度之坚决、立场之坚定使之成为反对企业承担社会责任的最著名代表人物。

在中国认为企业不应承担社会责任的学者不多,但这类观点比较明确,如罗斌、刘前锋认为:"西方国家市场经济下的公司承担社会责任常常是有所选择的,他们是根据自己的产品和服务及承受能力来决定承担的多少和

---

① [美]理查德·A. 波斯纳:《法律的经济分析》(下),蒋兆康译,中国大百科全书出版社1997年版,第544-547页。

② Milton Friedman. The Social Responsibility of Business Is to Increase Its Profits. In Tom L. Beauchamp and Norman E. Bowie (edo).Ethical Theory and Business, 3rd ed. Englewood Cliffs, NJ: Prentice-Hall,1988:87-91.

③ Milton Friedman. Capitalism and Freedom. The University of Chicago, 1996:33.

范围,公司的这些社会行为主要是由利润动机驱动的。而中国国有企业所承担的社会责任多数是由于历史原因而遗留下来的,企业不但没有什么利润动机,相反还需要耗费掉很多利润。"①刘春权则认为:"以卡罗尔为代表的企业社会责任观对社会责任的解释,即'企业的社会责任包括在某一时间点上社会对企业的经济、法律、伦理期望和合理期望',蕴涵了更多对真善美和正义等更高价值的追求,实质上给社会责任赋予了价值理性的内涵。而中国很多企业是迫于法律与舆论,只是被动地承担社会责任。企业加强社会责任的做法单纯是为了在社会大众中树立良好的企业道德形象,为了更好地服务于企业的经济发展。这样做是片面的,企业难以有长足的发展。"②

2. 支持企业承担社会责任的现代经济社会观

支持企业履行社会责任的观点大致分为两类:第一类观点被称为"工具性观点"。其核心思想是企业之所以要承担社会责任、关注利益相关者要求,是因为这样做将使企业变得更有利可图。该理论将企业承担社会责任作为一种实现经营目的的手段和工具。这种观点被描述为"策略性的利益相关者分析"。③第二类观点则是"规范性观点"。其核心是不论企业经营状况如何,它都有一种伦理性的社会责任,应对利益相关者的要求做出恰当的回应。规范性的观点强调"做正确的事",做"应该做的事",它不再将"履行社会责任"作为"实现企业经济利益"的一种工具,而是超出对企业经营成本的简单分析。这一观点从更根本的价值判断角度,强调企业在社会系统中需要扮演的角色任务——即企业既是"自然人",又是"社会人"。这一观点被称为"多方面信托的利益相关者分析"④。其中代表性的观点主要有:

鲍恩认为:"企业应该自愿地以对社会负责的精神进行经营活动,即使

---

① 罗斌、刘前锋:《谈我国国有企业的社会责任》,《冶金经济与管理》2000年第3期,第27-28页。

② 刘春权:《对企业社会责任的价值理性追求及其伦理内涵》,《重庆社会科学》2004年第1期,第66-68页。

③ Goodpaster, K.E., Business Ethics and Stakeholder Analysis. Business Ethics Quarterly, 1991, 1(1):53-74.

④ Thomas Donaldson, Lee E. Preston. The Stakeholder Theory of the Corporation Conceps, Evidence and Implications.

那样做可能会导致企业利润降低。企业社会责任的意思是,企业家有义务制定有利于当前的社会目标和价值的经营方法和策略,并以此开展经营活动。"①

管理学大师彼得·F.德鲁克指出:"企业是社会的一种器官,企业并不是为着自身的目的,而是为着社会的目的,并满足社会、社区或个人的某种需要而存在。它们本身不是目的,而是工具……每一个机构都是为了社会的需要而存在。"②因此,企业与社会必须共荣共存,否则就不能真正得到发展。企业赚钱的目的应是丰富人民的生活,造福于社会。企业社会责任应成为其所有活动的核心。

日本金泽良雄提出:"今天的企业,本已摆脱了单纯朴素的私有领域,而作为社会制度有力的一环,其经营不仅受到资本提供者的委托,而且也受到包括资本提供者在内的全社会的委托……换言之,即无论在理论上或实际上,已不允许片面追求企业一己的利益,而必须在与经济和社会协调中最大效率地与各种生产要素相结合,并须立足于生产"物美价廉"的商品而提供服务的立场。因此,只有这种形态的企业才能称为现代化企业,而所谓经营者的社会责任也就不外是要完成这个任务。"③

在国内,也有很多学者表达了相同观点,认为企业作为社会公民的一种,和其他类型的公民一样都对社会负有伦理道德义务。如我国学者刘俊海(1999)认为:"所谓公司社会责任,是指公司不能仅仅以最大限度地为股东们营利或赚钱作为自己的唯一存在和目的,而应当以最大限度地增进股东收益之外的其他所有社会利益为责任。这种社会利益包括雇员利益、消费者利益、债权人利益、中小竞争者利益、当地社区利益、环境利益、社会弱者利益及整个社会公共利益等内容"。④贾生华、李丽(2003)认为,企业在履行其囊括显性契约与隐性契约在内的综合性社会契约时,必须考虑利益

① Bowen H. R. Social Responsibilities of the Businessman. Harper,1953:31.

② [美]彼得·F.德鲁克:《管理—任务、责任、实践》,孙耀君等译,中国社会科学出版社1987年版,第28页。

③ [日]金泽良雄:《当代经济法》,刘瑞复译,辽宁人民出版社1988年版,第104页。

④ 刘俊海:《公司的社会责任》,法律出版社1999年版,第6-7页。

相关者合理的利益要求。刘长喜(2005)认为,企业社会责任是指企业对包括股东在内的利益相关者的综合性社会契约责任,这种社会综合性契约责任包括企业经济责任、企业法律责任、企业伦理责任和企业慈善责任。

二、关于企业社会责任概念的研究(内涵)

1953年,鲍恩在《商人的社会责任》一书中,将商人的社会责任定义为:"企业有义务按照我们社会的目标和价值的要求,制定相关政策,做出相应的决定,以及采取理想的具体行动"[1]。这一定义给出了企业社会责任的初步见解,但较为笼统和模糊不清。

戴维斯(Keith Davis,1960)指出,企业社会责任意味着企业家决策和行动的采取,至少要部分地考虑企业直接的经济和技术利益以外的原因,[2] 在此基础上提出了著名的社会责任铁律刚性原则,也称"戴维斯原则",创造性地提出企业家所承担的社会责任应该与其社会能力一致。1975年,戴维斯和布洛姆特朗(Robert L. Blomstrom)在《经济与社会:环境与责任》一书中,给社会责任下的定义为"社会责任是指决策制定者谋求自身利益的同时,采取措施保护和增进社会整体利益的义务"[3]。在这里,企业社会责任与社会义务和企业伦理具有同一意义。

美国经济发展委员会(ACED,1971)提出了用"三个同心圈"来说明社会对企业的期望,即企业应该承担的三个层次的社会责任。其中同心圈的最里圈是企业必须有效履行经济职能方面的基本责任,如产品、就业以及经济增长等;中间一圈是企业在执行经济职能时对社会价值观和优先权的变化应采取积极态度的责任,如尊重员工、对消费者负责和保护环境等;最外一圈是指那些新出现的尚不明确的责任,它要求企业必须自觉地参与到改

---

[1] Committee for Economic Development, Social Responsibility of Business Corporations. New York:Author,1971:15-16.

[2] Keith Davis, Can Business Afford to Ignore Social Responsibilities. California Management Review.Spring1960:70.

[3] Davis, Keith and Blomstrom, Robert L. Business and Society:Environment and Responsibility. 3rded. Mew York:MeGraw-Hill,1975:39.

善社会环境的活动中来。①美国经济发展委员会还把企业社会责任行为区分为两类：一是自愿性行为，由企业主动实施且企业在实施中发挥了主导作用；二是非自愿性行为，由政府引导或通过法律规定加以强制执行。

美国佐治亚大学教授卡罗尔（Carroll）是研究社会责任比较有代表的一位学者。他认为：企业社会责任是社会寄希望于企业履行义务；社会不仅要求企业实现其经济上的使命，而且期望其能够遵法度、重道德、行公益。因此，"企业的社会责任囊括了经济责任、法律责任、伦理责任和自由决定的责任"。②卡罗尔还用金字塔图形来说明企业社会责任定义内容之间的层次关系：经济责任是企业的基本责任，处在金字塔的底部；第二层次为法律责任，卡罗尔认为遵守法律是仅次于经济责任的底线责任，企业要在法律的约束下进行活动；第三层次为伦理责任，它是虽未上升为法律但企业应该履行的义务，要求企业避免或尽量减少对利益相关者的损害；慈善责任位居金字塔的最高层，它表达了社会要求企业成为出色的社会公民的愿望。他进一步解释说，经济责任反映了企业作为营利性的经济组织的本质属性。因为使企业成为营利性的经济组织是市场经济制度的固有要求，而让企业尽可能营利也是自由企业制度的应有之义。所以在理解企业社会责任与经济责任时，不能将企业的社会功能与经济功能对立起来，而应将他们作为相互补充与相互匹配的两个方面，共同纳入企业社会责任的框架之内。

管理学家斯蒂芬·P.罗宾斯在《管理学》一书中给企业社会责任下了一个比较明确的定义，他认为："企业社会责任是企业追求有利于社会的长远目标的义务，而不是法律和经济所要求的义务"。他区分了社会责任与社会义务，认为企业只要履行了经济法律责任，就算履行了社会义务，而社会责任则是在社会义务的基础上加一个道德责任。③

著名管理大师哈罗德·孔茨和海因茨·韦里克认为："公司的社会责任就

---

① 乔治·斯蒂纳、约翰·斯蒂纳：《企业、政府与社会》，张志坚、王春香译，华夏出版社2002年版，第132页。

② A.B. 卡罗尔，A.K. 巴克霍尔茨：《企业与社会：伦理与利益相关者管理》，机械工业出版社2004年版，第24页。

③ ［美］斯蒂芬·P.罗宾斯：《管理学》，中国人民大学出版社1997年版，第97页。

是认真地考虑公司的一举一动对社会的影响。"①同时以"社会反应"的概念作为企业社会责任的补充,他们认为企业必须同其所在的社区环境进行联系,对社会环境的变化做出及时的反应,成为社区活动的积极参与者。

安德鲁斯(Andrews K.P.)曾在其论文中给企业社会责任下了定义,认为社会责任就意味着企业自愿约束自身不去谋求最高利润,"更进一步说,社会责任就是为经济行动所付出的代价以及把公司的力量集中在某些目标的机会的敏感性。这些目标是可能达到的,但有时从经济上看不出那么吸引人,不过却更合乎社会的需要"。他强调,"企业承担的社会责任应该包括:第一,公司决心自愿捐助教育事业和其他慈善事业,尽管这会减少其利润;第二,公司选择一个属于自己的经营道德标准,这个标准要高于法律和习俗所要求的最低水平;第三,在具有各种机会的业务中,公司根据社会价值进行选择;第四,为了经济报酬以外的理由(很显然与经济报酬有关)投资与改善公司内部生活质量。"②

普拉特利(Pratley P)认为:"最低的道德要求意味着企业应为公众提供高质量的产品和服务,而不危及基本的公共福利和共同的未来。赚钱与接受一定限度的道德要求是可以结合起来的。"③

威尔汉斯(Werhane,1998)总结前人的研究成果,进一步将企业社会责任概括为简单的一句话,即企业具有的那种超出于对业主或股东狭隘责任观念之外的、替整个社会所应承担的责任。

伴随着企业社会责任理论研究的不断深入,企业社会责任的基本概念在全球范围内逐渐被广泛接受,比如联合国全球契约、国际人权公约、里约热内卢宣言和反行贿商业原则等。这些原则大多无强制执行力,但是为企业社会责任的行业标准、国际标准和企业行为守则奠定了基础,并形成了一系列企业社会责任体系。许多重要国际组织,包括联合国、世界银行、OECD、欧盟、世界经济论坛以及学术机构等对企业社会责任予以高度关注。

---

① [美]哈罗德·孔茨、海因茨·韦里克:《管理学》,经济科学出版社1993年版,第689页。
② [美]K.P. 安德鲁斯.哈佛管理论文集:《可以使优秀的公司有道德吗》,孟光裕等译,中国社会科学出版社1995年版,第413-414页。
③ [美]彼特·普拉利:《商业伦理》,洪成文等译,中信出版社1999年版,第21页。

世界银行定义CSR为:企业与关键利益相关者的关系、价值观、遵纪守法以及尊重人、社区和环境相关的政策和实践的集合。它是企业为改善利益相关者的生活质量而贡献于可持续发展的一种承诺。

欧洲委员会把CSR界定为:公司在自愿的基础上,把社会和环境密切整合到它们的经营运作,以及与其利益相关者的互动中。

中国台湾世界企业永续发展协会把CSR定义为:企业对社会合乎道德的行为,特别是指企业在经营上须对所有的利益相关人负责,而不是只对股东负责。企业承诺持续遵守道德规范,为经济发展做出贡献,并且改善员工及其家庭、当地整体社区、社会的生活品质。

英国的"企业公民会社"认为CSR有以下四点:企业是社会的一个主要部分;企业是国家的公民之一;企业有权利,也有责任;企业有责任为社会的一般发展做出贡献。

社会责任国际标准ISO26000的社会责任定义为:社会责任是指组织通过透明和道德的行为,为其决策和活动对社会和环境的影响而承担的责任。

我国学者对企业社会责任的研究主要是从20世纪90年代以后开始的。刘俊海(1999)认为:"所谓公司社会责任,是指公司不能仅仅以最大限度地为股东们营利或赚钱作为自己的唯一存在和目的,而应当最大限度地增进股东之外的其他所有社会利益。"[①]

卢代富(2002)认为,企业责任可以划分为企业经济责任和企业社会责任,"所谓企业社会责任,乃指企业在谋求股东利润最大化之外所负有的维护和增进社会利益的义务。"在这个定义中,企业社会责任是"创设于企业经济责任之外,独立于企业经济责任并与经济责任相对应的另一类企业责任"。[②]

高尚全(2004)认为,企业对社会的责任有两类:第一类是基础责任,就是立足于企业的发展;第二类责任是企业在承担基础责任的过程中,必然产

---

① 刘俊海:《公司的社会责任》,法律出版社1999年版,第6-7页。
② 卢代富:《企业社会责任的经济学与法学分析》,法律出版社2014年版,第75页。

生的外部性问题,应通过制度来实现责任的最优分担。

周祖城(2005)认为:企业社会责任是指企业应该承担的,以利益相关者为对象,包含经济责任、法律责任和道德责任在内的一种综合责任。

黎友焕(2007)则认为,企业社会责任即指在某特定社会发展时期,企业对其利益相关者应该承担的经济、法规、伦理、自愿性慈善以及其他相关的责任。

由上可见,有关企业社会责任,各国学者至今仍未形成一个能被广为接受的定义,而且现有的各种定义也遭到诸多指责。不少学者认为,"企业社会责任"一词含义模糊,单凭这一点就已失去了存在的意义。如我国学者李子畅在其《企业的唯一责任是盈利》一文中指出:"主张企业承担社会责任的人一般并不否认企业追求盈利的责任,但他们认为,企业仅仅承担这个责任是不够的,他们认为企业应该承担一些社会责任。这种观点实际上可分为两层含义:一、他们认为企业追求盈利的责任不属于社会责任;二、他们认为只有企业承担与追求盈利相矛盾的社会责任,才能使社会利益最大化。这两层含义都是错误的,他们集中表现了社会责任这个概念的空洞和含混之处。应当明确提出:企业的唯一目的就是盈利。对企业来说,它要承担的社会责任就是创造利润。"[①]韩国学者李哲松认为:企业社会责任一词未能具体揭示其责任的内容,无法起到行为规范的作用。

三、关于企业社会责任的范围和层次研究(外延)

伴随着企业社会责任概念的发展,国内外学者对企业应承担社会责任的范围和层次也进行了一些有益的探讨。

美国经济发展委员会在1971年6月发表的《商事公司的社会责任》报告中列举了58种、涉及10个方面的旨在促进社会进步的行为,进而又对这些社会责任行为区分为两个基本类别:一是纯自愿的行为,这些行为由企业主动实施,并由企业始终发挥主导作用;二是非自愿的行为,这类行为要由政府借助激励机制的引导,或通过法律、法规的强行规定而得以落实。

---

① 李子畅:《企业的唯一责任是盈利》,《新青年·权衡》2006年,第5页。

1976年世界经济合作组织所通过的《经合组织跨国企业指南》从人权、劳工权益、工作环境、消费者利益等方面对企业行为进行了具体的规范和要求。联合国"全球契约"在人权、劳工标准、环境保护、反腐败四个方面提出了十项原则，为企业社会责任在全球的履行提供了基本的框架。

阿奇·B.卡罗尔（Camoll）（1979）认为，企业社会责任应该包括经济、法律、伦理和慈善责任四个部分。普拉特利（1999）认为："在最低水平上，企业必须承担三种责任：（1）对消费者的关心，比如能否满足使用方便、产品安全等要求；（2）对环境的关心；（3）对员工最低工作条件的关心。"①

与国外某些划分的标准相类似，国内也有部分学者从利益相关者角度对企业应该承担社会责任的范围与层次进行了划分。如田广研（2000）认为，公司应当最大限度地增进股东利益之外的其他所有社会利益。这种社会利益包括雇员（职工）利益、消费者利益、中小竞争者利益、当地社区利益、环境利益、社会弱者利益及整个社会公共利益等内容。卢代富（2002）、毛羽（2003）将企业社会责任划分为"法律义务"和"道德义务"，企业社会责任呈现出层次高低不同的表现形式；李正（2008）认为，企业社会责任应该包括六大方面的内容，即环境问题类、员工问题类、社区问题类、一般社会问题类、消费者类和其他类。

在实务界，中国纺织协会于2005年制定了《中国纺织企业社会责任管理体系》（CSC9000T）。《中国纺织企业社会责任管理体系》（CSC9000T）提出了企业承担社会责任及建立相应的管理体系的要求，指出企业社会责任指企业除了为股东追求利润外，还应承担对其他利益相关者的责任。该社会责任管理体系对中国纺织企业提出了管理体系、劳动合同、童工、强迫或强制劳动、工作时间、薪酬与福利、工会组织和集体谈判、歧视、骚扰与虐待、职业健康与安全等十个方面的公共社会责任行为准则。李立清、李燕凌（2006）通过总结国外研究成果，构建了包含劳工权益、人权保障、社会责任管理、商业道德和社会公益行为五类因素的评价体系，十三项子因素下共设有38个三级指标；北京大学民营经济研究院（2006）发表了一份《中国企业

---

① ［美］彼特·普拉特利：《商业伦理》，洪成文等译，中信出版社1999年版，第98-99页。

社会责任调查评价体系与标准》，将企业社会责任的主要指标划分为股东权益、员工权益、法律责任、诚信经营、公益责任和环境保护七个方面；2010年8月，杭州市在全国率先推出《企业社会责任评价体系》（征求意见稿），《体系》总分1000分，分为四大部分，分别为市场责任（220分）、环境责任（300分）、用工责任（330分）、公益责任（150分），每个大部分都由数十条细则组成。

此外，部分学者从企业自身角度出发，考虑企业社会责任的范围和层次。如高尚全（2004）和雍兰利（2005）认为，企业社会责任应立足于企业自身的良性发展，企业健康发展，就能为社会创造更多财富，提供更多就业岗位，这些是企业的基础责任。企业社会责任必须满足对企业自身、对社会、对其他利益群体、对公众的合理期待。

通过文献梳理，我们可以看到国内学者与西方学者对企业社会责任范围与层次的划分有一定的差异。但总体来看，"守法责任是必尽责任，经济责任是分内责任，伦理责任是应尽责任，慈善责任是可尽责任"得到了国内外专家学者的认同。

四、国内外企业社会责任概念研究的述评

综合国内外对企业社会责任的研究现状，我们发现，国内外学者从不同领域、不同视角对企业社会责任的概念、范围与层次等问题进行了多维度的探讨，取得了不少有价值的成果。这在一定程度上推动了企业社会责任理论研究的深入，而且对企业社会责任的实践也起了很大推动作用。通过对国内外企业社会责任研究的梳理，我们可以发现人们对企业社会责任的理解主要从内涵和外延两个方面进行，内涵式的界定比较笼统，对实践的指导和解析力不够，而如果仅仅从外延角度界定企业社会责任则无法满足不断变化着的社会期望。正如学者斯特瑞耶所批评的那样："由于企业社会责任概念是变化着的——依社会寄予的新的期望而在社会生活中不断进行调适。因此，仅凭一份企业社会责任名目表，不能提供一个合适的社会责任定

义"。①以是否将经济责任纳入企业社会责任概念之中为判断依据,国内外学者基本遵循两个思路界定企业社会责任,即广义定义思路和狭义定义思路。广义定义思路将企业追求股东利益最大化的基本经济责任也包含在企业社会责任之中(如卡罗尔、美国经济发展委员会、黎友焕等),狭义定义思路将企业社会责任限定于追求利润最大化以外的社会公共利益(如鲍恩、戴维斯、卢代富等)。广义定义和狭义定义各有持点。广义定义具有更强的包容性,亦能与传统主流经济理论的看法相互兼容。传统主流经济理论认为,企业作为一种经济组织,其唯一的目标就是最大限度地追求股东利益最大化。广义的企业社会责任理论将经济责任视为企业社会责任的基础和首要内容,在一定程度上化解了企业社会责任理论与传统主流经济理论的直接对抗和冲突。但无所不包的广义企业社会责任定义为反对和否定企业承担本来意义上的社会责任提供了可能性,这样的社会责任观也有违学者提出企业社会责任的初衷——企业的社会责任就是企业责任,那么企业社会责任这个术语的存在就毫无意义。狭义定义又强调企业社会责任仅仅是企业所应承担的各种责任中的一种,从而将企业社会责任与企业所应承担的其他不同性质的责任,尤其是经济责任区分开来了。笔者也不赞同这种观点,因为企业的经济责任也应是企业作为社会基本生产单位所应该承担的一种基本的社会责任,如果企业不承担这种责任,那么企业也没有存在的可能与价值;同时法律责任也应是企业所应该承担的一种基本的社会责任,因为法律是最底线的道德规范。所以如果缺乏企业的经济责任与法律责任这两种基础性的企业责任,那么企业的伦理责任与企业的慈善责任就失去了存在的基石,也就成为了无意义的空中楼阁式的空谈。

基于上述,本书认为,所谓企业社会责任,是指企业对利益相关者及其社会应承担的经济、法律、伦理等责任或应尽的义务,以最大限度地增进和维护社会利益。具体来说,分为两个层次:(1)企业的基本责任,主要是经济责任和法律责任。企业的经济责任是由企业的性质和目的所决定的,是企

---

① 卢代富:《企业社会责任研究——基于经济学与法学的视野》,法律出版社2014年版,第75页。

业作为社会基本单位所应承担的一种基本的社会责任。一般是指组织应当按社会需求高效率地为社会提供价廉物美的产品和服务,而不是指为股东追求最大的利润。如果企业不承担这种责任,那么企业就没有存在的可能与价值。企业的法律责任是底线道德的程序化与具体化,是维护基本社会秩序所必需的最低限度的道德法律化,是对责任主体的一种"硬约束",因而也是企业所应该承担的一种基本的社会责任。(2)高级层次的责任,主要指企业伦理(即道德)责任。企业的伦理责任包括满足没有写入法律中的其他社会期望,是未经法律化的、由责任主体自愿履行且以国家强制力以外的其他手段作为其履行保障的责任,它体现的是企业社会责任的自律层次,是企业社会责任的核心层次。事实上,对企业社会责任的问题的争论,学者们对企业必须履行经济责任、法律责任没有太大的分歧,其分歧主要在伦理责任这个层次上。鉴于此,本书旨在对企业伦理责任做一番探讨,以期抛砖引玉。

所谓企业伦理责任,即企业作为伦理实体对社会生活中应承担的伦理道德方面的责任,其核心在于企业的行为与支配行为的观念(如企业精神、企业文化)应有利于社会的进步。具体来说,其包括人本伦理责任、公共伦理责任、生态伦理责任三个层次。

1. 人本伦理责任

企业的人本伦理责任是指企业要以人为本,关心人权,对员工始终保持不变的尊重,以形成良好的企业内部伦理氛围。具体来说,包括:第一,企业应以不断增加员工经济收入、提高其福利待遇和永续就业为己任,致力于企业的稳定、持续发展和经济效益的不断提高;第二,企业应努力改善员工的生产环境和生产条件,保证生产安全,降低劳动强度,增进员工的身心健康;第三,塑造优秀的企业文化,营造公正、平等、合作、友好、尊重、参与的伦理氛围,建立良好的人际关系;第四,重视员工的个体成长和职业发展,加强培训,本着公正合理的原则,为员工提供平等的上岗就业、工资分配和接受教育、职位升迁的机会;调动员工参与管理的积极性,使企业成长与员工的发展相互促进。

2. 公共伦理责任

所谓公共伦理责任,是指企业在社会公共生活中,在处理与企业外部利益相关者之间的关系时要公平合理、公开坦诚、负责守信、相互尊重,以形成良好的企业外部环境,确保企业在市场经济大潮中游刃有余,稳定发展。具体来说:(1)对消费者履行产品质量或服务质量方面的承诺,保证提供安全、优质、价格公平的产品和满意的服务,这是企业应当承担的最基本的永久性的公共伦理责任;(2)正确对待竞争者和其他利益相关者,开展公平、公开、合法竞争;倡导合作,消除欺诈;诚实守信,互利互惠;牢固树立契约意识与忠实履行契约的伦理精神,维护正常的交易程序和健康的公共关系;(3)按照政府有关法律、法规的规定,照章纳税和承担政府规定的其他责任义务,积极配合与支持政府的宏观调控政策;(4)热心参与社会公益和社会慈善活动,回报社会,造福民众,为营造良好的社会环境做出贡献。

3. 生态伦理责任

所谓企业生态伦理责任,就是要求企业尊重自然,保护环境,降低消耗,减少浪费,开发绿色产品,实施绿色营销,实现自身的可持续增长,以推动社会经济的可持续发展。具体来说,包括:(1)树立人与自然界之间公平这一新的伦理观念,重视自然呼声与要求。积极改进生产技术、生产方式和生产工艺,采取节约资源和替代资源战略,努力降低自然资源和能源的消耗,特别是不可再生资源的消耗,实现自然资源的可持续利用。(2)积极采取措施,减少以至消除废物和污染物的生成和排放,降低对环境的污染,并主动承担环保责任,履行环保义务。(3)向社会提供生态型的绿色产品,开发改善环境状况的产品和服务,倡导绿色消费,正确地引导顾客的需求和期望,开展绿色营销。①

第二节　民营企业社会责任的相关研究与述评

一、民营企业社会责任的现状调查

周燕、林龙(2004)认为,受历史和现实制度环境影响,中国民营企业在

---

① 李秋华:《论企业伦理责任》,《江西社会科学》2005年第7期,第170-172页。

慈善捐赠、环境保护、职工福利以及社会信用体系建设等社会责任履行的范围和程度上还存在不少问题;中国政府应借鉴国外政府的成功经验,在制度供给、行为激励和社会环境的创造上,采取积极的措施,为民营企业积极履行社会责任提供保障。民营企业作为中国改革开放以来一支飞速发展的力量,为中国经济的发展和人民生活水平的提高做出了巨大贡献。但由于民营企业长期游离于计划体制之外,摆脱了像国有企业那样的计划和行政约束,追求自我利益的机制得以强化,因而在发展过程中出现了忽视乃至损害社会和他人的利益的情况,诸如逃避纳税责任;生产"假冒伪劣"产品,污染环境,克扣员工工资和福利等社会责任缺失现象。这不仅制约了民营企业自身的健康发展,而且给社会带来了一定的负面影响。

李文川和罗宣政(2007)以浙江民营企业为调查对象,以SA8000标准及相关法律法规为参照,对浙江民营企业履行社会责任的状况做了调查和样本分析。结果显示民营企业普遍存在社会责任缺失现象,主要表现在工作严重超时、劳动报酬达不到法定标准、社会保障不到位和侵犯人身权利及人格尊严等方面的问题。

陈旭东、余逊达以浙江企业为调查对象,就民营企业社会责任意识的现状问题进行了抽样调查。结果显示:(1)浙江省规模以上企业中民营企业的社会责任意识不逊于国有企业和外资企业;(2)民营企业的社会责任意识现阶段仍处于初级阶段,企业对法律责任的认同度要高于对企业伦理责任和慈善责任的认同度;(3)民营企业的社会责任行为并不只出于纯利他动性,有一定的战略意识。这种意识使企业发展与社会发展在深层次上具有内在一致性,有利于从企业外部推进企业的社会责任实践和企业的可持续发展。[1]

王健林(2007)认为,民营企业在诚信经营、关爱员工、保护环境等社会责任方面做得还不够。我国缺乏监督企业承担社会责任的内外部制度保证,不少企业也没有将社会责任内化为企业价值观。

---

[1] 陈旭东、余逊达:《民营企业社会责任意识的现状与评价》,《浙江大学学报》(人文社会科学版)2007年第3期。

危兆宾(2008)对东莞民营企业农民工进行了问卷调查,采集了1350份样本进行了分析研究。结果发现:东莞民营企业与员工的合同签订率较低,且订合同的员工中,近两成不清楚合同的内容;东莞民营企业员工的月工资较低,克扣、拖欠工资情况严重;只有四成民营企业为员工购买了社会保险,而且大多购买的是工伤保险,其次是医疗保险,最少的是生育保险。

吴瑞勤(2009)认为,我国大多数民营企业由于规模小、实力弱,造成承担社会责任能力不足。为此,企业应加快现代企业制度建设,不断完善和强化内部管理,创造更多的利润,增强承担社会责任的实力。要尽快转变观念,积极主动地与社会交往,树立社会营销观念,增强企业社会责任感。当企业生产经营对消费者和环境等产生负外部性时,要勇于承担责任,积极纠正那些由于自身运行而引起的不良社会影响,求得企业长远发展。

许韬(2012)认为,浙江民营经济起步早、发展快,经济增速始终位居全国前茅。浙江民营企业在促进地方经济发展、社会和谐稳定和履行社会责任方面做出了重大贡献,但也存在着不少问题,如诚信缺失、欺诈消费者、侵犯员工权益、销售不卫生产品、漏税逃税等,尤其是表现在以下三个方面:一是民营企业发展与环境保护不相适应;二是侵犯员工权益问题较为严重;三是绝大多数民营企业以履行基本社会责任为主,履行高级社会责任的观念淡薄。

许强(2013)对民营企业社会责任现状进行了分析,认为改革开放后,我国民营经济的发展推动了国民经济的迅速增长。形式灵活的民营企业大多起于草根,其商业发展模式比较原始。因此,在今天普遍面临着产品趋同、市场竞争激烈、企业体制的变革等棘手问题。与此相伴的是企业社会责任理念的淡漠。许多企业并未将社会责任真正纳入企业现代化的理念范畴。于是乎,企业的社会责任成为舶来的鸡肋,弃之可惜、食之无味。

杨亚丽(2013)调查了广州市143家民营企业,通过抽样调查分析广州市民营企业履行社会责任现状。结果发现:广州市大多数民营企业的管理者对企业社会责任不太了解,社会责任意识淡薄,企业经营者的社会责任感不强,民营企业自身资源相对匮乏,增加了履行社会责任的难度;由于政府政策缺乏长期性、稳定性,导致很多民营企业追求短期利益;民营企业寿命短,员工维权意识淡薄,社会监督不力,加之目前还没有对民营企业社会责任做出系统规定,而是分散于各类法律法规中。这样不能全面体现企业社会责任的具体内容,也导致民营企业缺乏履行社会责任的法律依据。

刘锦霞(2014)以浙江台州民营企业为主要调查对象,通过随机问卷调查和深度访谈,结果显示:在五项具有代表性的企业社会责任行为中,保护员工权益、坚持诚信守法经营和遵守商业竞争道德表现最佳,参与慈善活动的表现居于中间水平,而制定明确的社会责任战略表现最差。认为本土企业对社会责任关注度最大的是企业经济责任,本土企业的社会责任管理、社会责任规范体系仍处于摸索阶段。

二、民营企业社会责任缺失问题及原因研究

王水嫩(2006)认为,民营企业社会责任的缺失主要表现在以下五个方面:①缺乏良好的社会氛围;②制度建设不完善和制度执行不到位,强制性责任因得不到有效规范而导致履行缺乏动力;③民营企业社会责任意识淡薄,逃避和漠视社会责任在某种程度上已成为一种思维定势和路径依赖;④缺乏内在的自觉;⑤成长发育在幼稚阶段的中国民营企业,在承担社会责任的能力上仍然比较薄弱。

张道航(2008)从市场诚信、内部劳动关系、资源和环境保护、及企业登记、纳税与公益事业等四个方面详细列举了民营企业社会责任缺失的表现。

张宝良(2010)分析了民营企业在破坏生态环境、侵犯员工权益、盛行假冒伪劣等方面存在的问题,并从责任意识淡薄、政府监管不力、社会群力薄弱等三个方面分析了民营企业社会责任缺失之原因。

高洋(2012)通过对民营企业履行社会责任现状的分析,认为产生问题的原因是多方面的,主要是民营企业的成长环境,民营企业自身的成长路径,公正的价值判断标准的缺失以及监管不到位等。

三、民营企业社会责任推进对策研究

易开刚(2006)在分析企业社会责任的内涵及对企业竞争力的影响机制的基础上,提出了推进民营企业社会责任履行的具体对策:①转变观念,

提高企业承担社会责任的意识;②树立"以人为本"的经营理念,把承担企业社会责任纳入企业战略规划;③切实转变政府职能,为企业发展提供良好保障;④建立健全法律、法规体系,并进一步规范企业社会责任行为。

王健林(2007)在分析民营企业现状的基础上,提出以下对策:①结合深入贯彻落实科学发展观,在民营企业中广泛开展企业社会责任的主题活动;②建立科学的企业社会责任评价体系;③制定激励企业承担社会责任的相关政策;④积极构建和谐的劳动关系。

刘藏岩根据机制理论原理,从政府推动、社会推动、法制推动和利益拉动共四个方面建立民营企业社会责任推进机制,以借助机制的长效推力解决民营企业社会责任存在的问题,为政府实现长效管理、民营企业健康发展提供支持。在民营企业社会责任四个方面的推进机制中,其中政府推动和法制推动是应急强制推动机制,在民营企业社会责任推进初期应加大推力,以促使民营企业社会责任问题短期内得以解决,完成起始推动后将随着社会推力的逐渐加强和企业内动力彻底激发而逐渐减弱,民营企业社会责任推进机制长效推力将得到进一步释放。此机制的顺利实现,将有利于完成政府强监管、企业被动服从到政府弱监管、企业主动实施的过程,实现从"大政府小社会"到"小政府大社会"的过渡,把为数众多的民营企业送上永续经营的良性运行轨道,顺利实现与国际市场的对接。[1]

李秋华等从企业社会责任的基本理论入手,在实证调查的基础上,对浙江民营企业社会责任认知度和履行现状进行了分析,进而提出当前推进民营企业社会责任的关键是:构架既体现行业特色,又与民营企业发展阶段相对应的民营企业社会责任标准及其运行、推进机制,并从宏观、中观、微观三个层次探讨民营企业社会责任治理与实现的路径。[2]

张洪峰认为,提出明确的、有强烈社会责任感的战略愿景,是民营企业进行社会责任建设的前提条件。战略愿景集中反映了企业的任务与目标,表明了企业对社会及生态环境的态度和行为准则。现实中,许多企业都把

① 刘藏岩:《民营企业社会责任推进机制研究》,《经济经纬》2008年第5期。
② 李秋华、董金良、陈斌等:《民营企业社会责任研究:以浙江为例》,《浙江社会科学》2011年第10期。

眼光放在获取利润上面,利润最大化并不是现代企业的终极目标,为社会创造财富才是现代企业的最高使命。因此,企业需要重新修订战略管理的内容,要充分考虑到企业利益相关、者特别是员工、消费者、公众及政府的需求,开展企业的生产经营活动,确定企业发展的终极目标。①

此外,周燕、杨惠荣(2004)、王水嫩(2006)、孔令富(2009)、秦玉娈、尹红强(2009)也进行了相关研究,研究者普遍把转变观念放在推进民营企业社会责任建设的首位,但不同学者关于转变观念的主体有不同定位。

四、关于民营企业社会责任其他方面研究

林洲钰(2009)回顾改革开放三十年我国民营企业社会责任的发展历程,认为民营企业社会责任的发展在制度上大致经历了三个时期:诱致性制度变迁主导、强制性制度变迁主导、强制性制度变迁与诱致性制度变迁并存期。民营企业社会责任的发展也经历了利润导向、法律导向、道德和慈善导向三个阶段。随着民营企业对社会责任认识的不断深入,民营企业也日益成熟。通过法律规章和政策制度、舆论宣传、民众参与、加强教育、企业的主体意识建设等多策并举,共同引导民营社会责任的发展。

魏长霖、曹学慧(2009)提出了基于生命周期的中小民营企业社会责任履行模式:创业期——要依法生产和经营;成长期——基于利益相关者的社会责任扩散;成熟期——锻造以责任信念为基础,多层次、全方位地履行模式;蜕变期——以人为本,关注民生。他们认为中小民营企业应有不同于其他组织形态的社会责任履行模式。

张健采用实证研究的方法对民营企业社会责任驱动财务绩效的有效性进行了研究,他以长三角地区沪市上市民营企业为样本,研究民营企业的社会责任在哪些方面能促进企业财务绩效的提升。研究结果认为,民营企业承担政府、环保两方面的社会责任能够促进财务绩效的提升,而承担对员工、投资者、公益和法律几个方面的社会责任不能促进财务绩效的提升。②

---

① 张洪峰:《战略视角下民营企业社会责任建设的意义与对策研究》,《中外企业家》2012年第4期。
② 张健:《民营企业社会责任驱动财务绩效的有效性研究》,《经济论坛》2010年第1期。

姜万军(2006)等制定了包括经济、社会和环境三个子系统的企业社会责任评价体系,以引导中国民营企业承担更多的社会责任。

易冰娜、韩庆兰(2012)选择资产周转率、主营业务利润率、净利润增长率分别作为衡量民营企业运营能力、盈利能力、成长能力的财务指标,从各个不同方面来衡量企业财务绩效,并且分别作为被解释变量,用对政府的社会贡献率、对员工的社会贡献率、对投资者的社会贡献率、对慈善事业的社会贡献率、对消费者的社会贡献率作为解释变量;以2008—2010年民营企业汽车行业面板数据为基础进行实证分析,表明民营企业各层次社会责任与企业财务绩效间呈现不同关系,但总体来说两者呈正相关关系。

马新燕根据指引对上市公司利益相关方的界定,并考虑到数据的可获得性,选取股东、债权人、政府、员工、社区、供应商等关键利益相关者因素,作为民营企业社会责任评价指标体系的一级指标,构建六个维度十个指标的评价指标体系。选取浙江省73家民营制造业上市公司为样本,基于年报财务数据构建社会责任评价模型,对民营企业社会责任履行情况进行了分析与评价。通过因子分析提取社会责任的五个因子,包括债权人、股东、政府及员工、供应商、社区。各因子对社会责任的贡献度不同,其中企业对债权人、股东的责任最为重要,对社区的责任相对影响较小。从因子得分来看,民营上市公司的社会责任履行总体水平不高,社会责任各因子履行处于不平衡状态。[①]

此外,管新帅、马东(2006)对民营企业社会责任的边界和目标,蒋宗峰(2006)对民营企业社会责任履行与政府之间的监管博弈,施洪生(2009)从软竞争力角度对民营企业社会责任进行了初步分析,朱凯(2009)和谢小辉(2009)对浙江民营企业社会责任与股票市场的关联性、我国民营企业社会责任行为影响因素进行了实证研究。

---

① 马新燕:《民营企业社会责任评价——基于浙江省民营上市公司数据》,《企业经济》2013年第4期。

五、民营企业社会责任研究的述评

鉴于民营企业在经济发展中的重要作用,近年来民营企业社会责任问题得到了更多的关注,对民营企业社会责任的现状、存在的问题及原因、民营企业社会责任实现机制等问题进行了研究和探讨,取得了一定的成果。当然,国内学者对民营企业社会责任研究的薄弱之处与盲点依然存在。这主要表现为:对企业社会责任的研究和界定仍然存在经济学、管理学视角多,伦理学视角少;基于"工具性"的定义多,基于"规范性"的定义少;对民营企业社会责任的范围与层次(外延)研究多,企业社会责任的内生性(内在性)研究少;针对民营企业社会责任问题的解决方案及深度推进的论文、专著还有欠缺;对处于不同性质、不同行业、不同发展阶段的民营企业所承担的社会责任的差异性、规律性研究较少;对民营企业社会责任的认同意识和角色定位与社会责任担当之间的内在关联关注较少;在研究方法上,以静态为主,难以认识民营企业履行社会责任的动态演变过程和发展轨迹;难以根据这种过程和轨迹,研究体现中国国情的民营企业社会责任标准,将国际惯例本土化,从而构架适合我国国情的企业社会责任运行机制。总之,现有的研究偏重于笼统,带有更多的务虚成分,对实践的解析能力与指导作用有待加强。

第三章
民营企业社会责任及其主要理论基础

第一节　民营企业社会责任的概念

一、民营企业概念

(一)什么是民营企业

在国外,民营的基本含义是指"民间经营",即非官方的组织运营活动,而对民营企业则没有特别的界定。世界上的绝大多数国家,民营经济涵盖了整个国民经济的绝大部分,民营是极为普遍的现象,所以国外研究的企业通常即指民营企业。

在中国,民营企业概念的出现,是同改革开放、特别是我国经济市场化的演进相联系的。北大经济学院教授刘伟认为:"'民营经济'这个概念在中国的提出,大致有三个方面的原因:一是基于中国改革开放以来民营经济迅速发展的事实,人们不能不承认它的存在;二是受到国外、特别是日本学术界的影响,日本等国20世纪70年代以来推行非国有化改造运动中,与国营概念相对应,提出所谓的'民营',很快被我们借用过来;三是处于某些意识形态方面的考虑,本来民营经济中财产关系上主要的就是私有制经济,但在相当长一段时间,人们不愿或不敢明确提出发展私营经济的问题,因而用了 '民营经济'这个概念。"刘伟认为,"民营经济"可以有广义和狭义两种理解。 "所谓广义的民营经济,就是指一切区别于国营的经济。既然不是国营,那 就只能是民营,在国外通常都是在这个含义上使用民营经济的观念。所谓 狭义的民营经济,在我国就是指私营经济,包括个体、私营以及合作和私人 股份为主的公司等。"①

晓亮也认为:"'民营'是相对于'国营'说的,凡'国营'以外的都可称为 '民营'。它是一个表述经营主体的概念,即由民间人士或民间组织来经营, 而不是所有制概念,它也不表述经营形式,所以民营的适用范围很宽,但内 涵很简单。"②

可见,"民营"是具有强烈中国特色的词汇,是针对中国转型时期的经济 管理体制而提出来的概念,从狭义说,民间资产特指中国公民的私有财产, 不包括国有资产和国外资产(境外所有者所拥有的资产)。因此,民营企业 是指:在中国境内除国有企业、国有资产控股企业和外商投资企业以外的所 有企业,包括个人独资企业、合伙制企业、有限责任公司和股份有限公司。 从企业的经营权和控制权的角度看,含一小部分国有资产和(或)外商投资 资产、但不具企业经营权和控制权的有限责任公司和股份有限公司亦可称 为"民营企业"。

我国民营企业界定,从广义上看,民营只与国有独资企业相对,而与任 何非国有独资企业是相容的,包括国有持股和控股企业。因此,归纳民营企 业的概念就是:非国有独资企业均为民营企业。

从狭义的角度来看,"民营企业"仅指私营企业和以私营企业为主体的 联营企业。"私营企业"这个概念由于历史原因不易摆脱歧视色彩,无论是私 营企业的投资者、经营者、雇员或者有意推动私营企业发展的社会工作者, 都倾向于使用中性的"民营企业"这个名称,这就使"民营企业"在许多情况 下成为私营企业的别称,而本文也认同这种说法。本书的民营企业的界定

---

① 刘伟:《当代中国利营资本的产权特征》,《经济科学》2002年第2期。
② 晓亮:《所有制理论和所有制改革》,上海财经大学出版社2002年版,第25页。

主要是指它狭义的含义。

(二)民营企业主要相关概念

1. 个体企业

个体企业一般称为个体工商户,是指由业主个人出资兴办并由业主直接经营的企业。业主个人享有企业的全部经营所得,同时对企业的债务负有完全责任。个体企业一般规模较小,内部管理机构简单。在市场经济体制下,这种企业形式数量庞大,占到企业总数的大多数。

2. 私营企业

私营企业是指生产资料属于私人所有,以雇佣劳动力为主,从事商品生产经营并实行独立核算的营利性经济组织。《中华人民共和国私营企业暂行条例》规定:"私营企业是指企业资产属于私人所有,雇工人数在8人以上的营利性经济组织。"

私营企业具有以下基本特征:①企业资产属于私人所有,投资人对企业资产依法享有占有权、使用权、处分权和受益权;②以雇佣劳动为主,除投资者外还要雇8人以上;③从事商品生产经营并实行独立核算的营利性经济组织。

根据定义可以看出:"民营企业"相对于"个体企业"和"私营企业"来说,其概念的外延更大,民营企业包括了个体企业与私营企业。

二、我国民营企业发展的历史回顾

我国民营企业的成长、发展始于20世纪80年代初,伴随着改革开放的进程,我国民营企业从无到有、从弱到强,获得了突飞猛进的发展,成为我国经济社会发展中的一道亮丽风景和不可忽视的群体性推动力量,也成为我国国民经济的重要组成部分。我国民营企业的成长发展,大致上经历了萌芽成长、快速发展、稳步高速发展三个阶段。可以预见,民营企业在我国未来的社会经济发展中仍将是极为重要的推动力量,仍将扮演着不可或缺的亮丽角色。

(一)萌芽成长阶段

中华人民共和国成立后,从1949年到1956年,个体经济得到了一定的发展。自从1956年取消"公私合营"的经济形式,通过"一化三改造"的社会主义公有制改造到"文化大革命",中国民营经济发展几乎停滞。20世纪80年代初,由于经济体制改革,公有制经济一统天下的局面逐步被打破,个体私营经济开始破茧而出、萌芽成长。1981年,国务院发布《关于城镇非农业个体经济的若干政策规定》,允许个体经济"请一至两个帮手"。1982年,党的"十二大"报告指出:"要鼓励劳动者个体经济在国家规定范围内和工商行政管理下适当发展"。同年12月,五届全国人大第五次会议通过的《中华人民共和国宪法》,第一次从法律上确认了个体经济的合法地位,明文规定"国家保护个体经济的合法的权利和利益"。从而推动了中国民营企业的崛起和发展。在1987年中国共产党的"十三大"报告中,重申了对城乡合作经济、个体经济和私营经济鼓励发展的态度。1988年修改宪法,在法律上明确了私营经济的地位,同年国务院还颁布了《中华人民共和国私营企业暂行条例》。这一阶段,全国的私营企业数量已经达到8万多家。1992年党的"十四大"将建立社会主义市场经济体制确立为我国经济体制改革的目标,邓小平同志在南方讲话中进一步提出了"三个有利于"的判断标准,回答了长期束缚人们思想的许多重大理论问题,在实践中也摆脱了对于民营企业"姓资姓社"的争论,为非公有制经济的发展指明了方向。到1992年,我国民营企业数量已经发展到近14万家。

总体而言,萌芽成长阶段的民营企业规模小、实力弱,法律地位刚刚确立,就其自身的企业社会责任意识与行为来说,主要是追求经济性利益的增长,也就是利润最大化,对社会责任的认识和实践总体上是初步的、不完整的。

(二)快速发展阶段

20世纪90年代初到21世纪初,我国民营经济步入了快速发展阶段,并逐渐成为社会主义市场经济的重要组成部分。1993年11月通过的《中共中央关于建立社会主义市场经济体制若干问题的决定》重申,"坚持以公有制为主体、多种经济成分共同发展"的方针,明确提出:"一般小型国有企业,有的可以实行承包经营、租赁经营,有的可以改组为股份合作制,也可以出售给集体和个人。"1997年9月党的"十五大"报告又明确指出:"个体、私营等非公有制经济,是我国社会主义市场经济的重要组成部分,对个体、私营等非公有制经济要继续鼓励、引导,使之健康发展。"这种"重要组成部分"的定位,不仅为民营企业在经济上平等地参与市场竞争提供了保障,而且也体现了民营企业在政治上与其他经济主体的平等地位,标志着我国的民营企业已经从体制外经济成分转变为体制内经济成分。这一时期,我国的民营企业迅速发展,这一点可以从民营企业的上市步伐中得到验证。1992年第一家民营企业深华源进入证券市场,揭开了我国民营企业上市的序幕。同时,《中华人民共和国个人独资企业法》于2000年1月10日起实施,也为民营企业的迅速发展奠定了基础。此外,政府为了应对亚洲金融危机,克服国民经济发展遇到的困难,从1998年起进一步加强了对民营企业的规范管理和监督,引导民营企业向科技型、规模效益型方向发展,从而提高了民营企业发展的质量,有利于民营企业可持续发展。

总之,伴随着国家更多相关法律、政策的出台,民营企业已经获得了在社会主义市场经济体系中的明确的法律地位,能以平等的身份参与市场竞争;而且,民营企业的整体素质和规模、实力都有了进一步的提高。与此相应,民营企业的履行和担当社会责任的对象范围有了扩展,大多能履行企业的基本的社会责任。

(三)稳步高速发展时期

21世纪初以来,我国民营企业进入了稳步高速发展时期。40多年的改革开放,我国经济持续保持了令世界瞩目的高增长,初步形成了各类所有制经济主体的平等竞争、相互促进的格局,民营经济的比重和份额不断增加,成为推动国民经济发展的动力源之一。社会主义市场经济体制初步确立,民营企业发展的内外条件得到优化,民营企业发展进入了稳定高速发展的新阶段。2007年,党的"十七大"报告明确提出:推进公平准入,改善融资条件,破除体制障碍,促进个体、私营经济和中小企业发展;以现代产权制度为基础,发展混合所有制经济。这为民营企业的发展提供了更为广阔的空间。2014年年底,我国民营企业数量达154 604万家;同年,民营企业贡献了我国60%以上的GDP。

从民营经济的发展历程中我们可以发现,中国改革开放的历史,从某种意义上说,实际上就是中国民营经济不断发展壮大的历史;民营经济不断发展壮大的过程,就是中国社会主义市场经济体系不断建立和完善的过程;这一历史过程,从另一视角来看,亦是一部中国非公经济争取合法身份的"正名史"。

三、民营企业社会责任的含义

(一)什么是民营企业社会责任

2005年9月召开的中欧企业社会责任国际论坛认为:民营企业社会责任是指民营企业在所从事的各种活动中,应当对所有利益相关者承担相应的责任,以求不仅在经济方面,更在社会、环境等领域获得可持续发展的能力。但笔者认为,此定义只强调了社会责任对于民营企业自身发展的重要性,并没有意识到民营企业对社会发展所肩负的义务。因此,本书认为,所谓民营企业社会责任,是指民营企业对利益相关者及其社会应承担的经济、法律、伦理等责任或应尽的义务,既包括经济责任、法律责任这些最基本的责任,也包括高层次的社会责任如企业伦理(道德)责任等。

(二)民营企业社会责任的范围

对民营企业社会责任的范围问题,无论是理论界还是企业实务界,均有不同的看法。有的学者认为民营企业社会责任有五个方面,有的学者认为是六个方面,还有的学者认为应该有更多。认为民营企业社会责任有五个方面的,主要是源自利益相关者理论,即认为企业应对股东、雇员、消费者、政府和社区负责。认为民营企业社会责任有六方面的观点,主要是来自企业公民及伦理理论等。企业公民及伦理理论认为,环境虽不是企业的利益相关主体,但企业对环境的责任是不可回避的,因而把环境责任列为企业第六大责任。利益相关者理论没有把环境责任单列,并不说明他们认为企业对环境没有责任,他们在企业社区责任的讨论中经常涉及企业的环境责任,只是由于不同理论所侧重的问题不同而没有把它单独列出来。综合上述理论等,本书认为,民营企业社会责任的内容主要有六个方面,即对股东、雇员、消费者、政府、社区和环境的责任。

1. 对股东的责任

在市场经济条件下,民营企业与股东的关系,实际上就是民营企业与投资者的关系,这是民营企业内部关系中最主要的内容。古典经济学理论认为,企业是股东的代理人,它的首要职责是股东利益的最大化。伴随着市场经济的发展和生活水平的提高,人们投资的方式也越来越多元化,由原来单一的货币投资转向股票、债券、基金和保险。投资股票直接成为企业的股东,投资各种债券、基金和保险成为间接的股东。在现代社会,股东的队伍越来越庞杂,涉及社会各个领域的各个不同职业。这样,民营企业与股东的关系渐渐演变为民营企业与社会的关系,民营企业对股东的责任也因此具有了社会性。但是,民营企业对股东的责任和一般的社会责任不同,它是通过对股东负责的方式体现出来的。主要表现在:对法律所规定的股东权利的尊重;有责任向股东提供真实的经营和投资方面的信息;并且要对股东的资金安全和收益负主要责任。

2. 对员工的责任

民营企业与员工之间最基本的关系是建立在契约基础上的经济关系,除此之外还有一定的法律关系和道德关系。简言之,经济关系就是劳动和雇佣关系;法律关系是对经济关系的法律规定;道德关系是在肯定经济关系和法律关系的前提下,揭示了民营企业与员工之间还有相互尊重、相互信任的关系,民营企业对员工的发展和完善也负一定的责任。

民营企业对员工的责任是多方面的,既包括劳动法意义上保证员工实现其就业择业权、劳动报酬获取权、休息休假权、劳动安全卫生保障权、职业技能培训享受权、社会保险和社会福利待遇取得权等劳动权利的法律义务,也包括民营企业按照高于法律规定的标准对员工担负的道德义务。法律规定的民营企业对员工的责任是抽象意义上的责任,要使抽象的责任变成具体的现实,还需要经营管理者具有自觉的伦理责任意识。民营企业在经营管理实践中实施对员工的社会责任需要做到以下几点。

(1)为员工提供安全、健康的工作环境

员工为民营企业工作是为了获得报酬维持自己的生存和发展。民营企业不应以为员工提供工作为由而忽视员工的生命和健康。很多工作对员工的身体健康有伤害,如化工、采矿和深海作业。对于工作本身固有的伤害,民营企业必须严格执行劳动保护的有关规定。另外,工作环境的安排必须符合健康标准,工作间要通风透气,工人不得在阴暗潮湿的环境下长期作业,等等,这些都是安全、健康的工作环境的基本要求。

(2)为员工提供平等的就业机会、升迁机会和接受教育的机会

民营企业要为员工提供平等的就业机会,在招聘员工时要体现男女平等,反对各种各样的歧视,主动吸收少数民族人员就业;要为不同性别、年龄、民族、肤色和信仰的员工提供平等的职业升迁机会,不得人为地划定限制。在接受教育方面,民营企业要为员工创造良好的条件,使员工在为企业工作的同时有机会提升自己,提高自己的科学文化水平和业务能力,使员工的自我发展和完善成为可能。

(3)为员工提供民主参与管理的渠道

员工在企业中虽然是劳动者,处于被管理者的地位。但作为劳动者同样有权参与企业的管理,对民营企业的重大经营决策、未来发展等重大问题有发表意见和建议的权利。因而作为民营企业的管理者,应尊重员工民主管理的权利,重视员工的建议和要求,这对于培养员工的主人翁精神,调动员工的劳动热情和工作积极性,提高工作效率也有一定的意义和作用。

3. 对消费者的责任

消费者是企业产品的购买者和使用者,其生活水平、生活质量的高低在很大程度上取决于企业所提供的产品的品种、质量、价格等因素。消费者的分散性、求偿能力的局限性及现代科技发达所导致的产品缺陷的隐蔽性,使得消费者在客观上处于社会弱者的地位。社会成员购买了企业的产品就成为企业的消费者。因此,从广义上说,整个社会成员都是民营企业的潜在消

费者。民营企业与消费者是一对矛盾统一体,二者既对立又统一。民营企业的经济效益最终要依赖消费者购买产品来实现,消费者购买该企业的产品越多,企业的效益就越好。如果民营企业生产的产品质优价廉,符合消费者的愿望和需求,企业的产品就畅销,企业的经济效益和社会效益就好;如果民营企业生产的产品质量不过关或以次充好,靠蒙骗损害消费者的利益来获取利润,最终的结果是产品滞销,经济效益和社会效益下降,企业的发展就会难以为继,甚至破产。民营企业作为社会的一个基本组织,作为企业公民,为消费者提供质优价廉、安全、舒适、耐用的商品,满足消费者的物质和精神需求是民营企业的天职。民营企业对消费者的责任主要体现为对消费者权益的维护。按照消费者权益保护法,消费者有安全的权利、知情的权利、自由选择的权利和听证的权利。具体来说,主要包括向消费者提供安全、可靠、价廉物美的产品,并给予产品使用指导,确保产品的安全性;尊重消费者的知情权和自由选择权,使消费者尽可能多地了解民营企业的产品,在公平交易的前提下自由选择产品。

4. 对政府的责任

民营企业作为社会的细胞,是一个国家和社会的成员和重要组成部分,政府作为管理者对民营企业进行宏观上的管理、监督和组织协调,以维护社会秩序,保证社会的良性循环。因而民营企业对政府是有责任的。其责任主要表现为:(1)“合法经营、照章纳税”,这是民营企业作为“社会公民”应尽的最基本的社会责任;(2)根据自身的能力,支持政府的社会公益活动、福利事业和慈善事业,以此服务于社会。在此,政府是代表国家对社会进行组织、协调、监督和管理的组织,其所代表的是社会公共利益,最终的目的是实现社会的公平、公正,以造福人类。

5. 对社区的责任

民营企业与社区之间是相互交叉的你中有我、我中有你的关系,二者相互联系、互相影响。建立和谐的企业与社区关系对民营企业的生存发展和社区的和谐繁荣具有重要意义。世界著名的管理大师孔茨和韦里克在《管理学》一书中揭示了企业与社区的关系。他们认为:企业必须同其所在的社会环境进行联系,对社会环境的变化做出及时反应,成为社区活动的积极参加者。

民营企业与社区是相互促进、共同发展。民营企业存在于一定的社区环境内,社区内部的人员素质、文化传统对民营企业员工的素质和价值观有一定的影响,良好的社区环境和高素质的人群为民营企业的发展提供了有利条件。民营企业主动参与社区的建设活动,利用自身的产品优势和技术优势扶持社区的文化教育事业,吸纳本社区人员就业,救助无家可归人员,帮助失学儿童等活动,为社区建设做出了贡献,也为民营企业的发展奠定了良好的基础。民营企业为社区建设所做出的努力,会变成无形的资本,对企业的发展起到重要作用。例如,民营企业积极支持社区的文化教育事业,间接提高了民营企业未来员工的素质;民营企业为社区及消费者的服务活动,拉近了与消费者之间的距离,从而产生大量的回头客;民营企业热心于环保和公益事业,可以扩大企业的知名度,塑造良好的企业形象。总之,民营企业积极承担社区责任,提升了民营企业的声誉,所有这一切都会成为民营企业的无形资本,带来巨大的经济效益和社会效益。

6. 对环境的责任

这是民营企业对环境和资源所有现实的和潜在的受益人所负有的一种责任。环境、资源的保护与合理利用,不仅关系到当代人的切身利益,而且也关系到子孙后代的生存和发展,是实现人类社会可持续发展的前提和关键。对环境、资源的保护与合理利用担当责任,这也是民营企业对全人类和后代负责的体现,所以环境责任是一种典型的社会责任。其具体内容是:(1)摒弃人类中心主义价值观,树立人与自然和谐的伦理价值观,努力做到尊重自然、爱护自然,合理地利用自然资源,对自然负责,对我们的子孙后代负责,对人类的未来负责。(2)以绿色价值观为指导,倡导绿色生产和绿色消费,实施绿色管理。任何生产投资计划和宣传计划,首先要考虑对环境有什么影响;在生产管理过程中,要想方设法改变产品的工艺流程,提高技术含量,减少资源消耗,降低污染指数;财务部门要开发有效的环境评估系统,计算出毁坏环境的潜在成本;营销部门要倡导绿色消费理念,引导消费者合理消费、绿色消费。(3)要严格自律,按照绿色审计的要求做好相关工作,进行自我管理,把绿色审计作为民营企业管理的一部分。衡量一个民营企业搞得好不好,不仅要看其财务绩效的高低,上交国家税收的多少,而且还要考虑其对环境的影响以及影响到什么程度。该项工作一般由专业的环保等相关部门来做,但民营企业不能被动地等着环保等相关部门来检查、督促,而应当积极主动地履行环保责任,在民营企业的生产等各个环节严格自律,自我监督、自我检查,杜绝任何危害环境的事件发生。

(三)民营企业社会责任的限制

民营企业社会责任范围很宽泛,如上述从六个方面做了简单介绍。但是,民营企业究竟应履行什么样的责任,程度和范围如何,还应当视具体情况而定。也就是说,民营企业担当和履行社会责任是受一定条件限制的,主要受合法性、成本、效率、范围及复杂性等条件的限制。(根据著名学者波斯特的分析)

1. 合法性限制

一般来说,民营企业对于社会问题具有履行责任的义务,但是,民营企业并不对所有的社会问题都有义务,民营企业只对合法的问题负有义务。民营企业超出法律的范围进行不法经营,这是违背社会责任要求的,也是企业社会责任要求所不能允许的。因此,合法性是民营企业社会责任的最低要求,也是最基本的限制。

2. 成本和效率限制

民营企业履行社会责任是有一定代价的,即需要付出一定的成本。由于社会责任的担当和履行付出了一定的成本,企业必然因此而降低效率,效率降低的必然后果是民营企业竞争力的降低或丧失。成本和效率构成了民营企业履行社会责任的主要限制条件,要求企业(民营企业)超越自身的成本和效率限制而担当社会责任是不现实的。

3. 范围和复杂性限制

民营企业履行社会责任受到问题本身的范围和复杂性的限制。有些不太复杂的问题,民营企业自身就可以承担,如工人的劳动条件、工资、福利、消费者的权益保障,这些问题只要民营企业做出努力就可以改善。有些问题是全球性的,如酸雨、臭氧层破坏、热带雨林减少等,这些问题不仅范围大,而且复杂性强,靠单个企业(民营企业)来解决是不可能的,必须联合政府和社会公众一起来解决。

第二节　民营企业社会责任的主要理论基础

伴随着企业社会责任概念的提出与演变,学者们开始探究企业担当和履行社会责任的理论依据和支撑,不仅出现了多学科的交叉研究的趋势,而且还产生了众多的衍生理论,这推动着企业社会责任的理论研究和实践向更高层次发展。本节主要从社会契约理论、利益相关者理论、企业公民理论及德性论、义务论等视域,分析民营企业担当和履行社会责任的理论基础。

一、社会契约理论

市场经济本质上是一种契约经济,无处不在的各种契约规范着人们的行为,因而从契约角度研究企业社会责任具有重大的理论和实践意义。

1. 近代社会契约论

社会契约理论发端于古希腊智者时代,伊壁鸠鲁是其中的重要代表。伊壁鸠鲁继承了德谟克利特的原子论,认为所有事物的运动都是原子通过相互排斥和偏斜运动造成无序碰撞的结果,每个都只关注个人利益的实现,人的本质都是自私的,这样就会不可避免地产生人与人之间的冲突。要想过快乐而安全的生活,唯一的途径就是像原子一样通过碰撞和排斥来调节彼此的关系,即以订立社会契约的方式来建立国家。伊壁鸠鲁借用"原子"理论的张力,以形而上学的方法宣布了人的自由本质、国家起源的契约性质,为近代启蒙主义思想家创立社会契约论奠定了基础。

近代社会契约论产生的基础是自然法理论。从广义上说,自然法是一种由万物的本性派生出来的必然关系。"人作为自然实体,是和其他物体一样,受一些不变的法支配的……位于这一切法之先的,是自然法。其所以成为自然法,是因为它们是唯一从我们的存在结构派生出来的。要很好地认识自然法,就必须考察一个人在社会建立之前的情况。自然法就是他在这样一种状态中所接受的法"。① 近代的社会契约理论,都是通过诉诸一种自然状态和自然法,来确认个人主体所享有的一系列自然权利。正是这种主体自然权利的转让,才使政治权威得以确立。这一时期,社会契约论倡导者众多,从他们思想发展来看,近代"社会契约论"呈现递进式进步。雨果·格老秀斯、霍布斯、斯宾诺莎、普芬道夫代表第一阶段,洛克、孟德斯鸠代表第二阶段,而卢梭则代表了第三阶段。

(1)以雨果·格老秀斯为代表的近代"社会契约论"的第一阶段。雨果·格老秀斯(1583—1645),古典自然法创始人之一,近代社会契约论思想的开创者,他以自然法为基础,提出了社会契约理论。格老秀斯的自然法理论所依据的不是神性,而是人的理性和社会本性,他认为符合自然法正义的国家源于人类的契约,而非上帝的创制。在文明社会出现之前,人类历史上存在一种自然状态,人们在自然状态里过着和平、分散与孤独的生活,但私有财产的出现使人们相互间出现利益纷争及异族的侵扰;由于人天生是合群的,社会本能促使个人订立契约、组成国家。他对社会本能进行了阐释:"在人所独具的特性中有一种要求社交的强烈愿望,亦即要求过社会生活的愿望——这并不是指任何一种生活,而是按照他的才智标准跟那些与他自己同一类的人们过着和平而有组织的生活。"②人们在理性的启示下认识到联合起来的好处,于是,人们就通过契约放弃每个人所享有的自然权利,把它交给某个人或少数人,使其管理社会事务,国家随之产生。在格老秀斯那里,自然法理论与契约论是紧密相连不可分割的,自然法理论提供了一种具有普遍意义的指导原则,而契约论是将这种原则付诸实践。

霍布斯(1588—1769)一反格老秀斯关于"人在本质上是一种社会的群居的动物"的人类学前设,坚信人性是邪恶的,都是自私自利和残暴的。在自然状态下,每个人享有自然权利,自然权利就是"每一个人按照自己意愿的方式运用自己的力量保全自己的天性——也就是保全自己的生命——的

---

① 北京大学哲学系外国哲学史教研室:《西方哲学原著选读》下卷,商务印书馆1998年版,第40-41页。
② 同注释①,第67页。

自由"，①每个人都按照自己的愿望和方式采用一切手段来保全自己，每个人都可以为自己的利益抗争。人为了维护各自的利益，一开始就处于"人对人是狼"的战争状态，战争状态是人类的原初状态。为避免这些战争状态，人类理性这一自然法起了关键性作用。为寻求和平，人们共同达成一项契约，"把大家所有的权力和力量托付给某一个人或一个能通过多数意志把大家的意志化为一个意志的多人组成的集体。我承认这个人或这个集体，但条件是你也把自己的权利拿出来授予他，并以同样的方式承认他人一切行为。这一点办到之后，像这样统一在一个人格之中的一群人就称为国家，在拉丁文中称为城邦。这就是伟大的利维坦的诞生。"②霍布斯从"自然"权利出发，即从某种绝对无可非议的主观诉求出发，将公共权力形成的主要途径描述为社会契约，彻底推翻了"君权神授"的传统理念，剥掉了国家的神圣性，开始以人的眼光来审视国家。虽然他主张个人应绝对服从君主的绝对权威，以免产生矛盾，且认为法律和道德对主权者不应有任何限制，但实际上专制君主制的确立和维护正是从保护个人利益出发的。霍布斯认为，只有维护君主的绝对权威，才能从人们中形成凝聚力，才能有效地防止国家解体、社会秩序崩溃，人们也就不用再重新回到岌岌可危的战争自然状态中去。

斯宾诺莎(1632—1677)的理论与霍布斯的理论在很大程度上是一致的，只是在论及政治体制和政府职能范围时与霍布斯分道扬镳了。斯宾诺莎较霍布斯而言，更突出个人的权利，进而认为最好的政治体制应该是民主制，一种温和的贵族立宪制。他提出的天赋人权、人民主权、信仰及言论自由等主张，对洛克和卢梭都产生了直接的影响。

(2)以洛克、孟德斯鸠等为代表的"社会契约论"的第二阶段

如果说第一阶段的"社会契约论"旨在建立一种普遍理性的法则，以便使个人更"安全"的话；那么在第二阶段，洛克等人则试图通过设置防止政府违反自然法的有效措施，反对政府独裁与专制，突出个人自由的价值。因

---

① 霍布斯：《利维坦》，黎思复等译，商务印书馆1985年版，第21页。
② 同注释①，第25页。

此,"社会契约论"便重点转向了法律中那些能够使法律制度起到保护个人权利作用的因素。

约翰·洛克(1632—1704)被人尊为自由主义的鼻祖,他的社会契约论主要是阐明国家是出于解决人与人之间财产权纷争的目的而建立的。洛克认为,自然状态虽然美好,但却存在着重大缺陷:一是"缺少一种确定的、规定了的、众所周知的法律,为共同的同意和承认为是非的标准和裁判他们之间纠纷的共同尺度";二是"缺少一个有权依照既定法律来裁判一切争执的知名的和公正的裁判者";三是"往往缺少权力来支持正确的判决,使它得到应有的执行"。①因而人类必须通过契约的方式,同其他人协议联合成为一个共同体,以保障人的财产权利,谋求彼此间舒适、安全和和平的生活。不过,人们在订立契约时,只是把一部分权利交给政府,人们依然保存着人的"生命、自由和财产"这三大天赋权利,因而政府实际上是人们的一种"委托",只拥有有限的权力,如果政府不能服务于人们保存着的自然权利,则人们就有废除原有契约的权利。在此基础上,洛克提出分权学说。当然,洛克主张的仅仅是立法权和行政权两种权力的分立,强调司法权对政府权力的制约的任务最终是由孟德斯鸠完成的。

(3)以让雅克·卢梭为代表的"社会契约论"的第三阶段

和霍布斯、洛克一样,卢梭的社会契约论也是从对自然状态的假设出发的。他认为,人生来是自由、平等的,"在自然状态中,不平等几乎是不存在的"。"人的本能的怜悯心、相爱心起着现代法律、风俗和道德的作用"。②自然状态中的人是幸福的,人的自由得到充分发展,但个人无法克服自然的阻力和障碍,人们如果不改变生活方式,就无法生存下去;只有联合起来,相互合作,才能战胜自然。经过努力,人们发现通过放弃自己的生命权利,以契约的方式让渡给国家是一条好的出路。通过这种方式建立的集合体表现了人民最高的共同意志,这个意志就是"公意"。所谓"公意"即永远公正,永远以公共利益为依归,"公意"即主权,主权是绝对的、神圣不可侵犯的。这种

---

① 洛克:《政府论》下篇,叶启芳、瞿菊农译,商务印书馆2007年版,第77-78页。
② 北京大学哲学系外国哲学史教研室:《西方哲学原著选读》下卷,商务印书馆1998年版,第67页。

公意的来源是订立社会契约的人所做的承诺："我们每个人都以其自身及其全部的力量共同置于公意的最高指导之下,并且我们在共同体中接纳每一个成员作为全体之下不可分割的一部分。"①这是卢梭对社会契约的最精炼的概括,由于人们缔结契约的根本目的在于重获自然状态下的自由。因此卢梭认为:在民主国家,主权应属全体人民。

虽然卢梭和霍布斯的社会契约论都主张把缔结契约的每个人的全部自然权利转让给主权者,都认为主权是不可分割的,但他们在主权的归属上是根本不同的,霍布斯认为主权者是君主,社会契约是臣民之间的契约,君主具有至高无上的权力;卢梭则认为,主权者就是人民自己,社会契约就是人民同由人民自己组成的政治共同体缔结的契约,人民主权是至高无上的。卢梭的"社会契约论"与洛克的社会契约论也是有区别的。洛克把权力与权利的关系建立在个人权利只是部分让渡、政府权力有严格界限、个人权利是目的、社会权威是手段的理性思考上;而卢梭则把权利与权力的关系建立在权利与权力是统一的、权利全部让渡、主权没有界限的基础上。因而洛克要求权力分立,以保护权利、防止专断;而卢梭则要求国家权力统一,不可分割。他认为权力如果分割,公意则成众意,众意就是偏私,公意必然受到侵害。洛克把社会契约当作实事,而卢梭则把社会契约当作一种价值、一种道德。这就引起了康德的强烈共鸣。②

康德通过确立实践理性概念,严格区分"是"与"应当",为社会契约的道德原则提出了纯粹理性的证据。康德认为,人有两种天性,即"合群性"和"己性"③,人的"己性"是一种恶。在现实世界中,人会为"己性"而斗争,所以现实中的人是不自由的;人的自由实现得靠先验的理性,先验的理性也就是"概念"的世界,是"本体的世界"。在这个世界中,自由、自决和道德选择是可能且真实的,而现实世界倒是一个虚伪的世界。所以必须用"概念世界"来建设现实世界。康德认为人是有限的理性存在者,一方面,人作为自然的一部分,具有自然特性,受自然界因果关系的制约,人具有感性的本能欲望;

---

① 潘云华:《社会契约论的历史演变》,《南京师范大学学报》2003年第1期。
② 卢梭:《社会契约论》,何兆武译,商务印书馆1982年版,第39页。
③ [德]康德:《法的形而上学原理》,沈叔平译,商务印书馆1991年版,第7页。

另一方面,人有理性而使自身超越自然,超越自然本能的感官欲望而追求普遍的道德法则,并以责任主体的身份出现。在康德看来,人是具有双重性的,理性就存在于人性之中,而人的"合群性"是人的理性本性。"一切质料的实践规则都把意志的决定根据置于低级的欲求能力之中,倘使没有足够决定意志的单纯形式的意志法则,那么任何高级的欲求能力得不到承认了"①。康德指出,要想摆脱本能欲求对意志的影响,就必须依靠纯粹形式的意志法则(即普遍道德律),个体必须绝对服从意志法则的命令。"你行为所遵从的准则,其自身同时能够成为普遍规律。"②绝对命令要求人们行为时遵循的准则一定是可能普遍化的,不仅自己按照普遍原则行事,也要求其他所有的人按照普遍原则行事。而社会契约就是理性命令,所以建立国家不是来自人的实际需要,而是"绝对命令"要求的结果。康德的先验"社会契约论"假设了一个美好的自然状态,他认为,人类起初生活在桃园牧歌式的"自然状态"里,他们团结友爱,和谐美满,但是人的"合群性"与反社会性即"己性"形成矛盾,这种矛盾推动着人类进步。"己性"产生混乱与战争,"合群性"引领人们订立契约,组成国家。博登海默认为,康德承认社会契约,不是作为历史事实,而是作为一种理性规定和"一种评价国家合法性的标准来承认。康德采取了与卢梭相似的说法,他说,人民中所有人和每个人都放弃了他们的外在自由,目的是立刻又获得作为一个共和国成员的自由。从人民联合成为一个国家的角度看,这个共和国就是人民的国家。但是,人的"己性"是一种推动社会的根本动力,"因此,让我们感谢大自然之有这种不合群性",所以,国家的唯一职能便是制定和执行法律,国家不得干涉公民的活动,不得也不必以家长式的方式关注他们的利益和个人幸福,国家应当使自己的活动限于保护公民权利的范围之内,国家要保护每个人的自由、权利、独立,保护每个人免受他人侵害。为了防止专制统治,康德要求权力分立。③立法权必须属于人民,行政权属于国家的统治者或摄政者,不论立法权还是执政权,都不应该行使司法职务,只有任命的法官才能行使司法职务。康德的"社会契

---

① [德]康德:《实践理性批判》,韩水法译,商务印书馆1999年版,第21页。
② [德]康德:《道德形而上学原理》,苗力田译,上海人民出版社2002年版,第56页。
③ 潘云华:《社会契约论的历史演变》,《南京师范大学学报》2003年第1期。

约论"建立了"人民主权"与国家"三权分立"的整合和统一。他主张通过"国家契约"建立欧洲的统一与和平及全世界的统一与和平。康德把"社会契约"当作一种看待国家合理性的价值标准和道德标准,这引起了现代自由主义者罗尔斯的重视。

2. "社会契约论"的转折

随着西方资产阶级革命纷纷取得胜利,政权日益巩固,"社会契约论"作为一种历史的虚构,逐渐从一种显学降格为"残羹冷炙"。西方自康德之后关于"社会契约论"的话题有一个多世纪归于沉寂。然而,1971年罗尔斯出版《正义论》却使"社会契约论"以一种新的面貌出现在世人面前,并由此产生出许多"社会契约论"的变体。罗尔斯的"社会契约论"受洛克等人的影响很大。罗尔斯说:"我一直试图做的就是要进一步概括洛克、卢梭和康德所代表的传统的社会契约理论,使之上升到一种更高的抽象水平。"[①]在《正义论》中,"正义"被作为正义哲学的主题,而"正义"主要关注的是"社会基本结构",只有支配社会基本结构的原则是正义的,这个社会才能是正义的。那么支配社会基本结构的正义原则在哪儿呢? 罗尔斯认为,对于政治思想家来说,主要问题不仅在于这种正义原则是什么,而且在于我如何获得这种正义原则,后者比前者重要。因为对人们来说,面对许多原则,不知哪些原则是正义的,哪些原则是非正义的,所以罗尔斯主张程序正义,关键不在于我们"选择了什么",而在于"如何选择";如果我们能够设计出一种正义的程序,那么我们从中选择的任何原则都是正义的,无论它们是什么。而"社会契约论"则是一种能够设计出正义程序的价值工具。

罗尔斯的"社会契约论"可以高度概括为:在一个假想的"原初状态"下的人们通过"社会契约"的方式找到正义的理想。"原初状态"是一种纯粹的理论假设。这种状态是一种理性状态,是一种"不受偶然因素或社会力量的相对平衡所决定的状态"。[②]"原初状态"的人们处于厚厚的"无知之幕"后面,不知身份、地位;也不知宗教、哲学,即每个人对他本人和社会的特殊知

---

① [美]罗尔斯:《正义论》,何怀宏等译,中国社会科学出版社2011年版,第8页。
② 同注释①,第117页。

识信息一无所知。在此前提下,人们按照契约的方式做出的选择只能是两个正义原则:一是自由原则;二是平等原则。这表明罗尔斯的"社会契约"是发现正义存在的方法和手段,它本身不是正义。因此,罗尔斯的"社会契约论"的目标并非是选择建立某一特殊的制度或进入某一特殊的社会,而是选择确立一种指导社会基本结构设立的根本道德原则的工具,他的"社会契约"是评价性的而非合法化的;并且他的"社会契约"也不是对道德的定义,而是确认道德的指针。罗尔斯在程序上论述"社会契约论",赋予"社会契约论"的程序理性和工具理性,远远超过了近代"社会契约论"的历史虚构所具有的范畴,使"社会契约论"在新的形式下得以存续。由于罗尔斯的影响,现代社会产生了许多新的"社会契约论"的变体,如诺齐克的"无意图契约论",哈贝马斯的有意图的"政治契约论",特尔的有意图和"互动的社会契约论"。罗尔斯使"社会契约论"获得了新生。

3. 综合的社会契约论

用社会契约思想来思考人与人、人与社会之间关系的哲学传统源远流长,古代的社会契约思想是朴素的、非系统的;而近代"社会契约论"是系统的、理性的,但却是超验的、虚构的;现代罗尔斯的"社会契约论"则是程序的、工具的。社会契约是一个非常抽象的概念,但它却说明了人们对于政府和社会组织(比如企业)合法行使权力、履行与社会达成协议的期望。

在社会生活中,契约交易是一种普遍存在的社会现象。契约活动的大量增加使契约成为人们日常生活中一种随处可见、无法避免的社会存在,它不仅成为构建新型社会关系和社会组织的一种可供使用的理论资源,而且把人们的思想做了新的"格式化",为人们普遍接受以契约解说各种关系(其中包括国家)创造了一个社会接受的条件。[①]

社会契约是一种理论上的假设。至于事实上国家是否这样形成,并不是思想家们所关注的主要问题。他们所关心的是一系列"应然"的问题,比如:国家应怎样对待公民? 国家与组成国家的成员之间应有怎样的关系? 公民与国家间的权利义务关系如何? 依社会契约论者的见解,国家与公民

---

① 朱苏力:《从契约理论到社会契约理论》,《中国社会科学》1996年第4期。

的关系应是一种社会契约关系,即是说,组成国家的人彼此同意一套行为守则及道德规范来界定彼此的关系并进行互动。社会契约可以说是一种理想的社会状况及安排,社会契约是现代社会或国家的道德基础。

一个典型的社会契约须具有以下三个基本特征:(1)社会契约的自由性。社会契约是缔约人自由选择的结果,包括自由参与缔约、自由选择缔约方、自由决定缔约的内容和自由选择缔约方式等。(2)社会契约的平等性。社会契约隐含着缔约各方的地位平等的要求。这一原则是与自由原则相辅相成的。"平等"是契约双方自由表达意志的保证,这也是此后双方信守契约的前提。(3)社会契约的功利性。社会契约的缔约人在立约时都认为契约对自己是有利的,这是缔约人立约的动力,也是产生社会契约的前提条件。当然,这种"对双方有利"只是在缔约前双方的理性预期,而不必定是缔约的实际后果。在现实生活中,完全有可能会出现这样一种情况,即订立契约之时双方的预期被后来的现实所打破,以致契约一方无利可图、利益受损甚至双方的利益都受到损失。但即使这种情况也并不改变契约的这一基本特征。

介于市场和企业之间的关系性经济活动是契约生成和发展的最肥沃的土壤。在经济学领域,把社会契约理论运用于企业理论研究,应该说开始于科斯。科斯关于企业性质的研究,"既未回归到亚当·斯密和马歇尔的企业内分工上,也未回到马克思的物质资本强权逻辑上,而是把它们都糅进一个更古老、更深厚的传统——契约精神中,使企业的理解得以与早期自由主义哲学融会贯通。正是从这个意义上可以说是科斯带来了一场企业理论甚至整个微观经济学的'革命'。"1937 年,科斯发表了其著名论文《企业的性质》,提出了企业契约理论。科斯将交易作为基本的分析对象,认为企业是为了节约交易费用而存在的。"企业的本质特征是对价格机制的取代",企业是对市场中一系列短期契约的替代,生产要素的交易,确切地说是劳动和资本的长期的权威性的契约关系。

科斯开了企业契约理论研究之先河。科斯以后,"对于企业理论而言,契约理论已经成为主流的解释框架",越来越多的学者把企业理解为一个由物质资本所有者、人力资本所有者以及债权人等利益相关者间的一系列契约的组合,具有不同资本的各利益相关者通过谈判来分配各自的责任、权利和利益,确定彼此间的合作方式,形成一份有约束力的企业契约。从这个意义上说,企业并不只是股东的企业,债权人、员工、经营管理者、顾客和社区等都对企业做了投入。作为企业的签约人,他们对于自己投入企业的要素也拥有利益索取权,企业理应考虑对他们的责任。①

　　20世纪80、90年代,美国宾夕尼亚大学两位著名的伦理学家托马斯·唐纳森(T. Donaldson)和托马斯·邓菲(T. Dunfee)吸收和借鉴了近代社会契约理论中的核心观点,将企业社会契约理论与企业社会责任观念相结合,提出了综合的社会契约理论。该理论认为,企业应当将自身利益与社会利益统一起来,企业的经营活动离不开社会提供的各种资源,如果企业按照契约要求履行社会责任,企业就能够获得长远的发展。

　　1982年,托马斯·唐纳森试图为企业概略地构造一种社会契约,以便具体地认识企业负有怎样的责任。按照经典的传统即用一种假设的协议作为工具来分析特殊的权利和责任,他设想了企业(所有生产性的合作型企业)与社会(一个特定社会的个体成员的总和)之间的一份协议条款。1989年,唐纳森把经过修订后的社会契约模式运用到全球范围,再次运用假想的社会契约作为分析的工具,试图为全球企业的社会责任确定一个最低限度。唐纳森认为,企业组织是通过与社会建立社会契约而获得合法性的。他明确指出:"被视为生产性组织的公司之所以存在,是为了通过发挥公司特有的优势和使劣势最小化的方式来增加消费者和工人的利益,进而增进社会的福利。这就是公司作为生产性组织的'道德基础'。也就是说,当这样的组织履行契约的条款时,他们就做得很好;否则,从道德角度来说,社会有权谴责他们。"②

　　企业与社会之间的关系也可以按照社会契约论的思路来构思。通过社会契约思维,企业对社会的义务可以非常清楚地勾画出来,企业社会责任的理论基础更为明确。按照唐纳森和邓菲的观点,这一构思的核心其实是一个简单的假设:"通过努力理解重要社会机构(如企业或政府)与社会之间的

---

① 李淑英:《社会契约论视野中的企业社会责任》,《中国人民大学学报》2007年第2期。
② 转引自[美]戴维·J.弗里切:《商业伦理学》,杨斌译,机械工业出版社1999年版,第43页。

一份公正的协议或契约所承担的东西,以及社会中不同群体与机构之间默认的契约所承担的东西,我们就能更好地理解重要社会机构的责任。""任何社会契约的规范的权威性来自这个假设:合乎理性地行动的人们赞同(或至少我们假设他们会赞同)影响他们所属的社会或共同体的一份特定协议的条款。契约论者以此方式利用赞同(尽管常常是假设的赞同)这个手段来为各种原则、政策和结构辩护。"①具体来说,就是给定一个初始状态,社会各方与企业组织通过谈判来约定各自的责任、权利和利益,谈判的结果就是达成一份处理企业与社会之间关系的有约束力的契约;由于人的有限理性、社会环境的变化等等,导致社会与企业之间的契约通常是动态的、不均衡的;给定一个动态的"干中学"机制,社会与企业之间会展开再谈判活动,以寻求达成新的契约,重新约定彼此的责任、权利和利益,这种不断循环的再谈判过程导致了企业社会责任观念的演进。由于社会与企业会针对环境的变化出相应的反应,进而调整自身的行为方式,这意味着企业社会责任在不同的社会、不同的文化、不同的行业甚至不同的企业中,可以有不同的变化。

综合的社会契约理论指出了企业存在的合法性基础是企业与所处社会建立的各项契约,企业社会责任可以通过默认的协议即社会契约来解释。邓菲指出:现实的或"现存的"社会契约构成了企业社会责任的一个重要源泉。他论证说,当这些现实的但通常非正式的社会契约以自由而明智的一致同意为基础时,并且当它们提出的规范与更广泛的伦理学理论原则相一致时,它们显然就成了强制性的。"企业是社会系统中不可分割的一部分,是利益相关者显性契约和隐性契约的载体。并且,由于人的有限理性、社会环境的变化等,导致社会与企业之间的契约通常是动态的、不均衡的,企业与社会之间将不断地重新订立契约,明确彼此的责任、权利和利益。"②在唐纳森、邓菲看来,企业社会责任的内容和范围都是由契约关系规定了的,企业必须按照契约来处理企业与它们的股东、顾客、雇员以及国家的关系。就企业的社会契约而言,一方面,它要求企业必须在社会制定的法律和法规框架

---

① [美]唐纳森、邓菲:《有约束力的关系——对企业伦理学的一种社会契约论研究》,赵月瑟译,上海社会科学院出版社2001年版,第23页。
② 同注释①,第26页。

内进行活动;另一方面,企业与社会之间共同达成的协议反映了双方相互对角色、责任和伦理方面的期望,这些期望有时并没有向对方言明,是非正式的、隐性的契约,属于社会契约关系中每一方所"应该"做的,是由社会规范、习俗和信念所规定了的。

4. 契约论与民营企业社会责任

契约论尤其是综合社会契约理论为理解民营企业的社会责任提供了一个分析框架。在这个框架中,民营企业社会责任是由一系列的关系契约所规定的。契约中蕴涵的契约性团结或共同意识,与"习惯、内部规则、社会性交换、对于将来的期待等交织在一起,形成了一条环环相扣的链锁",①通过一系列非正式的规则来确保企业与社会关系的稳定性,不仅规范当事人之间的利益冲突,而且促成当事人之间的信任与合作,提倡共识性关系的维护。在这个框架中,企业社会责任不再被宣称为像"十诫"那样的一些道德戒律,而是需要根据企业社会环境的变化随时加以调适,以适应和满足社会对民营企业的期望和要求。一旦环境和社会对民营企业的期望发生变化时,民营企业就必须尽快做出相应的改变,使自己的责任观念符合社会公众的期望。

从契约的角度理解民营企业的社会责任,至少包含这样几层含义:

第一,民营企业社会责任具体由一系列的契约所规定,所有这些契约可以划分为两大类:一类是显性契约;一类是隐性契约。显性契约是一种以明确的书面条款约定缔约方的权利和义务,并由法律作为强制实施基础的契约,主要指社会的政治制度、法律等。隐性契约则是指没有明确的书面规定条款。主要是缔约方关于未来交易的默契安排的契约。隐性契约包括习惯、风俗、承诺、信任等,对契约参与人同样具有约束力。美国法学家麦考莱从经验素材中发现,在20世纪50年代的美国,实业活动中的60%—75%是基于非契约性关系的。

第二,民营企业与社会之间的契约关系,规定了企业有义务遵守其与社会达成的契约,履行企业与社会的契约义务是民营企业的社会责任。简而

---

① ［美］麦克尼尔:《新社会契约论》,雷喜宁译,中国政法大学出版社1994年版,第4页。

言之,社会契约要求民营企业的行为必须符合社会的期望,要求民营企业为社会和经济的发展尽自己的义务。

第三,民营企业与社会的契约不是一成不变的,而是不断发展变化的。民营企业与社会契约发生变化的原因在于社会环境的变化,社会环境变化改变了契约参与人的行为策略,通过重复博弈重新形成新的契约条款。"责任的来源既产生于关系,又产生于为关系的运作(包括兑现承诺)提供结构的外部社会。"①

企业与社会之间契约关系的变化最终导致企业社会责任观念的演进,在现实中通常沿着这样的路径:企业社会环境的变化引发了对企业的批评,企业批评导致了企业对社会环境的关注,并进而导致企业与社会的契约关系发生变化;当社会环境和社会对民营企业的期望发生变化时,民营企业就必须马上意识到并做出相应的改变,在回应社会环境压力的基础上实现"行动导向的企业社会责任",以良好的社会表现,提升企业的知名度,获得好的企业声誉;这样,民营企业与社会之间就形成了良性互动,一种和谐的企业与社会关系得以建构。当然,社会对企业的批评和期望是一个不断循环、永无止境的动态过程。在这一过程中,民营企业与社会的契约是变化着的,这种变化是社会环境影响力不断增强的直接结果。②

综合的社会契约论为民营企业担当和履行社会责任奠定了理论基础。约瑟夫·W.韦斯认为:"社会契约理论是一种非常抽象的概念,但它却暗含着企业必须符合公众的期望,契约主要是企业责任的一种扩展概念,因为它不加任何严格限制地增加了企业对许多社会因素的义务。从哲学上讲,企业可能要被赋予比今天它们乐意承担的种类更多的义务。"③帕特里夏·沃海恩(Werhane Patricia H)和爱德华·弗里曼(Freeman Edward R)也认为社会契约一直是"企业承担社会责任的依据",他们指出:"社会契约方法

---

① [美]麦克尼尔:《新社会契约论》,雷喜宁译,中国政法大学出版社1994年版,第26页。
② 李淑英:《社会契约论视野中的企业社会责任》,《中国人民大学学报》2007年第2期。
③ 乔治·斯蒂纳,约翰·斯蒂纳:《企业、政府与社会》,张志坚、王春香译,华夏出版社2002年版,第151页。

一直被用来解决商业伦理中的具体问题"。①

民营企业与社会之间的契约关系,要求民营企业的行为必须符合社会的期望,为社会发展和经济增长尽自己的义务,要求民营企业像严格遵守显性契约一样遵守与其他社会利益相关者约定契约与默认契约。民营企业社会责任的主要内容是民营企业在经营活动中要平衡和处理的各种关系的总和,包括民营企业对社会应承担的所有责任和承诺。事实上,民营企业活动的每一个环节都与社会建立了契约关系。在产品销售的过程中,民营企业与顾客订立了契约——顾客为产品或服务支付报酬,民营企业则应提供与顾客的期望相一致的有价值的产品和服务;民营企业雇用员工,意味着应为他们的劳动支付报酬并保证他们的安全……这些互惠的契约建立起了民营企业与社会相互间的承诺和信任关系。当然,民营企业与社会达成的契约并非是一成不变的,伴随着外部环境的变化,民营企业与社会达成的契约也会随之调整。民营企业对契约的遵守是契约得以调整的基础,民营企业在调整与社会之间契约的过程中,其企业社会责任理念也得到了提升。正如托马斯·唐纳森所说:"被视为生产性组织的企业之所以存在,是因为通过发挥企业特有的优势和使劣势最小化的方式增加消费者和工人的利益,进而增进社会的福利。这就是企业作为生产性组织的道德基础。也就是说,当这样的组织履行契约的条款时,他们就做得很好;否则,从道德的角度来说,社会有权谴责他们。"②由此,民营企业对社会责任的担当和履行在某种意义上就是对契约的遵守,对社会责任的违背事实上就是对契约的背叛。今天,社会和企业之间的契约条款内容比以往的有明显和重要的不同。企业正被要求对社会承担起比以往更大的责任,在更广意义的人文价值观上起作用……因为企业的存在是为了服务社会,企业的未来将取决于管理者对变化着的公众期望回应的质量。"这一方面很好地说明了现代企业与社会的关

---

① 〔英〕帕特里夏·沃海恩、爱德华·弗里曼、布莱克韦尔:《商业伦理学百科辞典》,刘宝成译,对外经济贸易大学出版社2002年版,第639页。

② 转引自〔美〕戴维·J·弗里切:《商业伦理学》,杨斌译,机械工业出版社1999年版,第43页。

① The New "Socal Contract". Business Week, 1970, July, 3.

系,另一方面也表明公众民主意识的觉醒,企业与社会之间社会契约关系的变化已受到了人们的普遍关注。

以契约构建市场经济秩序,构建企业和利益相关者的关系是社会民主化进程的一个重要环节。综合的社会契约论的价值在于它提供了一个限制企业权力、保障利益相关者利益的新的思考方式和解决办法。因此,综合的社会契约论使中国民营企业社会责任的担当和履行具有了道德根基,为民营企业社会责任的践行和理论研究提供了有力的理论支撑。

二、利益相关者理论

利益相关者理论是企业社会责任的重要理论基础之一。它明确了企业社会责任的内容和范围,也有利于人们更好地理解企业社会责任概念。因此,为深入研究民营企业社会责任,有必要了解利益相关者理论的缘起、发展、分类和具体内容,从而为民营企业社会责任研究奠定基础。

1. 利益相关者的缘起与发展

利益相关者理论的渊源可以追溯到 20 世纪 60 年代。1963 年,美国斯坦福研究院的一些学者提出了利益相关者的概念,指出企业运营不仅要考虑内部资源条件,还要关注外部利益相关者,当时"利益相关者"被认为是"那些除股东以外对组织存续具有利害关系的团体"。安索夫(Ansoff,1965)在其著作《公司战略》中正式使用了"利益相关者"一词,他认为"要制定理想的企业目标,必须综合平衡考虑企业的诸多利益相关者之间相互冲突的索取权,他们可能包括管理人员、工人、股东、供应商以及顾客"。

约翰逊(Johnson,1971)在《现代社会中的企业:框架和议题》一书中指出,企业不仅仅为股东争取更多的利益,一个负责任的企业同时也要考虑雇员、供应商、交易商、当地社区及国家的利益,企业经营目标不只是单纯追求利润最大化,而且应该追求多个目标,企业不同目标按照重要程度可以进行排序,具有社会责任的企业实际上需要平衡好多重利益关系。1977 年,美国宾夕法尼亚亚的沃顿学院开设了利益相关者管理课程。至此,利益相关者的概念开始正式应用于企业战略管理并逐步形成了一个较为完善的分析框架。①

学术界一般把1984年弗里曼（Freeman）《战略管理：一种利益相关者方法》一书的出版作为利益相关者理论正式形成的标志。弗里曼认为，利益相关者是指"在企业经营活动、战略决策和企业目标实现过程中具有影响力的个人、群体或者受到公司目标所影响的任何群体或个人"。②利益相关者是能够影响企业目标的实现，或者企业在实现其目标的过程中受到影响的人。按照此定义界定的利益相关者范围是相当广泛的，股东、雇员、消费者、供应商、公众、社区、自然环境、政府、媒体、人类后代等都是利益相关者，他们有的投入了资源给企业，与企业共同承担风险，有的对企业活动进行监督，有的受到企业经营活动的干扰甚至付出代价，等等。

从对利益相关者界定进行早期探索的20世纪60、70年代开始，一直到利益相关者理论日趋完善的90年代中后期，学者大多是从非常广义的角度来界定利益相关者。Alkhafaji（1989）认为利益相关者为企业应予以负责的团体；Carroll（1993）则指出利益相关者为任何影响到组织行动、决策、政策、实践或目标，或受其影响的个人或群体；Clarkson（1995）则认为，"利益相关者就是在一个公司的过去、现在和将来的活动中拥有或宣称拥有权利或利益的个体或群体"。

Donaldsoh和Preston（1995）提出，利益相关者是在企业行为的程序或权利义务方面具有合法性利益的个人或群体、能够影响到企业组织或受企业组织影响的个人或群体。

广义利益相关者的定义虽然涵盖较为全面，但是无法准确界定企业的利益相关者群体，对研究和企业实际的管理无法给予明确的指导。学术界和企业界逐渐意识到单纯依据"是否影响企业或受企业影响"来界定企业的利益相关者的思路过于宽泛，许多学者开始尝试从狭义的角度来界定。狭义的利益相关者定义强调利益相关者和企业之间直接的利益关系，并且以

---

① 陈宏辉、贾生华：《利益相关者理论与企业管理伦理的新发展》，《社会科学》2002年第6期。
② ［美］R.爱德华·弗里曼：《战略管理——利益相关者方法》，上海译文出版社2006年版，第87页。

利益相关者是否对企业有相应的投入作为基本条件。Cornelll和Sharpiro（1987）提出利益相关者是拥有合同索取权的人。Clarkson认为，利益相关者是指企业以某种有价值的资本形式，如实物资本、人力资本、财务资本等向企业进行投资，并因投资或公司行为而承担某种风险的个人或群体。Carroll则认为，利益相关者是那些企业与之互动并在企业里具有某种利益或权力的个人或者群体。

狭义的利益相关者定义只描述了利益相关者与公司核心经济利益的部分利益，虽然它能够使企业管理者明确谁是企业生存发展所必须关注的对象，但是随着社会的发展和价值观念的改变，企业仅仅关注与自身有直接利益关系的利益相关者还是不够的。伴随着企业规模的扩大和数量的增加，企业的影响也越来越大，从而受企业影响或者关注企业影响的群体相应扩大，这些利益相关者在一定的条件下也会影响企业经营目标的实现。Freeman和埃文（Evan 1990）指出，企业是所有利益相关者组成的一系列多变契约，每一种契约的缔约方都向公司提供了特殊资源，甚至是专用型资源，企业的发展离不开这些主体。因此，企业实际上是利益相关者共同进行价值创造的场所，企业应该保护所有这些契约缔约方的利益，追求利益相关者的整体利益，而不是某些主体的利益。中国学者陈宏辉从关联性和投资专用性两个角度来界定利益相关者，并将利益相关者定义为"在企业中进行了一定的专用性投资，并承担了一定的风险的个体和群体，其活动能够影响该企业目标的实现，或者受到该企业实现其目标过程的影响"。[①]

总而言之，学者关于企业利益相关者的界定是多样的，"没有一个定义得到普遍赞同"（多纳德逊、邓菲，2001）。但是，通过对这些定义的分析，基本上能把握利益相关者的真正内涵。利益相关者理论的核心观点认为，企业是利益相关者相互关系的联结，它通过各种显性契约和隐性契约来规范其利益相关者的责任和义务，并将剩余索取权与剩余控制权在企业物质资本所有者和人力资本所有者之间进行非均衡的分散、对称分布，进而为其利

---

① 陈宏辉：《企业利益相关者的利益要求：理论与实证》，经济管理出版社2004年版，第106页。

益相关者和社会有效地创造财富。①

2. 利益相关者的分类

利益相关者对于企业来说是重要的,但是他们不是同等重要,有些利益相关者对企业来说是不可或缺的,有的则影响不大,不同的利益相关者对企业的影响或受企业影响的程度也是存在差异的。沃克(walker)和马尔(Marr,2001)认为利益相关者是一个庞大的概念,不同的企业与利益相关者的关系不同,利益相关者的权重也不同。因此仅仅界定利益相关者是不够的,还须对利益相关者进行分类。

弗里曼(Freeman,1984)从经济依赖性、所有权和社会利益三个角度把企业的利益相关者分为三类:①拥有企业所有权的利益相关者,主要包括经理人员、董事和所有其他持有企业股票者;②与企业在经济上有依赖关系的利益相关者,主要是经理人员、员工、消费者、供应商、债权人、竞争者、社区、管理机构等;③与企业在社会利益上有关系的利益相关者,主要有政府管理者、特殊群体和持有企业股票者、与企业有经济往来者和与企业有社会利益相关者。②

弗雷德里克(FredeHck,1988)从是否与企业发生市场关系角度对利益相关者进行分类,将利益相关者分为直接利益相关者和间接利益相关者。其中直接利益相关者是与企业直接发生市场交易关系的主体,包括企业员工、股东、债权人、零售商、消费者、竞争者、供应商等;间接利益相关者是指与企业发生非市场关系的主体,包括中央政府、地方政府、外国政府、社会活动团体、媒体、一般公众等。

查克汉姆(Cilarkham,1992)则按照相关群体与企业是否存在交易性的合同关系,将利益相关者分为契约型利益相关者和公众型利益相关者两类。契约型利益相关者是与企业签订了交易性合同的主体,例如雇员、供应商、消费者、贷款人、股东等;而公众型利益相关者则是影响企业的经营活动

---

① 陈宏辉:《企业利益相关者的利益要求:理论与实证》,经济管理出版2004年版,第107页。

② Freeman, R.E Strategic management: A stakeholder approach. Boston MA: Pitnian, 56-61.

或者受到企业经营活动的影响,但是没有与企业签订合约的利益相关者,包括全体消费者、监管者、政府部门、媒体、当地社区等。

克拉克森(Clarkson,1994)从利益相关者在企业经营活动中承担风险种类角度,将利益相关者分为自愿的利益相关者和非自愿的利益相关者。自愿的利益相关者是指自愿承担企业经营活动给自己带来风险的个人和群体,他们主动在企业中进行了物质资本和非物质资本的投资;非自愿的利益相关者是指由于企业的活动而被动地承担了风险的个人或群体。

威勒(Wheeler,1998)从是否具备社会性、是否直接由真实的人来建立两个维度将利益相关者分为四种类型:一是首要的社会性利益相关者,他们具有社会性和直接参与性两个特征,如投资者、雇员、管理层、消费者、供应商等;二是次要的社会性利益相关者,他们通过社会性活动与企业形成间接联系,如政府、社会团体、竞争对手、媒体和学术研究者;三是首要的非社会性利益相关者,如自然环境、人类后代、非人类物种,他们和企业之间有直接影响,但却不是具体的人;四是次要的非社会性利益相关者,他们对企业有间接影响,也不是具体的人,如环保组织、动物保护组织等。

20世纪90年代后期,美国学者米切尔(Mitchell)和伍德(Wood,1997)研究了利益相关者理论的产生和发展历史,归纳了27种有代表性的利益相关者定义,并提出了一种评分法以界定利益相关者,被称为米切尔评分法。米切尔明确指出,有两个问题居于利益相关者理论的核心:一是利益相关者的认定,即谁是企业的利益相关者;二是利益相关者的特征,即管理层依据什么来给予特定群体以关注。他从三个维度对企业的利益相关者进行评分,这三个维度包括:权力性,即某一个体或群体是否拥有影响企业决策的地位、能力和相应的手段;合法性,即某一个体或群体是否拥有法律上、道义上或特定的对于企业的索取权;紧急性,即某一个体或群体的要求能否立即引起企业管理层的关注。米切尔综合这三个维度来对利益相关者进行评价,按照所得到的分值来确定某一个体或者群体是否是企业的利益相关者,以及是哪一类型的利益相关者。米切尔认为,判定某一个体或群体是否是企业的利益相关者,则其必须至少符合三个方面中的一项,即具各合法性、权力性、紧急性中的某一项,否则就不能成为企业的利益相关者。按照此分类标准,他将企业的利益相关者细分为三类:①确定型利益相关者,是指同时拥有合法性、权力性和紧迫性三个特点的利益相关者,例如股东、雇员、顾客,为了企业的生存和发展,企业管理者必须十分关注这些利益相关者的欲望和要求。②预期型利益相关者。预期型利益相关者同时拥有合法性、紧急性和权力性中的两项,并且与企业保持较密切的联系。这类利益相关者又可以细分为三种类型:第一,同时拥有合法性和权力性的群体,这些群体包括投资者、员工和政府部门。第二,对企业拥有合法性和紧急性,但却没有相应的影响力的群体。第三,对企业拥有紧急性和权力性,但没有合法性的群体。③潜在的利益相关者,是指只拥有合法性、权力性、紧急性三种属性中的一项的群体。米切尔评分法的提出改善了利益相关者界定的可操作性,推动了利益相关者理论的广泛应用,逐步成为利益相关者界定和分类的最常用方法。

国内学者对利益相关者理论的关注始于20世纪90年代中期以后。万建华(1998)、李心合(2001)从合作性和威胁性两个角度将利益相关者分为四种类型:支持型、边缘型、不支持型、混合型利益相关者。贾生华等(2003)利用米切尔评分法将利益相关者分为关键利益相关者、蛰伏利益相关者和边缘利益相关者三类。温素彬、方苑则从企业社会责任视角,提出资本形态分类法,按照利益相关者向企业投入的资本形态不同,可以分为货币资本利益相关者、人力资本利益相关者、社会资本利益相关者和生态资本利益相关者。

3. 利益相关者理论与民营企业社会责任

企业社会责任理论与利益相关者理论最初是两个各自独立的研究领域,虽然他们之间有很多相通之处,但两者并不是完全等同的概念,它们研究和关心的是不同层面的问题。企业社会责任是从整个社会出发而考虑企业行为对社会的影响,关心的是企业与社会之间的关系;而利益相关者理论则更多的是从企业的角度来考察企业与其利益相关者之间的关系问题。Carroll(1991)曾指出:企业社会责任中的社会一词含糊不清,企业应向谁负责也没有明确的方向。而伍德(Wood,1991)也表示:企业社会责任问题在美国已经争论了数十年,仍没有普遍被接受的答案,还不能回答企业该对谁负责的问题。直到 20 世纪 90 年代以后，在 Cilarkham、Clarkson、Weeler、Mitchell、wood 及 Sonnenfeld 等人的推动下，利益相关者的确认和分类取得重要突破，以此为基础，企业社会责任研究也取得了重大进展。正如 Clarkson 在 1995 年的经典文献中所说：企业社会责任和企业社会绩效都是在企业外部产生的概念。它们的内涵是规范性的，不够明确和具体，听起来像口号，难以取得企业界的认同和积极响应。而利益相关者理论提出企业对所有利益相关者都负有责任，恰好把企业社会责任与企业的日常经营活动有机结合起来，使企业社会责任落实到企业与其利益相关者的关系中，落实到企业的具体实践中。具体来说，利益相关者理论对企业（民营企业）社会责任的研究和践行至少有以下贡献：

①利益相关者理论明确了民营企业社会责任的对象。企业要对谁承担社会责任？在利益相关者理论引入之前，这个问题是不明确的。很多学者说要对"社会"负责，但"社会"是一个笼统的概念，企业并不知道自己要负责的"社会"具体指什么。这不利于企业（民营企业）担当社会责任，因为即便企业愿意承担社会责任，也会苦于无处发力，更何况有些企业会以此为借口逃避社会责任。利益相关者理论引入后，这一问题基本得到解决：企业（民营企业）应对界定清晰的利益相关者负责，而不是对抽象的社会负责。这对企业社会责任理论是一个重大发展。至于如何清晰界定企业的利益相关者问题，在利益相关者理论中也已基本得到解决。

②利益相关者理论明确了民营企业社会责任的内容和具体范围。利益相关者有自己的利益要求，这些利益要求构成了企业社会责任的具体内容。当然，企业不能满足利益相关者所有的利益要求，只有合理、合法且符合企业伦理准则的利益要求才构成企业社会责任的实际内容。以利益要求来界定社会责任内容，避免了原研究中用责任属性界定社会责任内容所导致的模糊性缺陷。企业社会责任的范围取决于责任对象的选择、责任内容的取舍以及对利益要求实现程度的权衡。根据这三个方面可以清晰确定企业社会责任的边界，避免了以往研究中企业社会责任范围不明确或无限大之不足。

③利益相关者理论为测量企业社会责任提供了可操作的方法。以系统

的研究框架为理论基础,以明确的责任对象为测量维度,以具体的责任内容为评分项目,以实际的行为表现为评分依据,既具有严谨的科学性,又具有方便可行的操作性,这是原测量方法所无法比拟的。如,KLD指数法就是由企业社会责任研究与利益相关者理论相结合而产生的一种衡量企业实施社会责任绩效的较好方法。KLD指数法由KLD公司的分析师们创立,KLD指数从产品安全、社区关系、环境保护、妇女及少数民族问题、员工关系、核能、南非问题等八个方面全面评价企业的社会责任,它们代表企业与员工、顾客、环境、社区和整个社会的关系。KLD指标被广泛地接受和认可,这说明从利益相关者角度衡量企业社会责任已成为共识,利益相关者理论的发展为企业社会责任衡量标准的统一奠定了基础,促进了企业社会责任和企业绩效关系的实证分析。

④利益相关者理论在民营企业社会责任和战略管理之间搭建桥梁。利益相关者理论为解决民营企业社会责任的"怎么办"问题提供了新思路,满足利益相关者的利益要求,改善与利益相关者的关系,既是担当和履行民营企业社会责任,也是打造民营企业的竞争优势。通过担当社会责任从而形成民营企业的竞争优势,是企业界和理论界的共同愿望,也是解决当前民营企业社会责任问题的良好切入点。迈克尔·波特(Michael Porter)指出,要促进企业社会责任,一方面要把企业社会责任根植于对企业与社会关系的宏观理解上,另一方面要把它嵌入企业战略和日常活动中[①],这两方面之间的桥梁就是利益相关者理论。

总之,民营企业担当和履行社会责任,有助于维护其与利益相关者的和谐关系。利益相关者理论则明确了企业社会责任对象、内容、范围及衡量标准等,为民营企业社会责任的担当和履行奠定了理论基础。民营企业依据利益相关者理论,把企业社会责任融入自身发展战略和发展规划中,可以形成民营企业社会责任的内驱力。

---

① Porter, M.E.& Kramer, M.R. Strategy:The Link between Competitive Advantage and Corporate Social Responsibilty. Harvard Business Review, 2006,84(12):78-92.

三、企业公民理论

1. 企业公民理论的渊源和内涵

企业公民理论最早起源于政治学的市民社会思想,市民社会最早出现于公元前5世纪的欧洲希腊城邦和罗马帝国。当时,城市居民以商人和手艺人为主,他们尽管出身不同,但在政治上和法律上是平等的,都获得了同样的法律地位,即公民权。在这些城邦或城市中,形成了与封建主的领地、城堡相区别的、以城市商人为主体的自治性社会,也称市民社会。当时的公民是指居住在城邦中的自由民,不包括奴隶和异邦人。他们既是特定城邦国家的市民,属于谋求自身利益的私人;又是特定国家的公民,不属于他自己而属于国家,是一个"公人",作为"公人"必须在必要时牺牲自己的利益去维护公共利益。

在当时,主要是生活在城市中从事工商业的、具有理性的市民,为追求个人利益的最大化,按一定的契约规则组成了市民社会。当时的公民权利指向不是个体利益的实现,而是城邦共同体的共同幸福或至善。例如,对于雅典公民而言,最大的美德是关心国家政治和公共事务。雅典公民认为,个人的美德与公共的美德是一回事,个人只有在城邦中,或者只有通过城邦,才能恰当地实现自我,并且人们认识到,对于自己的国家尽到义务是公民全体幸福的保障。①

近代资产阶级革命反对专制制度,明确地划分了市民社会与国家的界限,使市民社会开始逐渐独立于政治国家,形成了与现代资本主义制度相对应的、具有一定政治功能的市民社会,公民也逐渐成为一种普遍权利和义务的代名词。1767年亚当·福格森的《市民社会史论》在英国爱丁堡首次出版。他认为市民社会就是拥有政府和法律的文明社会,是公民自治自决的社会。在市民社会中,每个公民都自觉关心社会的公共利益,积极参与国家的政治生活。同时,福格森又不得不痛心地承认,由于分工和致富欲的发展,公民们丧失了公共精神,他们把政治和军事问题交给官僚处理,这就在

---

① 周辅成:《西方伦理学名著选辑》上卷,商务印书馆1964年版,第40-41页。

无意中为专制制度准备了条件。福格森的思想体现了近代市民社会的转型。

现代法学意义上的公民是指具有或取得一国国籍,并根据该国法律规定享有权利和义务的人。法律不仅规定了一个国家公民享有的权利,同时也规定了一国公民应该承担的义务,这种义务不仅是对个人的义务、对家庭的义务,而且也包括了对社会的义务。也就是说,公民需要承担社会责任,其中责任程度与自由程度(或者说权利与义务)的一致性,是法律意义上公民的核心理念。

20世纪末21世纪初,人们对企业的期望已不仅仅满足于赚取利润、解决就业和缴纳税收,人们更希望企业能有效地承担起推动社会进步、维护市场秩序、保障员工权益、关心环境生态、扶助社会弱势群体、参与社区发展等一系列社会问题上的责任和义务,"企业公民"的理念也正是在这种背景下产生的。

20世纪70年代,英国"公民社会"首先提出了"企业公民"概念,将企业看作是一个社会的公民。认为企业是社会的一部分,与自然人一样,既拥有社会公民的权利,同时也必须承担对社会的责任。爱泼斯坦(Epstein, 1989)认为,企业公民所承担的责任仅仅是企业的一部分。而西格尔(Siegel,2007)认为,企业公民是企业积极实践法律规定之外的、能够为社会发展起促进作用的行为和事务。沃格斯登(Logsdon)和伍德(Wood, 2002)借用政治学中的公民权理论,将公民权从个人公民扩展到企业公民,指出企业应该具有保持其社会身份和边界的权利和义务。[①]美国波士顿学院企业公民研究中心对企业公民的定义是:"企业公民是指一个公司将社会基本价值与日常实践、运作和政策相整合的行为方式。一个企业公民认为公司成功与社会的健康和福利密切相关。因此,他会全面考虑对所有利益相关者的影响包括雇员、客户、社区、供应商和自然环境。"我国学者李彦龙认为:"企业公民理论可以在理论上支持企业社会责任,原因有三:其一,企业公民是一种人性假设,具有一定的稳定性;其二,企业公民假设企业兼备

---

① 转引李洪彦:《中国企业社会责任研究》,中国统计出版社2006年版,第26页。

了经济人、社会人和道德人的部分特性；其三，企业公民假设具有层次性，即企业先是经济人，然后是社会人，最后才是道德人。因此企业社会责任首先是经济责任和法律责任，然后才依次是社会公益、道德责任和慈善责任"。[1]

企业公民的主要理念是将企业当作社会公民来看待，企业除了追求经济利益之外，也要对社会各方承担起相关责任。企业公民的核心和本质是"公民权"。公民权是参与国家公共生活的权利，与兼顾社会利益的义务和责任的一致。就企业是否像个人公民一样具有公民权的问题，学术界有三种不同的观点。第一种观点是"企业是公民"。罗格斯登（Logsdon，1994）和伍德（Wood）借用了政治学的公民权理论，将公民权扩展到企业，他们认为企业可以成为一个公民，因为企业是独立于拥有它和受雇于它的个人的，企业具有保持它在社会中的身份和边界所必须的权利和义务。[2]第二种观点是"企业像公民"。穆恩（Moon）等人的看法是"从法律地位看，企业并不是公民，但是企业像公民一样参与社会和治理，所以'企业像公民'"。[3]第三种观点是"企业管理公民权"。马特恩（Mattern）等认为，企业公民具有描述企业管理公民权利的作用。[4]

2. 企业公民理论的研究内容

企业公民是一个双重概念，是权利与责任的统一体。没有社会责任的履行，企业的权利便会受到诸多限制。忽视对企业权利的尊重，也会使企业丧失担当和履行社会责任的动力。企业公民是对企业社会地位的再认识，既强调了企业对社会必须承担的责任，也提出了要关注社会对企业基本权利的保护与对企业社会行为的引导。

企业作为公民应该像个体公民一样享有公民权利。权利是由法律规范

---

① 李彦龙:《企业社会责任的基本内涵、理论基础与责任边界》,《学术交流》2011年第2期。

② Logsdon J M, D J Wood. Business Citizenship: Form Domestic to Global of Analsis. Business Ethics Quarterly, 1994, 4: 415-417.

③ Moon J, Crane A, Mattes D. Can Corporate Be Citizens? Corporate Citizens As A Metaphor for Besiness Participation in Society, Business Ethics Quartely ,2005,15(3).

④ Mattern, Dirk. Carne, Andrew. Corporate Citizenship: Toward a Extended Theoretical Conceptualization, Acadeny of Managment Review, 2005,vol.30(1).

所赋予的表明社会主体在权利体系中的地位和有效行为能力。基本权利的享有是企业公民在社会中的生存根基。冯梅和范炳龙认为,企业主要拥有三方面的权利:一是法人财产权,指的是企业作为民事法律关系主体依法享有对基于投资而产生的财产和生产、经营活动中积累的全部财产进行独立支配的民事权利。二是经营管理权,这种权利是企业在经营过程中对企业财产经营、投资和其他事项所享有的支配、管理权,通常是由非财产所有者享有和行使的权利,主要包括经营方式选择权、产品销售权、人事劳务管理权、物资管理权等。三是公平竞争权,公平竞争权是竞争者之间所进行公开、平等、公正的竞争。①龚天平认为:"企业的权利总体来说就是经营发展、公平竞争、追求利润的权利。具体来说,主要包括:经济权利,主要包括法人财产权、经营管理权和公平竞争权;政治权利,主要包括用人权、发言权、参加协会权等;技术权利,主要包括如专利权、开发权等;其他社会权利,主要包括文化权、环境资源权等。"②

与公民权利相对应的是公民责任。公民义务实际上就是企业应该承担的社会责任。2003年世界经济论坛对企业公民需要履行的义务概括为:一是好的公司治理和道德价值,主要包括遵守法律、现存规则以及国际标准,防范腐败贿赂,包括道德行为准则问题以及商业原则问题;二是对人的责任,主要包括员工安全计划、就业机会均等、反对歧视、薪酬公平等;三是对环境的责任,主要包括维护环境质量,使用清洁能源,共同应对气候变化和保护生物多样性等;四是对社会发展的广义贡献,主要指对社会和经济福利的贡献,比如传播国际标准、向贫困社区提供要素产品和服务,如水、能源、医药、教育和信息技术等。企业只有将权利的发挥和责任的承担有机结合起来,才能保证企业基业长青。

企业公民对社会的危害应该最小化,对社会的贡献最大化,关心社会的健康和福利,全面考虑公司对所有利益相关者的影响,包括雇员、客户、社会、供应商和自然环境等,并且企业应该将这些价值观融入企业的实践行动

---

① 冯梅、范炳龙:《简析企业公民的权与责》,《中国质量》2009年第12期,第49-52页。
② 龚天平:《企业公民、企业社会责任与企业伦理》,《河南社会科学》2010年第4期。

中。彼得·德鲁克(1993)指出了企业公民的本质和行为范围。他认为企业公民意味着积极的贡献,意味着企业道德责任的内化,意味着企业要承担社区改变、社会进步的责任。不论是否与己有关,是否能够直接给自己带来益处,但只要是有益于大众的,就积极参与,这就是公民社会所要求的基本美德。

3. 企业公民理论与民营企业社会责任

企业公民理论通过对企业属性和使命的重新思考,丰富了民营企业社会责任的理论基础,对企业社会责任的发展有重要意义。从民营企业属性的角度来看,企业公民理论重新审视了公司的地位和作用,超越了企业的工具价值层面,开始重视企业的内在价值,民营企业获得了类似于公民的主体性地位,在给予权利的同时也赋予责任,使民营企业成为权利和责任的统一体。从民营企业使命角度来看,民营企业的使命应该是为社会创造价值,民营企业的目标是将个体的利益相关者、企业组织和社会的利益统一协调好,服务于社会或全体利益相关者。如乌尔斯·伯乐就强调"企业应具有道德责任,企业需要思考企业的经营行为对利益相关者团体利益的影响,思考如何将企业的目标和社会的目标统一到企业具体的行动中。企业作为公民,不仅从个人和短期的自我利益出发,而且尊重公共利益和那些相对不幸的人群的需要,以此指导公司行为是符合公司利益的,因此公司努力追求做一个负责任的公司公民是完全理性的决定"。[1]Van Lujik(2001)认为,企业公民概念比企业社会责任更能体现企业在社会中的位置,无论企业道德还是企业社会责任常常提醒企业应该甚至必须去做一些额外的事情,暗含企业缺乏责任,但是企业公民概念表达了企业与社会的其他公民一起组成了社区,反映了企业对人类、环境乃至社会发展的重要性。威勒(Valor)也认为,企业公民的概念是比企业社会责任概念更为积极的理念,企业公民通过在企业社会表现的框架内将企业社会责任与利益相关者管理糅合在一起,从而克服了企业社会责任在运作和实施上的困难。

---

[1] [美]乔治·恩德勒:《发展中国经济伦理》,上海社会科学出版社2003年版,第196-197页。

"企业公民理论"的提出和发展,深化了人们对企业社会责任的认识,推动了企业社会责任运动的发展。"企业公民理论"以一种人性假设的形式回答了为什么企业(民营企业)要承担社会责任,对"企业与社会"的关系进行了重新界定,企业公民意味着企业(民营企业)可以以公民身份主动地、理性地、负责任地承担自身力所能及的社会责任。

四、民营企业社会责任的伦理基础

"责任"一词从本质上来说是一个伦理学概念,民营企业社会责任也是伦理学所关注和研究的问题。如果说利益相关者理论和企业公民理论重点是从社会学、经济学等学科角度论证民营企业社会责任的合理性、正当性,那么从伦理学角度研究其理论基础主要是论证民营企业社会责任的内在性、应然性问题。在伦理学视域下,民营企业社会责任不是外在的,工具性的,也不是外部环境强加给民营企业的负担,而是民营企业内在的、自生的义务和责任。民营企业社会责任的伦理基础涉及的理论很多,笔者主要从亚里士多德的德性论和康德的义务论两个角度做一探讨。

1. 亚里士多德的德性论

德性伦理学是规范伦理学的其中一个理论。是把关于人的品格的判断作为最基本的道德判断的理论。德性伦理学聚焦在道德主体,即行为的推动者,道德主体的性格为伦理行为的推动力。古希腊哲学家柏拉图和亚里士多德、中国的孔子等都是德性伦理学代表。其主要的代表作有亚里士多德的《尼各马可伦理学》、孔子的《论语》和麦金泰尔的《追寻德性》。

亚里士多德(前384—前322年),出生于希腊北方一个靠近马其顿的城邦——斯塔吉拉。他的父亲是马其顿王阿明塔的宫廷御医。亚里士多德青年时期就进柏拉图学院学习和工作达二十年之久,成为柏拉图的学生和助手。公元前335年回到雅典,开办学校,从事讲学和科学研究活动。他的著作很多,涉及逻辑学、自然科学、哲学、教育学、心理学、伦理学、政治学、经济学、美学等领域,被誉为百科全书式的人物,他的思想对人类产生了深远的影响。

虽然亚里士多德的许多著作都谈到了德性伦理,但在这方面最主要的著作是《尼各马可伦理学》。亚里士多德认为，伦理学是一种实践的学科而非只是理论性的，所以，一个人若要成为"好人"便不能只研读美德，而要亲身实践美德才行。他假设人的任何行为都是有目的的，而被他称为"至善"的最终目的则是幸福，实践美德是通向幸福之路。

《尼各马可伦理学》开篇写道："一切技术，一切规划以及一切实践和选择，都以某种善为目的。"① 在亚里士多德看来，人类的各种各样的实践活动，其目的都在于善。如医术的目的是健康，造船术的目的是船舶。

那么，人的实践所具有的最高目的或最终目的是什么？他说："显然，我们的行动有许多目的，但我们把财富、长笛以及一般来说的器物作为达到他物的工具来选择。因此，很明显，并非所有目的都是最后的，只有最高善似乎是某种最后的东西。倘若仅有一个东西是最后的、最完满的，那么，它就是我们所寻找的最后目的，如果有不止一个目的是完满的，那么这当中最完满的就是我们所寻找的。我们说，一个因其本身而被追求的目的是比为了他物而追求的目的要更为完满。那从来不因为他物而被选择，比时而由于自身、时而由于他物而被选择的东西更为完满。因此，一个东西永远因其自身而绝不为了他物而值得选择的目的才是最完满的（我们称为绝对最后的目的）。幸福似乎比其他任何东西都要无条件的完满，因为我们总是因它自身的缘故而绝不是把它作为工具而选择它。"②因此，幸福是我们的最终目的。

（1）至善即幸福

那么，如何追求幸福？亚里士多德说："我们选择荣誉、快乐、理智，还有所有德性，都是因为它们自身的缘故，即使我们的选择不会带来进一步的后果，我们还是会选择它们；但是，我们也是为了幸福的缘故而选择它们，并设想通过它们我们会得到幸福。看起来，只有这才有资格作为幸福，我们为了它本身而选择它，而永远不是因为其他别的什么。"③亚里士多德强调，只有拥有德性，我们才有资格得到幸福。

亚里士多德认为，德性要根据人本已有的功能或人的灵魂的活动来区

---

① ［古希腊］亚里士多德：《尼各马可伦理学》，廖申白译，商务印书馆2003年版，第2页。
② 同注释①，第5页。
③ 同注释①，第18页。

分。人的活动和灵魂有非理性部分和理性部分之分,非理性部分是所有生物所共有的,如具有发育的性质(生命的生长功能、营养功能等)及感觉和欲望的功能,这是为人与牛、马等一切动物所共有的。然而人还有自己独具的活动与功能,这就是理性部分的活动。

按照灵魂的区别,亚里士多德把德性分为两类:一类是人的非理性灵魂接受理性的指导、约束,与理性相融合而成的心灵状态,如温良、谦恭、慷慨、节制等,这叫作伦理德性;另一类是纯粹理性,灵魂自身功能的优秀,如明智、智慧、理解等,这叫作理智德性。

正如其他技术一样,我们必须先进行有关德性的现实活动,才能获得德性。我们做公正的事情,才能成为公正的人;进行节制,才能成为节制的人;有勇敢的表现,才能成为勇敢的人。确切地说,德性在于养成,有了长期的行为习惯才可说人们形成了某种德性。"每种技艺与研究,同样地,人的每种实践与选择都是以某种善为目的。所以有人说,所有事物都以善为目的。"① 亚里士多德认为,个体所从事的每个活动都有特定的目的,那就是善。而这种善又是手段善和目的善的统一。"一些是自身即善的事物,另一些是作为他们的手段而是善的事物。"② 人的所有实践活动,都指向作为手段的善,所有作为手段的善又指向一个目的善,目的善是自身即为目的的善,也就是至善。这种人人都追求的至善就是幸福。善的事物有三类,分别是外在的善、身体的善和灵魂的善。幸福指的是灵魂的活动,是人的"灵魂的一种合乎完美德性的实现活动"。而作为个人的人,在社会中都承担着特定的责任,个体对特定职责的实现是个人存在的卓越状态,也是自身幸福的所在。幸福就是人人所追求的至善。作为个体对善的追求与整个社会整体对善的追求是相互融合的,当个体的活动以他特有的德性的方式去进行,总能完成得最好。

(2)中道即美德

幸福就是过有德性的生活。为了实现作为人的终极目的,德性就成为必要的中间环节。那么我们如何确认德性呢?亚里士多德提出了适度和中

---

① [古希腊]亚里士多德:《尼各马可伦理学》,廖申白译,商务印书馆2003年版,第119页。
② 同注释①,第120页。

道的概念。他认为：人的行为，无论是过度或不及，都足以败坏人的德性，唯有适度才能造就德性。适度是过度与不及的中道，但是，这种中道并不像数学中的等差中项那么严格，它只是一种相对的中道。在生活中，适度就是一种恰到好处的行为，即不过度，也不能不及。"只有在适当的时间和机会，对于适当的人和对象，持适当的态度去处理，才是中道，亦即最好的中道。"在人的实践活动中，理性表现为对适度的命中。德性作为中道，它是一种具有选择能力的品质，它受到理性的规定，像一个明智人那样提出要求。"中道在过度和不及之间，在两种恶事之间。在感受和行为中都有不及和超越性，中道是最高的善和极端的美。"①亚里士多德认为的德行是关于感受和行为的，在这里过度和不及会产生失误，只有中道才会获得赞赏，由此过度和不及属于恶，而美德就是中道。亚里士多德认为，人类的好生活是以德性为中心的生活，德性的实践是人类好生活必不可少的中间环节。发展好的习惯可以培养出好的人类，而练习奉行中庸之道则可以让一个人活得更幸福。

在此基础上，亚里士多德阐述了理性的公民和城邦的关系，他认为理性是界定公民的标志，而城邦是公民存在的前提基础，因而理性的公民与城邦是紧密联系的。公民对于城邦的发展和繁荣有着不可推卸的责任。这种责任主要来源于两个方面：一是公民是理性的人的存在。亚里士多德认为，植物的特点在于营养和成长，动物的特点在于感觉和运动，而人除了兼具这两个特点以外，还具有理性。理性是人区别于动物、植物的标志。人灵魂中的理性使得人可以参与实践，过一种政治的生活。公民作为一种理性的人的存在，是为了依照德性的生活，有能力并愿意进行统治和被统治的人。"在最优的政体中，公民指的是为了依照德行的生活，有能力并愿意进行统治和被统治的人。"②在城邦中，公共领域内需要能够身体力行参与城邦政治实际活动，并且具有管理城邦和服从统治双重能力的公民。"和蜜蜂以及所有其他群居动物比较起来，人更是一种政治动物。"③从本质上来讲，有理性的公民是城邦的政治动物。在优良的政体中，过一种政治的生活，是理性的公民特

① 苗力田：《亚里士多德全集》VII，中国人民大学出版社1992年版，第115页。
② 亚里士多德：《政治学》，颜一等译，中国人民大学出版社2003年版，第99-100页。
③ 同注释②，第100页。

有的需要,公民由此也享有参与城邦发展和繁荣的责任。二是公民与城邦之间有密切的联系。"人天生是一种政治动物,在本性上而非偶然地脱离城邦的人,他要么是一位超人,要么是一位匹夫。"①人都有过社会生活的需要,城邦就是为了满足人们过社会生活需要而缔结的有机统一体。一方面个人无法脱离城邦而生存,另一方面城邦是由人组成的,如果没有了人城邦也将不复存在。城邦通过法律、准则等规范个人的行为,维护城邦秩序;个人也只有履行自己的责任,才能在城邦生活中走向至善。

虽然亚里士多德并没有讨论公民责任的应然性问题,但从他对公民与城邦的关系及中道即美德、至善即幸福等的论述中,我们可以发现,公民对城邦负有的责任从本质上来说是自生的、内在的、应然的。理性的公民注定要过政治的生活,要参与城邦的建设和发展;没有公民,城邦也就不复存在。作为个体的公民,一切的实践活动最终都指向了善。至善即幸福,是每个人所追求的目的。作为个体存在的善与作为类存在的至善是相容相通的,都指向了同样的至善的目的。而个体选择负责任的生活,既是个体美德的体现,也是追求至善的需要。在亚里士多德那里,公民的责任是应然的,责任来源于公民与城邦的关系、中道与以及个体对至善的追求。

(3)亚里士多德的德性论与民营企业社会责任

亚里士多德的德性论为民营企业社会责任的内生性、应然性奠定了理论基础。根据亚里士多德对公民与城邦的关系以及个体对至善的追求等观点,作为"社会公民"的民营企业,它的责任也是内生的、应然的。民营企业和社会是一种双向亲和的关系。一方面,企业(民营企业)从社会中诞生,并享用着社会提供的生存环境和发展资料,脱离社会,民营企业也就失去了存在的根基和土壤。另一方面,社会也离不开企业(民营企业),尤其是正处于社会主义市场经济发展进程中的当代中国,民营企业对社会的发展发挥了重要作用。亚里士多德认为,世界是一个有机的统一整体,自然具有内在目的,一切创造物都是符合目的性的,幸福是人的最终目的,只有拥有德性,我们才有资格得到幸福。而企业社会责任就是帮助人类实现幸福的一种德

---

① 亚里士多德:《政治学》,颜一等译,中国人民大学出版社2003年版,第99-100页。

性。美国经济伦理学家理查德·乔治认为："经营企业是人们相互合作,交换产品和服务并实现共同利益的活动。经营本身并不是最终目的。它是人们努力为自己和自己深爱的人寻求幸福生活的手段。"①由此,企业社会责任作为"企业公民"之德性,它的使命就是通过不断地践履自身以达到幸福和至善,并通过这种幸福的不断扩展来实现全人类共同的福祉。

另外,亚里士多德的"中道"思想为处于不同发展阶段、来自不同行业的民营企业社会责任担当和履行的差异性提供了理论依据。任何企业社会责任的担当,都有一个适度问题,不能超出自身力所能及的范围。这也是中国儒家创始人孔夫子倡导的"执两用中、适两守度"的"中庸"思想在民营企业社会责任实践中的运用。

2. 康德的义务论

义务论,基于希腊语的"责任",认为行为不能由它的结果来评价,行为自身就有独立于结果的内在价值,行动的价值在于动机而不是结果。康德是该理论的最突出的代表。

伊曼努尔·康德(1724—1804),出生于普鲁士东北部的哥尼斯堡(今俄罗斯加里宁格勒)的一个手工业者的家庭,16岁即1740年进入哥尼斯堡大学攻读哲学,1745年毕业。他大学毕业后,曾担任过家庭教师、大学讲师、教授,毕生从事教学和研究工作,一辈子没有离开过哥尼斯堡,并且终身未婚。他每天下午都会沿着一条小路散步,他的邻居甚至曾根据他散步的时间来核对时间。康德的生活完全是学院式的,他的一生是平平静静地沉浸于思辨的一生。所以,海涅说:"康德这人的表面生活和他那种破坏性的、震撼世界的思想是多么惊人的对比!"他的主要哲学著作有《自然通史与天体理论》《纯粹理性批判》《实践理性批判》《批判力批判》《道德形而上学基础》等。

在伦理学方面,康德否定意志受外因支配的说法,而是认为意志为自己立法,人类辨别是非的能力是与生俱来的,而不是从后天获得的。这套自然法则是无上命令,适用于所有情况,是普遍性的道德准则。康德在《实践理

---

① ［美］理查德·T.德·乔治:《经济伦理学》,李布译,北京大学出版社2002年版,第91页。

性批判》中指出："有两样东西,始终使我们的心灵保持清醒;越是经常、持久地加以思索,我们对它的景仰和敬畏就越是强烈:那就是我们头上的星空和居于我们心中的道德法则。"康德认为,真正的道德行为是纯粹基于义务而做的行为,为实现某一个个人的功利目的而做事情就不能被认为是道德的行为。因此康德认为,一个行为是否符合道德规范并不取决于行为的后果,而是取决于采取该行为的动机。康德还认为,只有当我们遵守道德法则时,我们才是自由的,因为我们遵守的是我们自己制定的道德准则,而如果只是因为自己想做而做,则没有自由可言,因为你就成为各种事物的奴隶。①

康德义务论的核心概念有两个,即"绝对命令"和"善良意志"。康德认为人类是独立的道德行为者,他们自行做出与对错相关的理性决策。下面我们从"绝对命令"和"善良意志"入手,来分析康德的义务论。

(1)绝对命令

康德把理性分为理论理性和实践理性,这是人的先验的两种能力,即认识能力和意志能力。实践理性是指行为的规范,它的对象是"至善",探求和实现人的意志自由所需要的东西。在康德看来,实践理性和理论理性都是同一个"纯粹理性",是这个"纯粹理性"的两个方面,它们都追求一种不能在经验范围内发现的超验的无条件的东西,在理性中存在着的普遍必然的先验法则,它们二者在本质上是共同的。但是在应用上,实践理性和理论理性又有所区别,后者揭示一切事物必然发生的规律,寻求知识的普遍必然的客观有效性,要求与主观经验相区别;前者揭示应该发生的规律,只服从于由理性赋予自身的普遍的必然法则,追求具有普遍有效的客观道德法则,要求与任何主观准则相区分。因此,理论理性是一种与经验相关的主体,它从感性出发,经概念最后终止在原理上,为自然立法;而实践理性则不受经验制约,是一种超验的主体,它从原理出发到概念,又从概念到感性,为自由立法。两者相互区别,但同时又是一个完整的统一体。居优先地位的是实践理性。因此,本体统一现象,现象归属本体,认识世界从属于意志世界,自然界因为道德界才具有意义。

---

① 转引龚群:《现代伦理学》,中国人民大学出版社2010年版,第121页。

康德道德哲学的出发点仍然是当时普遍流行的人性二重论。康德认为人是有限的理性存在者。所谓理性的存在者,是指人的意志自由,人的行动可以摆脱外物的影响,人可以根据理性自身颁布的道德法则对自己发布命令而行动,人自身就是主宰自己的力量,具有独特的人格尊严和价值;所谓有限,是指人不仅是理性的存在者,同时也是感性的存在者。感性的一面使人必须受外物的支配。因此,在这方面他和自然现象中其他事物一样,服从必然规律,属于现象界的一个组成部分。因而人具有双重性,既是感性世界具有自然性的存在,也是理智世界具有理性的存在。康德把人的主体认识能力分成感性、知性和理性三个阶段。在感性世界中,感性直观提供丰富的感性经验,而知性则运用自身先验的判断,对已有的经验进行综合和整理,从而形成科学知识。由于在感性知性世界中,人无法摆脱自然因果律的束缚,因而是不自由的。但在理智世界,人是自由的。因为在理智世界,理性的对象是理性自身的规定,不是客观被给予的,理性所遵循的不是自然的因果律,而是自由的规律。因而康德认为人具有两重性,一方面,人作为自然的一部分,具有自然特性,受自然界的因果关系制约,使人具有感性的本能欲望;另一方面,人有理性而使自身超越自然,超越自然本能的感官欲望而追求普遍的道德法则,并且以责任主体的身份出现。在康德看来,人的意志也同时具有自然性和道德性。"一切质料的实践规则都把意志的决定根据置于低级的欲求能力之中,倘使没有足够决定意志的单纯形式的意志法则,那么任何高级的欲求能力都可能得不到承认了。"①康德认为,要想摆脱本能欲求对意志的影响,就必须依靠纯粹形式的意志法则(即普遍道德律),个体必须绝对服从意志法则的命令,进而确立人的道德责任。这种道德责任既包含人意志自由的一面,同时包含对普遍道德律的遵守,由此产生了道德责任。

康德主张:道德律应当同自然律一样具有普遍适用性,它绝不能是经验的原则,而是一种先验的原则;它至高无上,在任何情况下为一切有理性的人所遵循。道德律不同于自然律之处就在于:它必须具有"应当"的特征,是

---

① [德]康德:《实践理性批判》,韩水法译,商务印书馆1999年版,第21页。

一种指示意志"应当"如何行动的原则。换句话说,它必须采取"命令"形式,是对意志宣示的一道"命令"。这种"命令"是一种"绝对命令"(即"定言命令")。所谓"绝对命令",就是任何人都普遍具有的一种无条件的、必然的、先验的指挥行为的力量,它不受任何经验、情感欲望、利害关系、效果有无等条件的限制,是以其自身为根据而成立的。"绝对命令"是一种强制的客观力量,它要求必须无条件服从。"绝对命令"之所以具有这种力量,是因为它不是来自经验,而是来自纯粹理性,为每个有理性的人所必须遵循的。因此,只有从"绝对命令"出发的行为才是道德行为,"绝对命令"是道德行为的法则,同时也是人们对道德评价的标准。人行为的道德价值来自是否遵从了绝对命令的要求。绝对命令明确了责任的具体内容,即责任就是对绝对命令无条件地服从。绝对命令是无条件的,是理性为自己颁布的行为法则,不依赖于任何外在的目的。

(2)善良意志(为义务而义务)

人应该按照"绝对命令"行动,应该为义务本身而尽义务,不掺杂任何欲望,不为任何情感或快感所左右,不考虑任何效果。在康德那里,人们行为的善恶、道德与否,只能从行为的动机本身来评价。道德动机决不掺杂任何情感上的好恶、趋利避害的因素,以及对行为效果的任何考虑。

这种道德动机即所谓"善良意志"。"善良意志"之所以善良,只在于"善意"本身,不在于它的功用。它的有用或是无结果,对于这个价值既不增加分毫,也不减少分毫。康德说:"如果由于生不逢时,或者由于无情自然的苛待,这样的意志完全丧失了实现其意图的能力,如果他竭尽自己最大的力量,仍然一无所得,所剩的只是善良意志,当然不是个单纯的愿望,而是用尽了一切力所能及的办法,它仍然如一颗宝石一样,自身就发射着耀目的光芒,自身之内就具有价值。"[①]

"善良意志"又是与"责任"观念相联系的。在康德的伦理学中,"责任"是一个最基本概念。康德是以责任为中心来勾画他的伦理学,他将责任视为一切道德价值的源泉。他要求人的行为必须为了责任而责任,来实现人

---

① 罗国杰主编:《伦理学》,人民出版社1989年版,第418页。

的自由和提升人的尊严。康德是通过三个命题来界定责任概念的,认为责任就是由于尊重规律而产生的行为必要,是出于对道德法则的敬重而产生的,是善良意志的体现,是"道德的最牢固的支柱,是绝对命令的唯一真正的源泉,只有责任而不是任何别的动机,才使行为具有道德的性质"①。

"道德的第一个命题是:只有出于责任的行为才具有道德价值。第二个命题是:一个出于责任的行为,其道德价值不取决于它所要实现的意图,而取决于它所被规定的准则。从而,它不依赖于行为对象的实现,而依赖于行为所遵循的意愿原则,与任何欲望对象无关。第三个命题:作为以上论述的各个命题的结论,我将这样表述,责任就是由于尊重规律而产生的行为必要性。"②首先,康德关于责任的第一个命题是责任的动机命题,人的行为的道德价值不取决于行为是否合乎责任,更不是出于直接的爱好甚至是利己之心,而在于它是否出于责任,即只有出于责任的行为才具有道德上的善。出于责任即出于对法则的敬重而发生的行为的意识,而合乎责任的行为,其道德动力可能是在别处,因此必须区别是出于责任还是合乎责任。他认为,责任的内驱力就是意志的道德力量,人的行为是否具有道德价值,完全取决于个体对道德律令的遵守,而这种遵守恰恰表现成为对责任的恪守和履行。第二个命题可称为责任的形式命题。康德认为,人在行为时必须实现自己的责任,而不管责任是什么。责任行为的价值,也就是他所遵循的道德法则的内在价值,也就是善良意志的内在价值,同欲望对象、现实利益等外在目标无关。第三个命题是前两个命题的结论。一种出于责任的行为的道德价值并不来自其期望的效果,而来自一种形式原则,即为责任而责任,不管责任是什么。即理性的个人在行动是纯粹为了责任而责任,而责任是以规律为基础的,人们必须遵循道德律而行动。所以,责任的普遍命令是:"你的行动,应该把行为准则通过你的意志变为普遍的自然规律。"③正是对这种规律的尊重,才赋予行为独有的无条件的价值。

在康德的义务论中,他将自由视为人的内在本质,是人作为有限理性存

---

① [德]康德:《实践理性批判》,韩水法译,商务印书馆1999年版,第21页。
② 邓晓芒:《康德哲学讲演录》,广西师范大学出版社2005年版,第134页。
③ [德]康德:《道德形而上学原理》,苗力田译,上海人民出版社2002年版,第15页。

在者的唯一证据。他认为自由源于人的先验能力,它表现为对自然规律,特别是人的自然欲望、本能欲求的摆脱,这种摆脱就是人特有的"自由规律"。所谓自由就是人通过"道德普遍立法"从而达到人的自然本能的提升,而这种道德立法正是责任的实质,是责任存在的内在依据。因此,所谓自由规律,就是人通过道德立法把被动的责任变成主动的自由的规律,就是人既把自己当作道德法则的立法者,也是道德法则的遵从者,其终极目的是追求本体世界的自由。而人遵从道德法则,使自己的行为准则与道德规律相符合,就是使责任与人存在的自由相一致。人通过责任的恪守而达到的意志自律,正是自由的体现。"自律是理性的人的自由的体现,为了责任而行为就是自律的表现。"①因此,自由必然构成责任所追求的目标。同时康德又认为,对合理规范的遵循,即责任的履行,是达到自由的条件。"个人的道德自由就在于对义务的意识和履行。"②总之,人的自由的实现,只能在现实世界中才能获得,而实现这种自由的手段,就是人在现实生活中的责任承担。"责任是自由行为的必要性。"③换句话说,康德的自由始终是出于道义的自由,是在责任担当中表现出来的自由。

康德关于责任的三个命题,分别从道德价值、道德法则、规律与理性的逻辑关系入手,阐述义务内涵、特征和本质。康德"责任论",说的是行为者服从理性支配的义务责任,尊重规律的"责任",遵循善良意志的"责任"。"通俗地说,'责任'就是出于对规律的尊重而必须去做的事。所以善良意志也就是人的意志彻底摆脱了经验的感性欲望,完全按照实践理性自身所规定的道德法则而行动,即服从和执行'绝对命令'。"④

(3)康德的义务论与民营企业社会责任

康德的义务论崇尚道德的内在价值,强调道德动机的纯洁性、道德法则的绝对性和道德价值的崇高性,强调义务和责任的至上性、优先性,表现为

① 刘登科:《康德的责任概念及其责任伦理观》,《中共南京市委党校学报》2004年第5期。
② [苏]阿尔森·古留加:《康德传》,王炳文等译,商务印书馆1981年版,第67页。
③ [德]康德:《法的形而上学原理》,沈叔平译,商务印书馆1991年版,第24页。
④ 苗力田、李毓章:《西方哲学史新编》,人民出版社1990年版,第550页。

一种理性化的、严肃的、绝对的、普遍的伦理精神。它是一种理想主义和利他主义，要求个人（或企业）都具有高度理性，按理性推理的准则行事。"行为的道德价值要以它的动机来评价，而且只能从它的动机来评价"，一种行为只有出于责任，以责任为动机，才有道德价值。在商业经营中，我们习惯把诚实守信、童叟无欺看成是道德行为，认为这种行为本身就是道德的，而康德并不认同。按照康德的逻辑，除非诚实守信是绝对、纯粹的为客户着想，童叟无欺真正出自对老人和小孩的同情、爱护，这种情况下经营者的行为才是具有道德价值的。而如果出于讨好顾客，为了有更多的回头客和更多的利益回报，那么诚实守信、童叟无欺的道德价值是值得怀疑的，因为商家的动机是出于个人私利，而不是绝对纯粹的善良意志。在康德看来，道德规律也就是实践理性为自身创造的道德法则，它是责任存在的内在依据。"一个处于责任的行为，其道德价值不取决于它所要实现的意图，而取决于它所被规定的准则。"①康德认为道德法则是普遍必然的，人的行为之所以具有道德价值，就在于对道德法则的无条件遵循，并以责任为存在方式，来展现道德法则的内在约束力。在康德理论视域下，民营企业同样具有双重属性。一方面，民营企业受到感性世界欲望本能的驱使，不断追求经济效益；另一方面，在理性世界，民营企业需要恪守相关的道德法则。

康德的义务论，在对善恶评价的根据上是有其合理因素的，康德强调要把出于责任的"善良意志"作为道德评价的根据，确实看到了道德价值的特殊本质，看到了道德评价不同于其他评价形式的特殊性。

康德义务论也有不足之处，即他在强调动机对行为道德性质的决定作用时，完全抛开了行为的后果在评价中的作用，割裂了动机和效果的联系，一味地追求动机的纯洁性而忽视或根本否认效果的作用。这种评价无形中会导致道德生活中人们对其自身行为后果的忽视和不关心，最终的结果是削弱人们的道德责任感。此外，道德义务论虽然在某种意义上可以解决道德认知问题，但道德认知不一定能自动转化为道德行动。一方面，康德的义务论提供了规范的义务和责任意识，他把"善良意志"作为道德评价的根据，

---

① ［德］康德：《道德形而上学原理》，苗力田译，上海人民出版社2002年版，第139页。

有助于我们在现实中厘清民营企业担当和履行社会责任的"真"和"假",在一定程度上丰富了民营企业社会责任的理论依据;另一方面,在今天价值观多变、多元、多样的时代,在竞争异常激烈的市场环境下,民营企业很难做到像康德所预设的具有纯粹理性的道德责任主体一样,完全出于遵从绝对道德命令的目的而履行社会责任,因而民营企业社会责任理念很容易流于一种缺乏现实关照的长篇空文。

综上所述,社会契约论、利益相关者理论、企业公民理论以及亚里士多德的德性论和康德的义务论,从社会学、经济管理学及伦理学等视角分析了民营企业社会责任的理论依据,论证了民营企业社会责任不是外在的、工具性的,也不是外部环境和社会强加给民营企业的负担,而是民营企业内在的、自生的义务和责任。民营企业作为社会的一部分,存在本身就蕴含了人类的价值取舍和理想诉求,而且其具体内容是与生产力发展水平相适应的,"人是目的",幸福是人的最终目的,只有拥有德性,我们才有资格得到幸福。而企业社会责任就是帮助人类实现幸福的一种德性。无论公民还是"企业公民",都在社会中承担着特定的责任,公民对特定职责的实现是其存在的卓越状态,也是自身幸福的所在。

第四章
企业社会责任国际标准

企业社会责任在20世纪20年代被提出以后，学者们对它进行了各种研究和解读，同时提出了大量由企业社会责任衍生出的新概念。对企业社会责任及其相关问题的研究，从某种意义上来说，为企业社会责任运动的发展提供了行为指导。企业社会责任标准就是不同的国家及组织为约束企业的经营行为而制定的企业社会行为规范。目前，全球不同层次上与企业社会责任相关的公约、原则、守则、标准、工具、方法等，从20世纪70年代至今制定的多达几百个。在此社会责任的规则体系中，制定者包括全球组织、地区、国家、多边利益相关者联盟、商业机构、非政府组织（NGO）、行业协会和跨国公司等，所涉及的内容涵盖劳工、环境保护、可持续发展、社会公平等各种经济、社会和环境议题；有的是单一领域的，有的是全面综合的；有的关注企业社会责任的过程，有的着眼于绩效管理；有的侧重于单一的利益相关者，有的关注多元利益相关者。

第一节　企业社会责任标准发展概述

最早的企业社会责任标准来自跨国公司制定的生产守则，之后伴随着劳工运动、消费者运动、环境保护运动及可持续发展运动的推动，国际组织、各国政府、民间组织、行业协会等也纷纷着手制定社会责任标准,名目繁多、内容交叉的企业社会责任规范交融而成为当今的世界企业社会责任标准体系,共同推进了企业社会责任实践的发展。

一、企业生产行为守则

针对日益增强的社会责任压力和自身的发展需要,很多跨国公司开始制定对社会做出必要承诺的责任守则,或通过环境、职业健康、社会责任等的认证应对不同利益团体的需要和要求,从而形成了一场生产行为守则制订和认证运动。

生产行为守则是指跨国公司制订的具有自我约束性质的、针对生产经营过程的规范。此类规范通常通过经济影响力向跨国公司自身、子公司和分公司以及关联公司推行一定的劳动标准和环境标准。而在大多数生产行为守则中,劳动标准通常都居于重要的地位。跨国公司通常参考其国内法、行业规范和国际承认的核心劳动标准制订其生产行为守则。

20世纪90年代初期,美国劳工及人权组织针对成衣业和制鞋业发动"反血汗工厂运动"。1991年,因利用"血汗工厂"制度生产产品的美国著名服装品牌制造商Levi-Strauss被新闻媒体曝光后,为挽救其公众形象,而制订了第一份公司生产守则。同时,在劳工和人权组织等非政府组织和消费者的压力下,耐克、阿迪达斯、锐步、盖普等知名品牌公司也都相继制订了自己的生产守则,后演变为"企业生产守则运动",又称"企业行动规范运动"或"工厂守则运动"。生产守则运动由跨国公司"自我约束"的"内部生产守则"逐步转变为"社会约束"的"外部生产守则"。

据经济合作与发展组织(OECD)统计,企业社会责任运动发展到2000年,全球共有246个生产守则,其中绝大多数由跨国公司制订。这些跨国公司不仅制订并推行公司社会责任守则,而且要求供应商和合约工厂遵守劳工标准,安排公司职员或委托独立审核机构对其合约工厂定期进行现场评估。一旦跨国公司发现供应商的不道德行为会累及自身声誉受损后,对供应商和产品生产工厂实施"验厂"就逐渐成为通用做法,对于不遵守守则的供货商与合作者,跨国公司常以取消订单作为惩罚。

不可否认,跨国公司及行业协会在全球化进程中对国际企业社会责任发展起到了巨大的推动作用,其生产守则趋同了投资国合作伙伴道德经营模式的同时,也一定意义上趋同了国际经济游戏规则,推高了全球企业社会责任实践的层级。如跨国公司对发展中国家供应商的"验厂"行为,就客观上把这些国家企业的管理体制推上了全球化和现代化的轨道。但是,作为企业社会责任标准雏形的跨国公司生产守则也带有明显的局限性,如一定程度上服从于其商业利益,实施状况很难得到社会监督,仅限于在跨国公司内部和供应链范围内发挥作用,其约束力非常有限等。并且,由于不同跨国公司行为准则不尽相同,相互之间没有通用性,一个同时处于多个跨国公司供应链体系上的企业往往面临同时面对多个版本的生产守则而显得无所适从。要克服跨国公司生产守则的局限性,只能由国际权威组织在听取各国、各利益团体的意见、建议,充分考虑整个人类发展需求的前提下,形成具有国际约束力的通用企业社会责任国际标准。

二、行业行为守则与行业标准

行业生产守则和标准主要是由行业协会和企业(尤其是跨国公司)制定的,主要是针对行业的行为进行规范,内容涵盖了企业社会责任领域的各个议题。主要由欧美国家的一批行业组织和CSR组织,譬如美国的公平劳工协会(FLA)、荷兰的清洁成衣运动(CCC)、国际玩具商协会(ICTI)等组织制定,要求行业内所有企业遵守共同的社会责任标准,有些行业生产守则还发展出一套监察认证机制,确保行业生产守则的落实。

1. 成衣业(包括运动服)生产守则文本

成衣业(包括运动服)生产守则文本是由洁净成衣运动制定的。洁净成衣运动是欧洲的一个自愿网络组织,其目的是改善服装和运动服装行业的工作条件。洁净成衣运动建立了一个由非政府机构、工会和行业协会组成的三方结构小组,来监督、认证和为成员企业制定标准。

2. 国际玩具商协会商业行为守则

国际玩具商协会商业行为守则是由国际玩具商协会制定的玩具行业商业行为规范。2002年该守则正式出台,并于2003年11月开始认证工作,按照要求,从2006年1月1日起,国际玩具商协会商业行为守则将全面执行,凡采纳该守则的国际玩具大买家和购货商只对取得认证证书的生产厂家下订单。

三、各国政府组织的努力

自20世纪90年代开始,欧盟就把推动企业社会责任作为一项重要工作。2000年欧盟制定了两个目标:一是加强企业社会责任宣传,推动各方认识企业社会责任;二是提高政府的透明度。2001年,欧盟委员会向欧洲议会提交了"欧洲企业社会责任框架绿皮书",并于2002年建立了"多方社会论坛",邀请社会各阶层代表参加,就企业社会责任在欧洲范围内建立对话和信息交流机制进行探讨。2006年3月,欧盟把企业社会责任作为经济增长和就业发展战略的核心,作为营造友好的欧洲商业环境的重要组成部分。欧盟认为企业社会责任关系到社会、经济的可持续发展,号召并致力于推进成员国企业社会责任的长远发展。到2010年,欧盟成员国都制定了企业社会责任战略,并获得了各成员国产业界、利益相关方、非政府组织等多方面的支持。

自20世纪中叶开始,美国政府针对国内日益严重的劳工矛盾等社会问题,开始通过立法与公共政策来推动企业履行社会责任,美国先后有近30个州在公司法中加入了企业社会责任的内容。从20世纪70年代初开始,美国的联邦贸易委员会、环境保护局等政府机构就要求企业提供社会责任履行情况报告以对企业实施监管。1995年美国政府又推出五个"模范商业原则",并要求企业制定体现这些原则的个体行为准则,鼓励商业伙伴、供应商和转包商采取类似行为。美国政府还鼓励制定行业准则,以解决特定领域的劳资矛盾等问题。1999年,美国推出全世界第一个可持续发展指数"道琼斯可持续发展指数",主要是从经济、社会及环境三个方面,以投资角度评价企业可持续发展的能力,成为全球最重要的公司可持续发展能力评价指标体系之一。

日本政府也非常重视推进企业履行社会责任。在20世纪70年代制定了《节能法》,并积极推动《京都议定书》的签订和实施。日本政府还积极推进企业社会责任标准的制定工作,派遣专家参加了国际标准化组织(ISO)关于如何将企业社会责任纳入国际标准的讨论。经济产业省与民间组织经团联合作,于2003年10月开始探讨制定日本国内企业社会责任标准,于2004年5月制定了《企业行动宪章》。在政府推动下,到2007年已有2/3以上的日本大企业建立了专门的社会责任推进部,50%以上的企业提出了明确的方针和政策,80%的企业定期发布社会责任报告。

四、联合国等国际组织制定倡导的社会责任原则与标准

联合国等国际组织制定的在全球影响力较大的企业社会责任标准有:联合国全球契约、经济合作与发展组织《跨国公司指南》、国际劳工组织《关于多国企业和社会政策的三方原则宣言》和国际劳工公约以及国际标准化组织制订的ISO26000等。

1. **联合国全球契约**

联合国正式介入企业社会责任问题的主要标志是前秘书长安南提出的"全球契约"计划。1999年1月,在瑞士达沃斯世界经济论坛上,安南郑重提出建立促进企业社会责任的联合国全球契约,号召企业在各自的影响范围内遵守、支持以及实施一套在人权、劳工标准、环境和反腐败等方面的基本原则,通过建立对社会负责的和富有创造性的企业表率,建立一个推动可持续增长和社会效益共同提高的全球框架。

"全球契约"10项原则如下:

1)人权方面

①企业应该尊重和维护国际公认的各项人权。

②绝不参与任何漠视和践踏人权的行为。

2)劳工标准方面

①企业应该维护结社自由,承认劳资结社谈判的权利。

②彻底消除各种形式的强迫劳动。

③废除童工劳动。

④杜绝在就业和职业方面的任何歧视行为。

3）环境保护方面

①企业应对环境挑战未雨绸缪。

②主动增加对环保所承担的责任。

③鼓励无害环境技术的发展与推广。

4）反腐败方面

企业应反对各种形式的腐败，包括敲诈、勒索和行贿受贿。

这10项原则分别来源于《世界人权宣言》《国际劳工组织关于工作中的基本原则和权利宣言》以及关于环境和发展的《里约原则》。

"全球契约"计划于2000年7月在联合国总部正式启动，来自联合国系统的有关组织和50多家著名跨国公司的代表承诺，遵守"全球契约"10项原则。联合国大会2001年专门就"全球契约"问题通过了GA/55215号决议，授权联合国开展此类活动，许多成员国也表示支持安南建立各种实施机制、提供相应资金支持并在国内开展促进活动。

为推进全球契约的实施，联合国专门成立了全球契约办公室，并与联合国人权高级专员办公室、国际劳工组织、联合国环境规划署、联合国开发计划署和联合国工发组织共同设立了一个工作团队，在世界各国和各地区成立了多个地区网络，在拉丁美洲、非洲、南亚、中亚、东亚和北美每隔一年召开一次会议，讨论区域具体问题，就对话、学习、项目、推广、交流等问题同其他全球契约网络及纽约全球契约办公室联络。联合国还于2005年6月成立全球契约理事会，由企业、劳工、国际社会及联合国系统的代表组成，为全球契约发展提供持续性的战略和政策建议。此外，还成立了全球契约基金会，从私营部门集资，支持全球契约开展活动。到2009年12月，"全球契约"计划已有134个国家，超过7000家企业和团体加入其中。

2. 经济合作与发展组织（OECD）《跨国公司指南》

经济合作与发展组织（简称经合组织）于1976年协商并通过《经合组织跨国公司指南》，目的是"确保企业的运营与政府的政策一致，巩固企业与其所在社会之间互相信任的基础，帮助改善外国投资环境，并扩大跨国企业所创造的可持续发展的效益"。

该指南明确要求企业应全面考虑其所在国家的政策，并考虑其他利益

相关方的观点。为此,企业应当:

①为经济、社会和环境做出贡献,以获得可持续发展。

②尊重因企业活动受到影响的人的人权,并与东道国政府在人权方面的国际义务和承诺保持一致。

③与当地社区紧密合作(包括商业利益),采取措施,保证当地人才在能力上的发展。在国内和国外市场开展企业活动与良好商业行为的要求保持一致。

④鼓励人力资本的形成,特别是创造就业机会并促进对员工的培训。

⑤在环境、健康、安全、劳工、税收、财务等方面,不寻求或接受法律法规框架中没有规定的减免。

⑥支持并坚持良好企业治理原则,并将良好企业管理经营付诸实践。

⑦发展执行有效的自我管理行为体系,以在企业与所在社会间建立相互信任的关系。

⑧通过宣传企业政策(包括通过培训项目)促进员工对这些政策的了解和遵守。

⑨对于针对违反法律、本指南或企业政策的行为而向管理层或相关当局据实报告的雇员不采取歧视性或惩罚性措施。

⑩在适当的条件下鼓励商业合作伙伴(包括供应商和承包商)采用本指南一致的企业行为原则。

⑪不参与任何不适当的当地政治活动。

指南还从信息公开、就业和劳资关系、环境、与贿赂作斗争、消费者利益、科学与技术、竞争、税务等方面对企业行为做了具体规定和要求。在2000年6月修订的指南中,又对跨国公司在经济、社会、环境以及反腐败各领域全面提出了具体责任要求。之后,经合组织理事会为促进和监督企业界对指南的实施,就执行指南在机构、程序等方面还做出了一些具体规定,促其成为一个更为积极有效的监督激励机制。

3.《国际劳工组织多国企业和社会政策三方宣言》及有关国际劳工公约

国际劳工组织是联合国的专门机构,由政府、工会组织和雇主组成的三方治理协调机制。国际劳工组织于1977年制定的《关于多国企业和社会政策的三方原则宣言》,针对多国企业在就业、培训、工作和生活条件、劳资关系等方面确立了一系列原则,并定期进行修订、更新。宣言的目的是鼓励跨国公司为经济和社会进步做出积极贡献,并明确建议政府、雇主和工人组织及多国企业自愿遵守这些原则,并且执行宣言条款的要求,不应该对批准国际劳工组织公约产生的义务构成限制或影响。

国际劳工组织通过在成员国中定期开展有关《多国企业和社会政策三方宣言》的调查来考察《宣言》的实施情况。劳工局理事会在1983年通过了就三方宣言执行情况发生争端的审议程序。该程序仅涉及对三方宣言条文的理解发生歧义时提供解释。如果要求解释的请求合理,劳工局将准备批复意见草案,由多国企业分委员会通过,最后通过的案文将转发给相关各方,并在国际劳工局《官方通讯》上发表。

除《关于多国企业和社会政策的三方原则宣言》外,国际劳工组织自1919年成立以来已通过的190项公约所涵盖的内容被广泛用于各种社会责任标准。其中8项涉及结社自由、集体谈判、强迫劳动、童工、就业歧视以及健康、安全、工作时间、报酬等工人的基本权益的公约被公认为核心公约。

①1930年《强迫劳动公约》(第29号公约)。

②1948年《结社自由和保障组织权利公约》(第87号公约)。

③1949年《组织权利和集体谈判权利公约》(第98号公约)。

④1951年《对男女工人同等价值的工作付予同等报酬公约》(第100号公约)。

⑤1957年《废除强迫劳动公约》(第105号公约)。

⑥1958年《(就业和职业)歧视公约》(第111号公约)。

⑦1973年《准许就业的最低年龄公约》(第138号公约)。

⑧1999年《禁止最恶劣形式的童工劳动公约》(第182号公约)。

1998年国际劳工大会通过《国际劳工组织关于工作中的基本原则和权利宣言》明确提出,作为国际劳工组织成员国,"即使尚未批准这些公约,仅从作为劳工组织成员这一事实出发,所有成员国都有义务真诚地并根据《章程》的要求,尊重、促进和实现关于作为这些公约之主题的基本权利的各项原则",使得这些公约对所有会员国都具有道义和国际法律约束力。

五、国际标准化组织ISO26000社会责任标准

随着世界经济一体化的快速发展,已有的各种社会责任标准已很难适应全球化发展的需要。全球最权威的标准化组织——国际标准化组织2002年开始着手制定一部真正意义上的企业社会责任国际标准ISO26000。2010年11月1日,该标准正式颁布实施。

目前,国际范围内企业社会责任标准呈现纷繁复杂的局面,缺乏具有普遍适用性和权威性的通用企业社会责任国际标准。随着ISO26000的出台或有缓解,尽管国际标准化组织分别与国际劳工组织和联合国全球契约办公室签署备忘录,力图使ISO26000成为社会责任领域在国际上协调一致的标准,参照联合国及其专门机构相关的公约和宣言,列出相应的最佳做法。但标准突出其促进性原则,不会用于第三方认证,是一个指导性标准。

六、非政府组织(NGO)制定的社会责任标准

NGO是英文单词"Non-Governmental Organization"的缩写,直译为"非政府组织",通常与民间组织对译。随着公众社会责任意识的不断觉醒,有众多民间组织纷纷制定企业的社会责任标准,展示它们对企业社会责任的迫切关注。在众多的民间组织制定的社会责任标准中,影响比较大的主要有SA8000(美国社会责任国际制定)、英国道德贸易倡议守则等。在缺乏通用的企业社会责任国际标准前提下,这些社会责任标准被广泛运用于全世界的企业社会责任审核和认证工作。

1. ETI守则

与国际社会问责制组织一样,1998年在英国成立的道德贸易倡议组织(Ethical Trading Initiative,ETI)也是由公司、非政府组织和工会组织组成的联盟,主要面向食品和服装行业的企业。该倡议采用会员制形式,加入倡议的公司每年缴纳会费,占倡议基金的60%(另外40%由英国国际发展部资助)。道德贸易倡议组织制定了《基本守则》,包括反对强迫劳动、尊重结社自由和集体谈判权利、保证安全卫生的工作条件、禁止童工、反对歧视、

保障工资支付及合理工时,以及保障工作中的尊严等条款。

ETI守则的实施原则规定:加入倡议的公司应以明确方式公开赞同倡议、守则及其实施原则,应在公司及其供应商与转包商之间全面落实;这些成员单位应通过监察与独立核查等方式进行考评,并据此每年提交报告;工人应有权秘密举报公司违反守则的权利,公司应就违反守则的地方及时整改;如严重违反情况长期存在,公司将被要求取消与供应商的业务关系。对于那些达不到守则要求并不能按时完成整改措施的公司,道德贸易倡议组织将要求他们退出倡议活动。道德贸易倡议的监督机制由于可以干预公司业务,在某种程度上效果胜于执行国际法。

2. SA8000标准

社会责任国际的SA8000,通过跨国公司价值链延伸到世界各个国家,成为当今最具影响力的企业社会责任标准之一。(详见第二节)

第二节　SA8000标准及国际化推进

一、SA8000及其发展

SA8000(Social Accountabi1ity 8000 的简称)是基于国际劳工组织宪章、联合儿童权利公约、世界人权宣言,由美国民间组织"经济优先权委员会认可委员会"(CEPAA),后更名"社会责任国际"(SAI)咨询委员会在1997年制定的全球第一个可用于第三方认证的社会责任标准。2001年12月12日,SAI发表SA8000标准第一个修订版,即SA8000:2001。2008年5月1日,SAI发布了SA8000的第三个版本,这个新版本于2010年正式使用。2014年6月,SAI发布了SA8000的第四个版本。SA8000标准是一个通用标准,不仅适用于发展中国家,也适用于发达国家;不仅适用于各类工商企业,也适用于公共机构。其宗旨是确保生产商及供应商所提供的产品都符合社会责任要求,通过非政府组织和企业的联合行动,使劳工权利保护国际化,最终将贸易和劳工问题挂钩。

SA8000是继ISO9000、ISO14000之后出现的又一个涉及体系的重要的国际性认证标准。尽管SA8000标准不是真正意义上的国际通用标准，但由于它得到代表全球广泛利益的公司和组织的支持，加上公众和消费者对全球社会责任的压力，SA8000认证得到高度的认可，也极大地推进了企业社会责任的国际化进程。SA8000出现后，企业的社会责任认证在世界范围广泛开展起来，"社会责任"也成为社会所关注的热点和焦点，为了向采购商证明自身的企业社会责任水平争夺订单，各国企业或工厂开始主动实施SA8000认证。截至2010年6月30日，全球共有60个国家（地区）的2258家企业或组织获得了SA8000认证证书。其中，意大利认证企业数量最多，达809家，占全球认证国家（地区）总数的35.83%；其次为印度，认证企业数量为508家，占22.5%；中国位列第三，认证企业数量为355家，占15.72%。如表4-1所示。

表4-1　SA8000认证国家企业数量及百分比分布表（2010年6月30日）

国家	认证企业数量（家）	百分比（%）
意大利	809	35.83
印度	508	22.50
中国	355	15.75
巴基斯坦	122	5.40
巴西	87	3.85
罗马尼亚	75	3.32
越南	46	2.04
葡萄牙	24	1.06
西班牙	24	1.06
希腊	19	0.84
立陶宛	16	0.71
泰国	15	0.67
斯里兰卡	14	0.62
捷克共和国	12	0.53

续表

国家	认证企业数量(家)	百分比(%)
以色列	11	0.49
其他	121	5.36
总计	2258	100.00

数据来源:http://blog.sina.com.cn/u/2313497484。

从表4-1的数据可以看出,获得SA8000认证证书的60个国家(地区)里发达国家仅有16个,分别为意大利、西班牙、德国、葡萄牙、比利时、以色列、希腊、日本、法国、瑞士、英国、新加坡、荷兰、芬兰、韩国、丹麦;而发展中国家(地区)则有44个。

可以得出以下结论:第一,尽管SA8000标准是由美国的民间组织提出,并由SAI组织在全球推广,但是发达国家认证SA8000仍为少数,美国等经济贸易大国的企业从出台SA8000认证标准以来很少参与该认证,不仅说明SA8000还没有得到广大发达国家的认可,同时也说明了发达国家很有可能将SA8000作为对发展中国家的贸易"人性化"壁垒,以牵制其对外贸易的发展。第二,意大利为认证企业最多的国家,并不代表发达国家整体积极推行SA8000标准。对外贸易是意大利经济的主要支柱,传统产品为其出口创汇的主体,其中制造业占其总产值的1/4,占产品和服务业出口的3/4。意大利的出口是以机械设备、化工产品、家用电器、纺织、服装、皮鞋、金银首饰等轻工产品为主,出口产业类型多为劳动密集型产业,其国外市场也主要在欧洲。而欧洲主要为发达国家的聚集地,意大利认证SA8000标准,一方面是迫于欧洲发达国家的压力,一方面也反映出发达国家通过SA8000认证削弱其他国家劳动密集型产业优势的普遍意图。因此,随着SA8000认证的全球推广,发展中国家的对外贸易将面临进一步的压力。第三,从SAI对SA8000认证国家(地区)的分类来看,并没有秉持其所宣扬的"共同但有差别"的社会责任衡量标准,掺杂着一定的政治因素,与真正公平的国际标准还有很大的距离。

二、SA8000的主要内容

在SA8000:2014修订版中阐述的关于社会责任行为的内容主要包括以下几个方面。

1. 有关劳工的标准

①童工。公司必须按照法律控制最低年龄、少年工,学校实习,工作时间和安全工作范围。公司不应使用或者支持使用童工(任何十五岁以下的人),应与其他人员或利益团体采取必要的措施确保儿童和应受当地义务教育的青少年的教育,不得将其置于不安全或不健康的工作环境和条件下。

②强迫性劳动。公司不得使用或支持使用强迫性劳动,也不得要求员工在受雇起始时交纳"押金"或寄存身份证件。

③自由权。公司应尊重所有员工结社自由和集体谈判权。

④歧视。公司不得因种族、社会阶层、国籍、宗教、残疾、性别、性取向、工会会员或政治归属等,而对员工在聘用、报酬、训练、升职、退休等方面有歧视行为;公司不能允许强迫性、虐待性或剥削性的性侵扰行为,包括姿势、语言和身体的接触。

⑤惩戒性措施。公司不得从事或支持体罚、精神或肉体胁迫以及言语侮辱。

2. 工时与工资

①公司应在任何情况下都不能经常要求员工一周工作超过48小时,并且每7天至少应有1天休假;每周加班时间不超过12小时,除非在特殊情况下及短期业务需要时不得要求加班;且应保证加班能获得额外津贴。

②公司支付给员工的工资不应低于法律或行业的最低标准,并且必须足以满足员工的基本需求,并以员工方便的形式如现金或支票支付;对工资的扣除不能是惩罚性的;应保证不采取纯劳务性质的合约安排或虚假的学徒工制度以规避有关法律所规定的对员工应尽的义务。

3. 健康与安全

公司应具备避免各种工业与特定危害的知识,为员工提供安全健康的工作环境,采取足够的措施,降低工作中的危险因素,尽量防止意外或健康伤害的发生；为所有员工提供安全卫生的生活环境，包括给所有员工提供干净的厕所、可饮用的水、适当的进餐空间及必要时提供储藏食品的卫生设施。

4. 管理系统

公司高管层应根据本标准制定符合社会责任与劳工条件的公司政策，并对此定期审核；委派专职的资深管理代表具体负责，同时让非管理阶层自选一名代表与其沟通；建立适当的程序，证明所选择的供应商与分包商符合本标准的规定。

由于 SA8000 并非真正意义上的国际标准，并未获得各国政府和国际权威组织及国际标准化组织的承认，其认可机构仅为标准制定者 SAI（社会责任国际）本身，SAI 一般不直接对公司进行认证审核，只评估并认可具备资格从事 SA8000 认证的机构。任何企业只需直接向认证机构提出申请，由认证机构安排独立的审核，判断是否通过即可，通过认证的企业报 SAI 备案即完成认证工作。

三、SA8000认证的程序及步骤

与 ISO9000 质量体系、ISO14000 环境体系及 OHSAS18000 安全体系认证一样，SA8000 社会责任管理体系认证过程大致包括以下几个步骤。

1. 企业提交认证申请与认证机构受理申请

有认证需求的企业向认证机构提交申请书，认证机构在接到认证申请书后安排对申请认证的企业进行评审。若申请认证企业提供的材料内容符合 SA8000 认证的基本条件则予以受理，否则将不予受理。在不予受理的情况下，若经双方协商，申请企业同意由认证机构指导其认证整改工作，企业的认证申请也可列入正在申请状态。

2. 认证机构与申请认证企业签订认证委托合同

认证机构在对申请认证的企业进行实地调查或访问的基础上，"了解申请认证企业的概况，明确审核的范围，审核工作量和收集相关的资料，并就认证的相关内容如审核范围、准则、报告内容、审核时间等与申请认证企业达成共识，进而签订委托认证合同，确定正式的委托认证关系，在签订合同的同时缴纳委托认证费。"①

3. 认证机构对申请认证企业的认证预审

在委托认证合同签订后,认证机构很快成立认证审核小组,指定审核组长,开展认证预审工作。该阶段具体工作包括:①要求申请认证的企业提供社会责任管理手册,程序性文件及相关背景材料;②认证审核小组对申请认证企业提供的文件和材料进行详细的预审,如发现文件存在重大问题,即要求申请认证企业进行修改或补充,并在修改后重新提交文件。对于审核小组认为需要整改的企业,认证机构将给予时间让申请认证企业按SA8000标准进行彻底的整改。直到按照SA8000标准的要求整改完毕后,才进入正式认证审核。对审核小组认为不需要整改的个案,则可以开始准备正式的认证审核。

4. 认证机构对申请认证企业的审核及颁发SA8000认证证书

审核小组对申请认证企业进行正式的认证审核后,向认证机构提交审核报告和审核结论。一般审核结论分为三种:推荐认证注册、推迟认证注册及暂缓认证注册。SA8000的认证机构都各自设有技术委员会,技术委员会将审定来自审核小组推荐注册的机构是否获准通过,未获准技术委员会审定通过的企业,即便是审核小组初步审核通过的都一概需要重新审核。认证机构对经过其技术委员会审定通过的企业进行认证注册,并颁发SA8000认证证书,同时报SAI备案,并在其网站(www.saint.org)公布。

5. 认证机构对通过认证企业的监督审核及期满重新审核

通过SA8000认证的企业可以使用"通过SA8000认证"的相关标志,进行对外宣传和从事经营活动。为了保证SA8000的要求得到良好的实施和保持,认证机构将定期对通过认证的企业进行监督审核,并责令在监督审核中不达标企业实施整改。

此外,通过认证的企业在认证证书到期之后要求继续持有认证资格的,应在到期之前重新提出认证申请,认证机构受理后重新对企业进行换证审

---

① 黎友焕:《论企业进行SA8000认证的程序及建立SA8000的步骤》,《WTO经济导刊》2004年第9期。

核。SA8000认证一般需要1—2年时间,证书有效期为3年,每6个月进行一次监督审核,每3年需申请复审延长一次。

SA8000认证过程含有丰厚的商业利润。申请认证费需500美元;检查审核按天收费,标准费用平均每天1400美元。此外,认证企业每年必须向国际社会问责制组织缴纳5000美元或审计费用的3%作为商标使用费,并且审计人员每年必须参加国际社会问责制组织举办的收费培训班。这种商业运作不得不使人对该标准的社会责任产生疑问。SA8000在国际上也并没有足够的权威性。

第三节　ISO26000社会责任国际标准

2010年11月1日,国际标准化组织(ISO)在瑞士日内瓦国际会议中心召开新闻发布会,正式发布ISO26000《社会责任指南》。2010年11月2日,国家标准委员会在其官方网站发布《参照ISO26000制定符合中国国情的社会责任标准》,凸显中国企业当下应对ISO26000挑战的紧迫性。

一、国际标准化组织(ISO)简介

国际标准化组织(International Organization for Standards,ISO)的前身是国际标准化协会(ISA),成立于1926 年。第二次世界大战爆发后,迫使ISA停止了工作。战争结束后,大环境为工业的恢复提供了条件,于是在1946年10月14日—26日,来自中国、英国、法国、美国等25个国家的64名代表聚会于伦敦,决定成立一个新的国际标准化机构——国际标准化组织(以下简称ISO)。参加此次会议的25个国家为始创成员国。1947年2月23日,ISO宣告正式成立。ISO来源于希腊语"ISOS",即"EQUAL"——平等之义。

ISO是世界上最大的国际标准化机构,是一个全球性的非政府组织,也是世界上最大的自愿性标准制定机构。ISO拥有163个国家标准化团体成员和580个联络组织,50 000多个专家的全球网络。ISO是联合国经济与社会理事会、贸易和发展理事会最高级别的咨询组织。ISO负责目前绝大部分领域(包括军工、石油、船舶等垄断行业)的标准化活动。ISO的最高权力机构是每年一次的"全体大会",其日常办事机构是中央秘书处,其总部设在瑞士日内瓦。ISO与国际电工学会(IEC),国际电信联盟(ITU)联合形成全世界标准化工作的核心,并与世界贸易组织(WTO)结成战略伙伴关系,为支持全球市场交流和合作提供标准平台。

ISO迄今为止已公布18 000多个国际标准,几乎涉及工业、农业、建筑、机械、交通、信息、计算机和通信技术(硬件和软件)等所有传统领域。人们所熟知的ISO9000和ISO14000是ISO开发的管理实践标准系列,其中:ISO9000主要是针对质量管理所提出的要求,ISO14000则旨在使环境管理过程标准化,它们被用于全球各行各业的企业规范管理当中。ISO26000社会责任标准是ISO首次将其工作范围由技术、管理领域扩大到社会道德方面。

二、ISO26000开发目的和原则

ISO开发ISO26000社会责任标准的目的在于:

①鼓励全世界的组织改善他们的可持续发展关键绩效指标,减少其运营对环境的损害,改善员工生活条件和健康,同时有能力改善它所在的社区的生活质量,进而有助于组织为可持续发展做出贡献。

②鼓励它们除遵纪守法外,承认遵守法律是任何组织的基本职责,是它的社会责任的一个实质性部分。

③促进全球对社会责任的定义、原则和核心主题的共同理解,为其他社会责任工具和倡议提供非替代性的补充。

④向世界提供一个全面描述社会责任和系统处理这一问题的方法,从而有助于将可持续发展的理念转变为可持续发展的行动。

ISO26000开发的原则是开发ISO社会责任指南工作应当满足的先决条件,其中包括明确这项工作的特征,评价ISO工作程序,调整工作流程和方法,以及通过确保全球各个利益方全面、全程和有效地参与和共识,以满足全球市场的需求等诸多方面。

预先考虑满足开发的先决条件和因素有：

①承认社会责任包括大量的主题和议题，它们与ISO传统所处理的主题和议题存在本质的不同；

②承认政府和政府间组织在规范社会义务和期望中的作用；

③承认ISO本身不具备权威性和法律效力；

④承认全球政府间组织在社会责任领域采用的工具以及在这个领域公认的其他私有自愿性倡议；

⑤承认需要界定社会责任的活动范围，避免那些需要通过政治途径才能处理的问题；

⑥承认国际劳工组织是以三方（政府、雇主和员工）为基础、广泛定义劳工社会问题的唯一授权者；

⑦承认社会责任主题的复杂性和快速的演变特征；

⑧承认社会责任达成实质性的完全一致不可行；

⑨承认各国家之间、发达国家与发展中国家之间、全球不同地理区域之间、各个利益相关方之间以及不同性别之间的区别和差异性以及观点的多样性；

⑩承认参与和影响标准开发必要的多重平衡性。[①]

三、ISO26000的制定过程

开发ISO26000源于国际经济全球化发展的背景。2000年，国际消费组织开始关注跨国公司运营的社会和环境影响以及员工劳动条件、社会利益等方面存在的严重问题，认识到社会责任管理的迫切性。2001年，ISO下属消费政策委员会（COPLCO）向ISO理事会提交了社会责任标准化申请报告。随后理事会批准了这一申请报告，并决定设立战略顾问组（SAG）直接介入该项工作。理事会指示消费政策委员会对社会责任标准化的市场需求和可行性进行前期调研工作。2002年该委员会提交了社会责任标准

---

① 孙继荣：《ISO26000——社会责任发展的里程碑和新起点》，《WTO经济导刊》2010年第12期。

化可行性报告。2003年,由ISO技术管理局(TMB)建立的由多方利益相关方参与的ISO社会责任特别工作组完成了对世界范围内的社会责任倡议和相关问题的全面纵览。2004年开始进入实质性工作,由ISO成员单位巴西技术标准协会(ABNT)和瑞典标准化委员会(SIS)联合领导54个国家、33个联络组织开展社会责任标准制定工作,试图在社会责任标准的框架、程序性问题上达成一致。ISO26000的开发经历了一个复杂而漫长的历程,大致可分为准备、草拟和发布三个阶段,其间一共召开了8次全体会议。这些会议反映出ISO26000标准开发的历史性结果和进程,如图4-2所示。

表4-2　ISO八次工作会议

会议	时间	地点	代表性结果
第一次会议	2005/03	巴西萨尔瓦多	确定开发ISO26000,确立社会责任工作组织结构,配备下属任务小组的领导和制定特殊工作流程
第二次会议	2005/09	泰国曼谷	工作草案1(WD1)。设计规范达成一致、建立任务小组、同意任命任务组(TG)负责人的步骤、决议、不同观点、妥协。处理评注1200条
第三次会议	2006/05	葡萄牙里斯本	工作草案2(WD2)。同意对工作草案1的评论,进一步建立为增加参与人数和提高可信度的运作框架,讨论母语不是英语的参加者的困难。处理评注2040条
第四次会议	2007/01	澳大利亚悉尼	工作草案3(WD3)。进一步评论工作草案2,同意工作草案3的详细内容计划、讨论如何清楚地描述指南,使之适合所有组织,如何能最佳地识别其利益相关方,如何指导使用者在供应链上的行为。处理评注5176条
第五次会议	2007/11	奥地利维也纳	工作草案(WD4.1)和(WD4.2)。建立新的草案集成任务小组,深入讨论供应链关系的处理,第三方评价的作用,以及国家或者当地法律与国际行为规范有冲突时问题的处理。组织应该(而不是可以)报告7个社会责任的核心问题。处理评注7225条
第六次会议	2008/09	智利圣地亚哥	委员会草案1(CD1)一致同意工作草案(WD)上升为委员会草案(CD),讨论草案被视为非关税贸易壁垒,草案适应于政府机构的程度,国际规范和协定在世界各国的适用性,包括人权宣言和对中小企业的重要性。处理评注5231条

续表

会议	时间	地点	代表性结果
第七次会议	2009/05	加拿大魁北克	国际标准草案(DIS)。提高文件共识的程度,同意委员会草案上升为国际标准草案(DIS)。讨论包括:在环境和消费者问题中是否包括预警原则,在公平运营实践中是否包括公平处理供应链中实施社会责任的成本和利益,如何处理过去、现在或者将来其他有关取舍夯实责任的倡议和工具等。处理评注3411条
第八次会议	2010/05	丹麦哥本哈根	准备最终国际标准草案(FDIS)投票,多利益相关方多方位的辩论,其中包括:讨论ISO26000中引用现有认证标准和自愿性倡议的程度,当国家法律和传统习惯与联合国文件表达的国际规范不一致时、使用者如何处理,对发展中国家、全球跨国公司、中小企业以及非营利或者公共服务组织的适用性,对世界贸易和国际义务的影响,预警方法,指南普遍适用性及某些法律验证等。总体达成共识,结束最终谈判,是将标准最终推向成熟阶段的决定性一步。处理评定标准2400条

信息来源:孙继荣,ISO26000——社会责任发展的里程碑和新起点》,《WTO经济导刊》2010年第10期。

四、ISO26000的内容

制定ISO26000的目的在于促进全球对社会责任的共同理解,借鉴社会责任的最佳实践,向全世界愿意应用ISO26000的所有组织(不仅限于企业),提供一个有助于践行社会责任的框架性指南,为支持组织实现可持续发展做出贡献。其具体内容为:

(一)定义社会责任

为给组织及各利益相关方建立一个共同的交流平台,为组织履行社会责任提供可靠的参考指南,建立同一语境下的社会责任定义成为ISO26000首先要解决的问题。ISO26000把社会责任推广到任何形式的组织,社会责任不仅仅适用于企业,对各类型的组织尤其是非营利组织同样适用。它将社会责任定义为:"通过透明和道德行为,组织为其决策和活动给社会和环境带来的影响承担的责任。这些透明和道德行为有助于可持续发展,包括健康和社会福祉,考虑到利益相关方的期望,符合适用法律并与国际行为规范一致,融入整个组织并践行于其各种关系之中"。

ISO26000的社会责任定义,主要规定了组织要为其行为造成的后果和影响承担责任的原则,并规定组织要充分考虑到利益相关方的期望,通过透明和道德行为努力造福于社会。

(二)界定ISO26000的核心内容

ISO26000社会责任指南要处理的核心内容包括社会责任的概念、定义和方案、社会责任发展背景、趋势和特征、社会责任的原则和实践、识别利益相关方及利益相关方参与、社会责任核心主题和活动领域、社会责任实际融入组织、通过社会责任实现可持续发展等,具体结构设置如下。

ISO26000标准除前言与引言外,共设有七章内容。

第一章范围。强调本国际标准为所有类型组织提供指南,无论其规模大小和所处何地。这同时就是强调社会责任的定义适用于任何组织,除行使主权职责时的政府以外。

第二章术语和定义。影响社会责任发展并继续影响其性质和实践的因素、条件和重要问题。同时明确社会责任的相关概念——社会责任意味着什么,它如何应用于组织,组织的社会责任、社会责任的新趋势、社会责任的特征、国家与社会责任等。

第三章了解社会责任。回顾了社会责任的发展历史和当前趋势,特别是介绍了社会责任的特征以及社会责任概念与可持续发展概念之间的关系。

第四章社会责任原则。介绍了担责、透明度、合乎道德的行为、尊重利益相关方的利益、尊重法治、尊重国际行为规范、尊重人权等七大社会责任基本原则。

第五章社会责任两大基本实践。组织对其社会责任的辨识和识别利益相关方并促其参与。

第六章社会责任核心主题指南。阐述与社会责任有关的核心主题和相关问题,针对每个核心主题,就其范围和与社会责任的关系、相关原则与思考以及相关行动与期望等提供了信息,包括组织治理、人权、劳工、环境、公平运营、消费者问题、社区参与和发展等方面。将组织的决策和活动划分为七大主题,确保组织在七大主题及其37个议题内表现出"对社会负责任的组织行为"。

第七章社会责任全面融入组织指南。提供将社会责任融入组织实践中的方法,包括:组织的特征与社会责任的关系、理解组织的社会责任、企业贯彻社会责任实践、社会责任沟通、提升社会责任的可信度、审查和改进组织的社会责任相关行动与实践、自愿性社会责任倡议等。

ISO26000标准的具体内容如下:

第一章　范围

ISO26000的适用范围;

应用ISO26000的某些限制;

ISO26000除外的情况。

第二章　术语和定义

本章中部分术语的定义:

组织

组织是赋有责任、权威和关系以及可识别目标的实体或人员群体和设施。

社会责任

一个组织用透明的、合乎道德规范的行为,对它的决策或者活动在社会和环境中产生的影响负责,这些行为:

(1)有利于可持续发展,其中包括健康和社会福利;

(2)考虑利益相关方的期望;

(3)与现有的法律保持一致,并符合国际行为规范;

(4)融入整个组织,并落实到组织与利益相关方的关系中。

利益相关方

利益相关方是那些在一个组织的决策和活动中有利益的个人或群体。

利益相关方参与

利益相关方参与是在一个组织和它的一个或多个利益相关方之间,为建立对话机会而进行的活动。其目的是为组织的决策提供广泛的信息基础。

供应链

供应链是一个相关序列,这个序列由那些向组织提供产品或服务的活动或活动伙伴所组成。

可持续发展

可持续发展是指满足当代的需求而不危及后代满足他们自身需求能力的发展。

注释:可持续发展是关于高质量的生活和健康、社会公正、繁荣和维持地球生物多样性供给能力的综合目标。社会、经济和环境的这些目标相互联系并相互支持。可持续发展可以视为表达社会整体更为广泛的期望的一种方式。

影响范围

政治、经济、合同或其他关系的范围/程度,利用它组织有能力影响个人的或组织的决策或活动。

第三章 理解社会责任

1. 组织的社会责任:历史背景

社会责任的基本内容反映特定时间社会的期望,因而是变化的。当社会关注发生变化时,对组织的期望也将随着这些关注的变化而改变。

2. 社会责任的新近发展

全球化对组织、社会和环境的影响,组织在金融危机中可持续发展的要求以及利益相关方对组织的压力等因素构成组织要履行社会责任的背景。

3. 社会责任的特征

社会责任的实质性特征是,一个组织把对社会和环境的考虑融入它的决策的意愿和对其决策和活动所造成的社会和环境影响负责：

1）概述；

2）社会的期望；

3）利益相关方在社会责任中的作用；

4）融入社会责任；

描述性别平等的重要性和它与社会责任有何关系。

描述本国际标准怎样覆盖中小组织的活动。

5）社会责任与可持续发展的关系。

4. 国家

本国际标准不能代替、更改或以任何方式替换国家在公共利益中行使的职责。

第四章　原则

1. 问责

组织应当对其在社会、经济和环境方面产生的影响负责,这表明组织应当接受相应的审查,同时也接受对审查做出回应的义务。

2. 透明

1）一个组织应该对在社会和环境中产生影响的决策和活动保持透明。

2）一个组织应该以清楚、精确、完整的方式,合理而充分地披露在社会和环境方面承担责任的政策、决策和活动,其中包括已知的和会有可能产生的影响。

3. 道德行为

一个组织的行为应该符合社会道德规范。

一个组织的行为应当以诚信、平等、公正的价值观为基础,这意味着要考虑到人、生物和环境,并且承认它的活动和决策对各利益相关方的利益的影响。

4. 尊重利益相关方的利益

一个组织应当尊重、考虑利益相关方的利益和回应。

尽管一个组织可能会仅以它的雇主,雇员,客户或组织成员的利益为目的,但是同时也要考虑到其他个人或者团体的利益、要求、或者特殊兴趣。

5. 尊重法治

一个组织应当承认尊重法治是强制性的。

法治指的是法律至上,尊重法治意味着一个组织遵守现行的法律和法规。

6. 尊重国际行为规范

一个组织应该尊重国际行为规范,同时坚持尊重法制的原则。

7. 尊重人权

一个组织应该尊重人权,并且承认人权的重要性和普遍性。

第五章 承认社会责任和利益相关方参与

这部分陈述了社会责任的两项基本实践:即一个组织承认它的社会责任,识别它的利益相关方并使其参与。

承认社会责任包括:识别因组织决策和活动的影响产生的议题,以及处理这些议题有助于可持续发展的方法。

承认社会责任也包括承认组织的利益相关方。

组织承认社会责任应当理解三个关系:组织与社会之间的关系,组织与它的利益相关方之间的关系,利益相关方与社会之间的关系。一个组织在承认其社会责任的时候,需要同时考虑三个关系。

一个组织承认社会责任的有效方法是,了解社会责任的核心主题和相关的议题。

承认社会责任还包括确定组织的影响范围。

利益相关方识别和使其参与是处理一个组织社会责任的问题的中心所在。

当具备以下条件时,利益相关方的参与会更有意义:明确理解利益相关方参与的目的,识别利益相关方的利益,确定在组织和利益相关方之间由利益所产生的直接的和重要的关系,确定利益相关方利益与可持续发展的关联性和重要性,确认利益相关方获得必要的信息并明白自己的决定。

第六章　核心主题

为了确定社会责任的范围,识别相关议题和确定重点所在,一个组织应当处理七个核心主题。

1. 组织管理

有助于社会责任的决策过程和结构,促进社会责任的核心原则和基本的实际应用。

2. 人权

1)尽职调查。

2)人权风险形势。

3)避免同谋。

4)投诉处理。

5)歧视弱势群体。

6)公民权和政治权。

7)经济、社会和文化权利。

8)劳工基本原则和权利。

3. 劳工实践

1)就业和就业关系。

2)工作条件和社会保护。

3)社会对话。

4)职业健康和安全。

5)人力开发和职业相关能力培训。

4. 环境

1)防止污染。

2)资源可持续利用。

3)缓和并适应气候变化。

4)保护环境——生物多样性和恢复自然生存环境。

5. 公平运营

1)反腐败。

2)政治参与责任。

3)公平竞争。

4)促进价值链的社会责任。

5)尊重产权。

6. 消费者议题

1)公平营销,客观真实的信息和公平交易。

2)消费者健康和安全保护。

3)可持续消费。

4)消费者服务、支持和争端的处理。

5)消费者信息保护和隐私。

6)重要服务的获得。

7)教育和意识。

7. 社区参与和发展

1)社区参与。

2)教育和文化。

3)就业机会创造和技能发展。

4)技术开发和获取。

5)财富和收入创造。

6)健康。

7)社会投资。

第七章　社会责任融入整个组织

1. 概述

提供组织将社会责任付诸实践的指南。无论一个组织社会责任的起点如何,它都有可能将社会责任融入组织运营的方式之中。

2. 组织特征与社会责任的关系

确定组织的关键特征与社会责任的关系,为整个组织融入社会责任提供事实基础。

3. 理解社会责任

1)尽职调查。

2)确定核心主题和议题与组织的相关性和重要性。

3)评估组织的影响范围。

4)建立处理议题的优先权。

4. 社会责任融入整个组织的实践

1)社会责任意识的提高和能力建设。

2)确定组织社会责任的方向。

3)将社会责任融入组织管理,体系和流程。

5. 社会责任沟通

1)社会责任沟通的作用。

2)社会责任相关信息的特征。

3)社会责任沟通的方式。

4)利益相关方对话沟通社会责任。

6. 提高社会责任的可信度

1)提高可信度的方法。

2)提高社会责任报告和声明的可信度。

3)解决组织和利益相关方之间的冲突和分歧。

7. 评价和改善组织的社会责任行动和实践

1)概述。

2)监控社会责任活动。

3)评价组织社会责任的进展和绩效。

4)提高数据信息采集和管理的可靠性。

5)改进绩效。

8. 自愿性社会责任倡议

1)概述。

2)参与的自愿性特征。

3)考虑因素。

4)附录 A 注解。

附录A　自愿性倡议和社会责任工具举例

提供一系列非完整的社会责任自愿性倡议和工具。这些倡议和工具处理社会责任的一个或者若干核心主题,或者处理社会责任融入整个组织的问题。其中A1为跨行业的倡议,A2为有关具体行业的倡议。

附录B 缩略术语

包括ISO26000中使用的缩略术语。

附录C 文献目录

ISO26000参考资料来源,包括引用的权威性的国际工具和ISO标准。

(三)确立组织开展社会责任活动应遵循的原则

国际标准化组织规定在应用ISO26000标准时,建议组织要考虑社会、环境、法律、文化、政治和组织的多样性以及经济条件的差异性,同时尊重国际行为规范。

此外还规定了组织实施ISO26000标准应遵循以下七项核心原则,包括担责、透明、良好道德行为、尊重利益相关方的利益、尊重法治、尊重国际行为规范、尊重人权等。

(四)提供处理社会责任实践的指导

ISO26000详细描述将社会责任融入组织的方法,为组织提供处理社会责任实践的指导。ISO认为组织实施ISO26000应满足如下条件:

①尊重文化、社会、环境和法律及经济发展条件的差异,有助于组织处理其社会责任;②提供实现社会责任可操作化的指南;③识别利益相关方并促进其参与;④强调绩效成果及其改进;⑤提高社会责任报告的可信度;⑥提高客户及利益相关方对组织信心和满意度;⑦促进社会责任领域术语统一;⑧保持与现有国际文件、条约、公约和其他ISO标准一致;⑨不削弱政府处理组织的社会责任的权威;⑩增强社会责任意识。

五、ISO26000的特点

1. 用社会责任（SR）代替企业社会责任（CSR），统一概念

社会责任的定义是整个ISO26000中最为重要的定语，而ISO用SR代替CSR，就使得以往只针对企业的指南扩展到适用于所有类型的组织。ISO秘书长Rob Steele在指南发布的当天接受记者采访时指出，最初社会责任工作组讨论的是企业社会责任，但是各方很快意识到CSR的七项原则不仅适用于私人部门，同样适用于公共部门，原则确定的七项主题——组织管理、人权、劳工实践、环境、公平运营、消费者权益、社区参与和发展同样都适用于公共部门，所以把CSR推广到SR是顺理成章的事情。

撇开这些细节，ISO把CSR推广到SR，使得指南的适用范围大为扩展，其重要性有了显著性的提升，这个变化是整个社会责任运动的里程碑，也是ISO自身的里程碑，因为这是ISO第一次突破技术和管理领域，涉足社会领域标准的制定。

2. 指南全面系统，适用于各种类型国家的各类组织

ISO26000标准参照和引用了68个国际公约、声明和方针，其正式文本有109页，重点描述了"社会责任七个原则"和"七个核心主题"。与其他社会责任标准比较，ISO涉及的内容更广更全面。

无论是发达国家还是发展中国家，无论是有关公共的或是私人部门的各种类型的组织，ISO26000均可以适用，但是不包含履行国家职能、行使立法、执行和司法权力，为实现公共利益而制定公共政策，或代表国家履行国际义务的政府组织。

3. 不是管理标准，不用于第三方认证

ISO26000的总则中强调，ISO26000只是针对组织履行社会责任的"指南"和指导方针，不是管理体系，不能用于第三方认证，不能作为规定和合同而使用，从而和质量管理体系标准（ISO9000）以及环境管理体系标准（ISO14000）显著不同。任何提供认证或者声明取得认证都是对ISO26000意图和目的的误读。因为ISO26000并不"要求"组织做什么，所以任何认证都不能表明遵守了这一标准。

4. 提供了社会责任融入组织的可操作性建议和工具

指南的一个重要章节探讨社会责任融入组织的方法,并给出了具体的可操作性的建议,指南的附录A中也给出了自愿性的倡议和社会责任工具,从而使组织的社会责任意愿转变为行动。指南致力于促进组织的可持续发展,使组织意识到守法是任何组织的基本职责和社会责任的核心部分,但是鼓励组织超越遵守法律的基本义务。指南促进了社会责任领域的共识,同时补充其他社会责任相关的工具和先例,而并非取代以前的成果。

5. 前所未有的利益相关方的广泛参与和独特的开发流程

社会责任指南制定的五年中,有来自99个国家的400多位专家参与开发,和市场有关的利益相关方被分成6组:工业、政府、消费者、劳工(工会)、非政府组织和科技、服务等(SSRO)。这6个小组分别组成6个工作组,各组内部形成自己的意见,并在彼此之间相互讨论,最终达成统一意见。由此看来,广泛的利益相关方参与确保了指南的合理性和权威性,是指南最终高票通过的关键。

同时,ISO26000具有独特的开发流程,ISO在技术管理局下直接设立社会责任工作组(ISO/WGSR),工作组主席由来自巴西和瑞典的专家共同担任,平衡了发展中国家和发达国家的关系,工作组成员包括6个利益相关方,并在区域和性别上保持平衡,各成员国按照利益相关工作组推荐专家,并在国内组成对口的委员会;同时,建立基金支持发展中国家的参与。这种流程确保了利益相关方的平衡,从而对最终达成国家层面和利益相关方层面的两层共识起到了重要作用。

6. 发展中国家的广泛参与

如上所述,在工作组的成员分配上,发展中国家和发达国家具有同等地位,工作组的主席由发展中国家和发达国家的专家共同担任;同时,在参与开发的99个国家中,有69个是发展中国家。由此可见,发展中国家确实广泛参与了ISO26000的制定过程。

7. 和多个组织建立合作关系,推广了社会责任相关的实践

ISO和联合国的国际劳工组织(ILO)、联合国全球契约办公室(UNGCO)、经济合作与发展组织(OECD)都签署了谅解备忘录,同时和全

球报告倡议组织(GRI)、社会责任国际(SAI)等组织建立了广泛而深入的联系,确保这些组织能参与到指南的开发过程中,从而使得指南不是替换,而是补充和发展了国际上存在的原则和先例。

8. 共同性和差异性原则

ISO26000首次对组织社会责任做出普遍性定义,确定了社会责任的基本原则,并对处理核心主题及相应活动提出了原则性的推荐建议。同时,在ISO26000总则中指出,应用指南时,明智的组织应该考虑社会、环境、法律、文化、政治及组织的多样性,同时在和国际规范保持一致的前提下,考虑不同经济环境的差异性。也就是说,在国际范围内,社会责任的含义和实践既具有共同性又具有差异性。这也是为什么ISO26000设定为指南而非标准的一个重要原因。

六、ISO26000与现有国际社会责任工具的关系

在ISO26000诞生之前,已存在诸多国际社会责任倡议、标准、指南等社会责任指导和评价工具。但在社会责任发展的历程中,若干相继被采用的社会责任评价工具并未使应用者对社会责任工作获得全面、清晰的理解,从应用的角度讲,现有的倡议、标准和指南中,每个工具都是从不同的角度集中处理社会责任的单个或多个方面的议题,也没有一个能全面地处理社会责任所包含的各个方面的议题。

ISO26000是联合国及全球契约等若干文件系统化融合的结果,它不替代自愿性、可持续发展标准和倡议;以ISO26000为基础,使掌握和比较现有的倡议和标准更为容易;ISO26000可作为促进标准和倡议间的合作、统一和相互认可的平台。ISO26000是继国际劳工组织公约、联合国全球契约之后,在国际社会讨论中形成的一个最重要的参考文件,旨在为全面推进人类的可持续发展做出贡献。

七、ISO26000:社会责任发展的里程碑和新起点

ISO26000颁布的意义在于:在全球建立了统一的社会责任沟通平台和评价标准。社会责任从CSR到SR的这一推广,只有一字之差,但它表明

的是,社会责任的现象和关注点从企业向全社会转变。并且,ISO26000标准为组织明确了社会责任的原则,确定了践行社会责任的核心主题,描述了可持续发展具体目标、将社会责任融入组织战略和日常活动的方法。ISO26000是国际各利益相关方博弈和对社会责任达成基本共识的最终成果,对社会责任的发展具有里程碑意义和价值。

ISO26000社会责任管理体系16 500项标准主要从以下三方面对可持续发展起到巨大的推动作用:

①贸易便利化、良好的商业运作和新技术的协同和普及促进经济增长。

②推行良好环境管理和标志,支持气体排放贸易计划中的温室气体排放量测算及验证,发布大气、水质、土壤质量、能效及可循环能源相关标准以保证环境体系的完整性。

③支持社会平等、消费者权益保护和知情权、安全生产、卫生技术和服务以及社会责任有关标准的实施。

随着ISO26000标准的适用和不断修正必将成为全球范围内最具影响力和约束力的国际通用标准,这是全球经济一体化的必然要求,也是应对全球企业社会责任危机的市场呼唤,更是企业利益相关者的共同愿望。ISO26000社会责任标准虽然只是个指导性标准,但对整个商业社会的影响显而易见。

总体而言,ISO26000是国际标准化组织在广泛联合了包括联合国相关机构、GRI(全球可持续性发展报告协会)等在内的国际相关权威机构的前提下,充分发挥各会员国的技术和经验优势,制定开发的一个内容体系全面的国际社会责任标准。它兼顾了发达国家与发展中国家的实际情况与需要,并广泛听取和吸纳各国专家意见与建议。尽管由此也导致了其出台过程相对漫长,但可以预见,该标准的诞生将会在更大范围更高层次上推动全球社会责任运动的发展,也必将深刻影响各类组织的行为和走向。

第四节　社会责任国际标准对中国民营企业的影响及对策

一、SA8000和ISO26000的比较

在社会责任发展的历程中，多年来已有若干国际倡议、标准、指南等工具相继被采用。问题在于，一方面，应用者对于众多不同的社会责任工具难以获得全面、清晰的理解。另一方面，从应用的角度讲，现有的倡议、标准和指南中，没有一个是全面地处理了社会责任的所有各个方面的议题，每个工具都是从不同的广度和深度，分别集中处理社会责任的单个或多个方面的议题。对于一个全球化的市场来说，无论发达国家还是发展中国家，都应有适应全球的指导准则，都要将社会责任的基本原则协同一致，使当今世界的社会责任及其核心主题和活动领域，在不同的情况下，有基本相同的规则和基本相同的理解。从SA8000到ISO26000，体现出在不取代现有社会责任倡议、标准、指南等工具的前提下，实现现有的社会责任倡议、标准、指南等工具的和谐统一，建立全球社会责任共识的基本平台的想法。

SA8000由SAI在1997年颁发，但直到2003年，SA8000才因为中国国内相关媒体的报道而引起舆论关注，相关咨询和认证机构在介绍该标准时，更是把其当作国际标准来宣传。实际上，SA8000只是一个国际化的标准，而不是一个国际标准。ISO26000则是第一个社会责任的行动指南，明确指出了社会责任的主体是组织，几乎所有类型的组织即责任承担主体都将受到程度不一的影响，既包括所有类型的企业，又包括各种类型的公共部门组织和非政府组织。指南同时指出，一个组织的社会责任就是组织对其决策及活动给社会及环境造成的影响所承担的责任。在遵守适用法律并与国际行为规范一致的前提下，充分考虑利益相关方的期望，通过将社会责任理念融入组织及组织各种活动涉及的各种关系之中，促进可持续发展和增进社会健康和福利。ISO26000既不是管理体系标准，也不用于认证，只是向组织提供社会责任的指南，可以用作公共政策活动的一部分。尽管ISO26000指南对组织不具有强制约束性，也一再强调并不适用于认证，但

它的确对所有组织履行社会责任提出了明确的规范要求,而且就如何将履行社会责任要求融入组织提供了指引。因此,ISO26000是第一个真正关于社会责任领域的全球标准,第一次在全球范围内形成对社会责任概念的共同理解,第一次将全球范围的社会责任理念和实践进行系统总结,是全球智慧的结晶。

ISO26000不以认证为目的的这些特点,让ISO26000与大众所熟知的如SA8000等社会责任标准有着显著区别,改变了过去发达国家在标准开发中占主导地位的情况,采取一些措施支持发展中国家,使之有机会在同一个平台积极参与。从SA8000到ISO26000,标志着组织管理范式从单一责任管理为中心转变到以社会责任管理为中心的全面责任管理阶段。组织管理开始进入社会责任管理新时代。两者的区别主要体现在以下方面:

(一)对社会责任的认知不同

SA8000对社会责任的认知停留在"是否应该做"这种道德层面,而ISO26000则首次在全球范围内定义了社会责任,认为社会责任是"一个组织用透明、合乎道德规范的行为,对它的决策或者活动在社会和环境中产生的影响负责",其性质是"对社会负责任的组织行为",隐含着要求组织基于社会价值考虑组织行为的过程和结果。从该定义中可以看出,其已经转变为"需要做什么"这种实际要求,即组织应坚持问责、透明、道德行为、尊重法治和国际行为规范、保障人权以及尊重利益相关方利益等原则,把对社会和环境的考虑融入组织决策的意愿,确保组织决策和组织活动与社会期望相一致。因此,该定义是对传统社会责任理念、履行思路和社会责任行为的颠覆,在更高层次上回答了组织为什么应履行社会责任的问题。企业社会责任的各种认识误区从此也开始得到澄清,企业社会责任的全球化发展从此有了共同的认识基础。

(二)适用范围不同

SA8000适用于"世界各地、任何行业、不同规模的公司",并没有涉及政府、NGO及非营利性组织的社会责任。SA8000对社会责任的定义仅仅局限为企业社会责任,但是通过仔细阅读SA8000可以发现,虽然名义上是企业社会责任,但是认证内容基本上只涉及劳工保护,且SA8000的具体条款大多缺乏实质性衡量指标,实践操作过程中具有很大困难。加上各国消费者及社会各界对SA8000的了解不多,所以即便是美国的国家标准化组织(ANSI)也尚未承认SA8000标准。而ISO26000在这方面则取得了突破,它界定了社会责任的核心主题有七个方面,明确了社会责任的基本思路与基本原则,是站在全球平衡和可持续发展角度思考得出的结论。ISO26000把CSR推广到SR,使得适用范围大为扩展,且该指南全面系统,适用于各种类型国家的各类组织。

(三)性质和功能不同

SA8000标准是由发达国家民间组织制定并推动在全球范围内得到认可的。在这一过程中,没有考虑发展中国家的利益诉求,而且SA8000以其隐秘性和欺骗性的条款往往诱使发展中国家的出口企业进入"认证陷阱",其复杂的认证程序、高昂的认证费用、繁琐的认证手续必将大大增加企业成本,成为抵扣企业利润的重要因素,从而充分达到了保护发达国家产业、削弱发展中国家竞争优势的目的。黎友焕(2004)认为,SA8000作为一个认证体系,虽然其宗旨是好的,但是在关税和非关税壁垒不断被削减的今天,非常容易被贸易保护主义者所利用,成为限制发展中国家劳动密集型产品出口的工具。而ISO26000属于行动指南,其明确指出"它不试图用于或不适用于认证目的,或者法规或合同用途。任何进行ISO26000认证的提议或接受ISO26000的声明均是对本国际标准的用意和意图的错误表述以及误用。由于本国际标准不包含要求,任何此类认证均不表明符合本国际标准"。这就有助于发挥国际标准的积极作用,从而避免成为发达国家限制发展中国家的借口和说辞。

(四)在社会责任发展历程中的地位不同

SA8000是企业社会责任发展过程中首个社会责任规范的国际化标准,它的应用标志着人类社会从只重视资本、科技的发展,转到了以人为本、以社会责任为己任的发展上来,它要求企业在赚钱的同时必须承担起对环境和利益相关者的责任,其宗旨是确保供应商所供应的产品符合社会责任标准的要求。而ISO26000则提出了社会责任的行动指南,是全球第一个社会责任国际标准。其不仅提出了社会责任的基本实践(一是组织承认它的社会责任,即承认组织与社会之间的关系、组织与它的利益相关方之间的关系、利益相关方与社会之间的关系;二是组织识别它的利益相关方并使其参与组织社会责任的承担与实践),还提出了社会责任的组织渗透,即要把社会责任融入一个组织的管理体系,将社会责任在组织决策和活动中置于优先位置,使社会责任成为组织的一致行为。它使得社会责任的关注点由企业向全社会转变,站的角度更高,考虑的问题更全面。

(五)在国际贸易中发挥的作用不同

SA8000在为社会责任标准化积极探索的同时,亦被指责是"社会责任"和"贸易壁垒"的双面孔。这些标准既有推动企业社会责任进步的积极作用,又是对企业开展国际贸易所设置的人为限制,是对经济全球化的阻碍。这种消极影响是通过设置社会责任门槛、标准认证实现的。而ISO26000开发目的和开发定位,则回避了既有标准的"壁垒"责难。ISO26000指出,其开发目的在于"鼓励全世界的组织改善他们的可持续发展关键绩效指标,同时有能力改善它所在的社区的生活质量,进而有助于组织为可持续发展做出贡献"。而ISO26000的定位,是它不作为社会责任管理标准而开发,而仅仅是社会责任的实用指南,不为合同或法律法规所采用,为其他相关工具和手段提供叫"非替代性"的补充。从中可以看出,ISO26000的开发,排除了基于认证、法律和合同角度的"壁垒"特性,完全着眼于推动组织及利益相关方的社会责任,推动全球视野下的可持续发展。

通过上述比较分析,我们不难看出SA8000的局限性,从SA8000到ISO26000是社会责任评价标准的一次质的飞跃和价值提升。ISO26000就社会责任的定义和组织需处理的社会责任主题达成了国际一致意见,为将社会责任理念转化为有效的实践提供指南,对全人类的可持续发展及全球企业社会责任运动产生巨大的良性推动作用。但迅速推高的企业社会责任要求却会在一定程度上对我国经济的发展、企业参与竞争形成现实的挑战,我国政府和企业必须引起高度重视,积极采取应对措施。

二、ISO26000 对我国企业的影响

1. ISO26000 的正面导向作用

ISO26000 的实施有利于我国转变经济增长方式,更好地实现可持续发展;可以督促民营企业为其决策和活动给社会和环境带来的影响承担责任,增加商业行为的透明度、尊重利益相关方的利益、遵守道德准则、尊重法治、尊重国际行为规范、尊重人权;有利于维护利益相关方利益,优化组织治理结构;有利于塑造良好的社会组织形象,提高企业美誉度,把责任竞争力作为参与市场竞争的重要资源,从而改善民营企业与利益相关者的关系,推动中国的可持续发展局面的真正到来。

2. ISO26000 带来的挑战

由于英美等发达国家对社会责任的理论研究和实践操作均比发展中国家更早、更深入,而且在 ISO26000 的制定过程中,绝大多数的非政府组织和国际专家也来自发达国家和地区,并居于积极而主动的地位;同时,也由于当前发达国家主导国际贸易游戏规则的格局依旧没有改变,欧美跨国企业和社会组织极其可能成为推动 ISO26000 标准认证的最前沿、最重要力量,因而 ISO26000 引领了国际社会责任运动发展已经成为不能回避的事实,这必然会给中国政治、经济、社会环境等诸多方面带来严峻挑战。

中国社科院 2010 年 11 月 3 日发布的《企业社会责任蓝皮书》指出,ISO26000 的颁布实施将使众多的中国中小企业受到冲击。如果我国不切实际地选择或被迫选择承担高水平的社会责任标准,将可能延缓中国工业化的进程、制约经济发展。

蓝皮书还指出,中小企业在国际贸易中缺少谈判能力和市场竞争力,在社会责任认证方面完全处于被动地位。ISO26000 中的某些要求较高的条款对中小企业来说,风险更大。一旦中小企业无力承担这些条款,或者履行社会责任没有被充分认可,它们可能面临失去信誉甚至破产的危机。具体来说,我国企业面临的挑战主要有以下几个方面。

(1)加大企业生产成本,降低经济利润

尽管ISO一直声称,ISO26000不同于ISO9000和ISO14000,它既不是管理标准也不作为认证标准,仅是一个自愿性国际指导标准,使用者可以自愿选择,但一些ISO官员又承认,别的组织用该标准去认证也无法限制。一些非政府组织及部分利益集团坚持该标准应按照管理体系的标准来编制,实际上是要为将来开展认证或认可埋下伏笔。笔者也认为,虽然对ISO26000开展认证还存在很多争议问题,但对ISO26000开展认可活动却非常现实,而且也具备了相当充分的条件。一旦展开ISO26000的专业认证或认可工作,一个最基本的问题不可避免——成本增加。

新增加的成本主要包括两部分:显性成本和隐性成本。显性成本主要由以下三部分组成:一是认证或认可成本,即组织为取得ISO26000认证或认可资格所付出的费用,包括咨询费用、专家评估费用、检查费用、审核费用、监督费用、工本费等;二是改造成本,即企业为达到ISO26000的各项要求所付出的改造成本,如改善员工的工作条件、社会保障、安全卫生、人力资源培训以及环境保护等活动而支出的成本;三是附加成本,即组织在认证或认可后期的宣传成本等。隐性成本包含企业没有获得ISO26000认证或认可的机会成本,认证或认可过后增加的劳动力成本、环保成本等。短期内成本的大幅上升必然会给企业的持续经营带来不小的压力,特别是对于中国数目庞大的参与国际贸易的中小企业(民营企业)而言,这将成为摆在眼前的现实压力。[①]

(2)ISO26000有可能成为"柔性贸易壁垒"

当前,我国遭遇的贸易摩擦正在向常态化演变,贸易摩擦呈现多样化、综合化和隐蔽化的特点,中国对外贸易的环境有进一步恶化的趋势。随着传统贸易壁垒逐步走向分化,关税、配额和许可证等壁垒的作用逐渐弱化,反倾销等传统贸易壁垒虽然在相当长时间内仍继续存在,但以绿色贸易壁垒为核心的新贸易壁垒形式不断发展。ISO26000具备了隐蔽性、欺骗性、

---

① 黎友焕、魏升民:《企业社会责任评价标准:从SA8000到ISO26000》,《学习与探索》2012年第11期。

普适性的特点,其既满足了社会公众对企业遵循道德伦理的要求、又符合可持续发展的理念,加之ISO赋予其权威性、公正性的合法外衣,从而使得ISO26000有可能成为发达国家和地区实行贸易保护主义的主要手段和高级形式。因而ISO26000有可能成为潜在的、未来具有重大影响力的"柔性贸易壁垒"。[①]一旦ISO26000在全球范围内普遍用于认证或认可成为现实,西方国家可能会利用ISO26000标准抬高进口门槛甚至排斥中国产品出口,这无疑会加重我国对外贸易的问题。

(3)如何争得社会责任领域的国际话语权对发展中国家而言是个不小的挑战

ISO26000标准主要是由西方国家主导制定的,这个标准的制定权和话语权都被西方国家所掌握,是欧美发达国家及其社会责任组织在起主导作用。虽然ISO26000的制定过程中考虑到了发展中国家的呼声,但是因为发达国家和发展中国家处于不同的社会发展阶段,在政治、经济、文化、信仰、价值观、产业结构等诸多方面都存有极大的差异,这就要求对ISO26000标准的遵循进行具体问题具体分析。鉴于ISO26000的普适性,社会责任行为开始涉及超越国界的利益相关方的利益诉求,因而如何有效协调好各方的利益诉求、特别是如何处理好发展中国家和发达国家在经济、文化、社会、价值观等方面的差异,也是国际社会面临的巨大压力。

但是,以上诸多挑战并不能成为中国减缓社会责任建设步伐的理由,况且中国也参与了该标准的制定工作并已经承诺和接纳了该标准的实施。近年来,中国的许多企业一直尝试在接纳各种社会责任标准,但基于现实国情和经济发展情况考虑,中国必须充分考虑和重视ISO26000标准对中国可能产生的影响,从而一方面要积极参与ISO26000标准社会责任国际标准的制定、修改和应对工作,提高话语权、主动权和影响力;另一方面,也要认真做好ISO26000的研究制定和实施推广工作,变挑战为机遇。

---

① 柔性贸易壁垒指的是贸易条款中包含对社会责任的考虑,表面虽宣称为自愿性措施,但实质上逐步呈现出法规化要求的趋势。

三、ISO26000带来的新机遇

ISO26000的发布对我国来说是一把双刃剑，在带来挑战的同时，也给我国经济、社会的发展带来了新机遇，我国企业及组织的社会责任运动有了科学、规范、系统的准则指导，具体来说，主要有以下几个方面：

1. ISO26000必然会成为我国企业变革战略运营规划的重要工具

ISO26000强调要把"社会责任融入一个组织的管理体系，作为履行社会责任的至关重要的内容"，并对如何开展这方面工作做了比较系统的描述。在新形势下，企业要想获得竞争优势，就要承受住来自社会公众的外在压力，企业的经营活动要考虑外部公众的利益诉求，并且尽量对其进行满足，因为社会公众是企业外部消费者的重要来源，企业外部消费者手中握着重要的"货币选票"（货币选票指的是市场中消费者购买某一种商品时所花费的货币就好像选票，获得选票越多的商品，市场地位则越高）。他们有选择消费或不消费某种产品的权利。当越来越多的消费者开始信任并选择通过ISO26000认证的产品时，企业必须把ISO26000纳入其战略管理中，变为组织变革的重要工具，[①]从而促使企业更重视社会责任，使得企业从根本上健康发展。

2. ISO26000既是可持续发展理念的延续，也与我国的科学发展观不谋而合

可持续发展最早是于20世纪70年代由美国世界观察研究所提出，后经广泛传播由世界环境委员会于1987年在《我们共同的未来》中提出了经典定义，即"可持续发展是既满足当代人需求，又不对后代人满足其需求的能力构成危害的发展"。可持续发展是为了让人类得到健康、安全、永续的发展才被提出的，它包括生态的可持续发展、经济的可持续发展和社会的可持续发展，强调实现人与社会、人与自然的和谐共存是可持续发展的基本模式。科学发展观是2003年10月召开的中国共产党十六届三中全会上提出

---

① 黎友焕、魏升民：《企业社会责任评价标准：从SA8000到ISO26000》，《学习与探索》2012年第11期。

的,它的基本内涵是"坚持以人为本,树立全面、协调、可持续的发展观,促进经济社会和人的全面发展"。2010年5月17日,丹麦王储腓特烈在丹麦首都哥本哈根召开的第八次国际标准化组织(ISO)社会责任全体会议开幕式上指出:"社会责任是所有商业组织和非商业组织应尽的义务和职责",要让全社会和全球市场在不损害对方利益的前提下更有效地运作。因此,ISO26000与可持续发展理念及科学发展观是一脉相承的,它要求各类社会组织高度关注它赖以生存的自然环境,对其负责;不浪费资源、坚守道德底线、诚信经营、公平竞争、不提供虚假信息误导消费者;保护弱势群体,关心社会公益事业;促进人与社会、人与自然的健康、协调、可持续发展。

3. ISO26000将会促使我国企业加快脚步进行产业转型、结构升级,加速国际化进程

ISO26000无疑使得包括中国在内的发展中国家再一次面临抉择:究竟ISO26000是技术壁垒、还是转型的阶梯?长期以来,包括中国在内的发展中国家在国际贸易中处于不利竞争地位,而这次发布的ISO26000恰恰隐藏着发展中国家调整产业结构的重大机遇、转变外部压力为自身求变的发展动力,所以发展中国家应该实现从过去那种单纯追求GDP的发展战略向可持续发展战略的转型。种种迹象表明,对发展中国家、尤其是对中国而言,积极地接纳ISO26000,促成产业转型、升级,似乎恰巧到了一个合适的时间节点。

从ISO26000的制定过程和结果来看,其影响力不仅体现在经济和技术方面,还体现在政治、文化、宗教、信仰、价值观等诸多方面,从本质上来说,恰恰也是世界各国、各地区之间文明碰撞、价值融合的过程。在这样的情况下,中国相关部门更应当采取激励措施,引导各类社会组织采取更加主动的态度去认识和迎接ISO26000所带来的挑战,积极参与到制定ISO26000游戏规则中去。

四、中国民营企业应对ISO26000的对策措施

应对ISO26000挑战的关键在于全面提高我国民营企业的社会责任意识和践行能力,提高我国民营企业产品和服务在价值链上的总体位置,树立

可持续发展理念,加强环境保护、劳动保护,全面提升员工的福利待遇,从综合实力上缩短与欧美先进企业的差距。民营企业社会责任能力的提高单纯指望企业一方做出努力是不切实际的,还有待于政府、行业协会、研究机构乃至全社会的共同努力。

(一)政府层面

1. 政府等权威部门对ISO26000应有正确的认识

政府应以ISO26000颁布实施为契机,制定相关的应对策略。应正确分析ISO26000的推进给我国企业(民营企业)和社会带来的冲击,充分认识我国民营企业在国际贸易中缺少谈判能力和市场竞争力的现实,认识到如果我们的企业被迫承担高水平的社会责任标准的后果;应该清醒地认识到ISO26000标准呈现一个适用范围不断深化、标准不断专业化、影响力不断扩大的趋势。因此,既应该看到它将对中国出口贸易等带来的严峻挑战,也要看到它所带来的新机遇,应在引起高度重视的情况下,拿出切实可行的对策,加快推进力度。

2. 政府应进一步完善国内相关法律法规,加大执法力度

我国国内与ISO26000相关的法律有《合同法》《劳动法》《质量法》《消费者权益保护法》等,仔细研究,ISO26000的绝大多数内容并没有超越我国的法律。但在民营企业的实际组织活动中,违反国内法律的事件仍屡有出现。比如在不少民营企业仍然有加班的规定,有的甚至成为了一种规矩,而在我国所颁布实施的《劳动法》中,有关工作中的安全与健康、平等就业、工作条件及社会保障、员工休息的权利等都有明确的规定。在国内关于食品安全的事件也屡有发生。针对诸多的违反法律法规的事件,政府应完善相关立法,组织专家研究论证现行法律中存在的缺陷并及时进行改进,同时制定相关的实施细则,加大执法力度,做到严格执法。

3. 政府相关部门应制定符合我国国情的民营企业社会责任标准体系

政府不仅应为企业创造更好的发展环境做出努力,如减少税费,简化管理环节,增加民营企业的剩余利润,以减少民营企业通过认证和履行社会责任标准条款所遇到的风险和危机;而且政府作为经济管理部门应引导民营企业树立危机意识,积极组织研究 ISO26000,接纳其中的合理成分,并参照 ISO26000 的内容,及早研究并制定符合我国国情的民营企业社会责任标准体系;引导民营企业建立社会责任的目标管理,建立以自我约束和激励为主的社会责任管理机制,定期评估企业经营管理行为与社会责任目标之间的差距,公开发布社会责任报告及其他社会责任信息,促进民营企业社会责任竞争力的迅速提高;应对民营企业担当社会责任制定量化考核标准,对优秀民营企业实行政策、资源、舆论倾斜,对不担当或履行社会责任较差的企业,实行关、停、并、转等强制措施,用机制的力量而非行政命令来推动民营企业履行相关社会责任,从而保障民营企业社会责任工作健康、有序地开展。

(二)行业层面

1. 行业协会应搭建好企业与政府之间信息交流的桥梁

行业协会作为一个处在政府和企业中间层面的组织,其桥梁、沟通信息的作用十分重要。它既可以代表不同的行业向政府反映问题,也可以代政府向民营企业宣传相关的政策。政府通过行业协会也可以更好地了解市场,有利于制定更符合市场实际的相关政策。

2. 行业协会应加强行业自律,做民营企业导入社会责任标准的倡导者和推动者

行业协会比政府部门更了解市场,比单个零散的企业更有信服力。因此,为了更好地促进市场的发展进步,使民营企业能够跟上市场前进的步伐,行业协会有必要及时根据市场的变化与时俱进地制定和更新本行业规则,使民营企业行为更符合国际标准;同时行业协会可以通过制定本行业行为规范,对本行业内企业的生产经营进行监督管理和约束,在一定程度上避免企业无序生产,规范整个行业的生产运作,维护市场经济秩序,减少贸易壁垒的发生,帮助民营企业打开更广阔的国际市场,树立良好的国际形象。

3. 积极指导民营企业应对 ISO26000,协调各生产组织的利益,从而形成强大经济联盟

当 ISO26000 在某种意义上可能成为新的"贸易壁垒"需要企业必须面

对时,会有相当一部分民营企业感到压力巨大,甚至迷茫。作为行业协会应该未雨绸缪,在企业还没有遭受到ISO26000的影响时,积极指导企业了解ISO26000,学习ISO26000,提前做好应对工作;尤其是,在整个行业或者相关领域要形成强大的经济联盟,依据ISO26000来制定和规范其行业的民营企业社会责任。只有这样,才能在相关出口等领域形成合力,增强本行业在国际市场上的话语权。

(三)企业层面

中国民营企业应尽快吸纳国外先进管理手段和方法,以ISO26000社会责任的颁布和实施为契机,变被动为主动,彻底改变我国企业管理水平远远落后于发达国家的现状。

1. 转变观念,树立民营企业发展的全新理念

民营企业管理者不仅要对ISO26000准则有深入的了解,而且还应组织企业内部人员开展关于ISO26000的培训、学习及宣传,采用多种形式针对ISO26000与企业员工进行探讨,通过宣传学习,企业上上下下、方方面面对ISO26000有全方位的认识和理解。无论是否具有践行ISO26000的能力,民营企业都要主动把ISO26000准则的合理成分纳入企业文化建设和企业战略管理中去,以社会责任绩效为企业业绩的重要评价标准,以实现企业经济效益、社会效益的双赢。

2. 保持市场多元化,加大技术创新力度

ISO26000发布之后,有可能被发达国家利用其成为新的贸易壁垒。民营企业在巩固深挖传统市场的同时应该积极开拓其他国际新兴市场,保持市场多元化,从而有效规避市场风险。在此基础上,要致力于民营企业的技术创新和产业的转型升级,转变经营方式。企业要获得自己独特的竞争优势,就需要拥有自己的独特技术和品牌,因而民营企业应该根据市场的不同需求和消费者的不同偏好,实施市场差异化战略,研发出不同的产品,满足不同市场的差异化需要。同时企业也要加大对人力资本、先进设备以及管理方式的投入,培养高端人才、使用先进设备,采用科学管理方法,走技术密集型、资本密集型、高附加值的发展之路。

　　通过上述分析可以发现,尽管要适应ISO26000标准会弱化我国民营企业原有的成本优势,但从长远来看,它对提高我国民营企业国际竞争力和走向可持续发展有着非常重要的意义。我国民营企业要以全面导入ISO26000为契机,争取区域先发优势,以吸引投资商、合作者和各种层次的人才,特别是要解决部分民营企业长期依赖低廉的劳工成本为主的低劣竞争模式。

　　ISO26000的颁布实施预示着ISO国际标准化活动已从纯技术层面延伸到社会、经济、政治、伦理与道德等领域,具有里程碑意义。从社会责任在全球推行的结果来看,我们亦可以明确地感受到全球化浪潮的影响力,这种影响力不仅反映在经济与技术方面,也融合了政治、文化、宗教、信仰、价值观等全人类基本价值与行为规范。因此,我国民营企业只有致力于持续地改进和提升自身的社会责任能力和业绩,才能保证企业具有长期的可持续发展的能力,才能在激烈的市场竞争中立于不败之地。

第五章

浙江民营企业社会责任的实证分析

第一节　浙江民营企业及其社会责任

民营企业,简称民企,是指所有的非公有制企业。中华人民共和国的法律起先是没有"民营企业"这一概念的,"民营企业"只是在中国经济体制改革过程中产生的概念。一般来说,民营企业指凡是在我国依法设立的、除国有或国有控股以及外资企业之外的所有企业。虽含有国有资产或者外商投资资产,但不影响其企业控制权也属于民营企业,具体来说包括个人独资企业、个人合伙企业、私营企业、非国有独资的有限责任公司和股份有限公司。

民营经济是浙江经济的显著特征和突出优势。改革开放以来,浙江省民营经济经历了一个从开始起步到迅速发展的过程,总量和规模不断扩大,发展水平和竞争力也逐步提高,为推动浙江由一个经济小省发展成为经济大省发挥了重要作用。浙江民营经济的发展走在全国前列,浙江民营企业社会责任的担当也优于全国诸多其他省份。因此,以浙江民营企业社会责任作为研究对象,也许对全国具有一定的指导意义。

一、浙江民营企业的发展历程

自 1956 年"公私合营"完成至 1966 年,民营企业接近空白。其后十年"文化大革命",随着批判"小生产自发势力"和"割资本主义尾巴"的深入开展,民营企业在浙江大地上几乎绝迹。1978 年,党的十一届三中全会确立了以经济建设为中心的指导思想,使长期以来受到禁止和歧视的民营企业重新得到发展,浙江民营经济也是在这个大背景下逐渐成长和发展的。改革开放四十年来,浙江民营企业经历了从无到有、从小到大、由弱到强、从边缘到主流的过程。

在改革开放初期,民营经济的发展以集体经济的发展为主要特征,个体经济尚处于初创期。理论界对于民营经济的地位还停留在"补充论"的基础上,即个体私营经济是社会主义经济的必要和有益的补充。1979 年,国务院在批转关于全国工商局长会议的报告中指出,为了方便群众生活并解决一部分人的就业问题,可以根据实际情况适当发展一部分个体经济,这是允许个体经济发展的早期信号。这份报告标志着我国开始允许发展民营经济。这一年,浙江省登记的新工商个体户已经达到了 8091 户,从业人数超过 8 万人。1983—1985 年,中央连续下发 3 个 1 号文件,要求放宽政策,扶持个体经济发展,乡镇企业、家庭工业从此蓬勃兴起。1983 年,中共中央在《当前农村经济政策的若干问题》中明确提出,对私营经济实行"不提倡、不宣传、不取缔"的"三不"政策,表明国家对私营经济发展持的是一种观望和默许的态度。

这一时期,浙江各地认真贯彻改革、开放、搞活的方针,农村普遍推行家庭联产承包责任制,个体经济虽然实现了零的突破,但发展比较缓慢。1990 年,个体私营经济占 GDP 的比重仅为 15.7%。而同期城镇和乡村集体工业为主的集体经济获得了迅速的发展。1990 年,集体工业增加值从 1978 年的 17 亿元增长到 223 亿元,占比由 36.2% 增长到 61.3%。值得注意的是,一些私营企业主处于对自身合法生存地位的担忧,采取了挂户经营的做法,成为浙江民营经济发展的重要载体。截止到 1992 年底,浙江省个体工商户发展到 100.26 万户、155.83 万人,分别比 1982 年增长 11.63 倍和 16.7 倍;私营企业发展到10 907户、16.94万人。这个时期的民营企业,企业主既是企业的管理者也是企业的投资者。企业主在追求企业利益的同时,也对自己的企业高度负责,虽然当时的民营企业规模很小,但也承担了一定的社会责任,为社会提供优质的产品和服务,缓解就业的压力以及缴纳税收等。

从20世纪90年代初至90年代中后期,是浙江个体私营经济全体发动和鼓励发展时期。这一时期理论界对于个体私营经济的态度从"补充论"向"组成成分论"转变。1997年中共中央"十五大"报告明确指出,个体私营等非公有制经济是社会主义市场经济的重要组成部分,这为民营经济的发展提供了政策支持;1999年通过的宪法修正案吸收了该观点,这说明民营经济的经济地位较以前有了很大的提升。

邓小平同志的南方讲话、"三个有利于"标准的提出,1999年宪法修正案,这些政策和精神进一步确立了民营经济的政治合法性。在此基础上,浙江省委省政府明确提出发展个体经济要"不限发展比例,不限发展速度,不限经营规模",鼓励个体私营经济发展。

尽管浙江是乡镇企业起步最早、发展最快的省份之一,但是随着个体私营企业等非公有制的快速发展,乡镇企业产权模糊、政企不分、机制僵滞、竞争力减弱等问题日益突出,在以乡镇企业为主要表现形式的集体经济由于改制等原因开始萎缩的同时,民营企业(个体私营经济)不断发展壮大。1991—1997年,浙江省经工商登记注册的个体工商户和私营企业分别由100.2万户和1.1万家增至153.2万户和9.2万家,注册资金从4.1亿元和7.3亿元增至219.9亿元和470.6亿元。全省个体私营经济增加值由1990年的141亿元增至1997年的1564亿元,占全省GDP的比重由15.7%上升到33.7%。这一时期,浙江民营企业承担社会责任能力依旧很弱,但在追求经济利益、向股东负责的同时,已经开始注意到了关注企业内部利益相关者的权利,开始重视人力资源的开发。为了留住技术人员,使企业能够长久发展,民营企业的管理者们很重视职工的福利待遇和生产生活条件,也开展一些职业培训,保障职工的安全和相应的福利待遇,并开始重视企业的文化建设。

从20世纪90年代的中后期起,浙江民营企业迎来了大发展时期。

1997年党的"十五大"把民营经济确定为国民经济的"重要组成部分",这使得浙江的民营企业获得前所未有的发展机会,"成分"的差别逐渐淡出。这一时期浙江的民营企业虽然发展很快,但也暴露出一些社会责任问题。部分企业不顾及员工的利益,拖欠员工工资,员工的生产和生活条件恶劣,环境污染问题也相当严重,遭到了全社会的批评和指责。为了应对这些批评与指责,民营企业迫于压力,开始参与一些公益活动,逐渐履行和担当一些社会责任,在改善企业与社会关系的同时,也提升了企业的知名度。

21世纪是民营企业发展的繁荣时期。2002年11月,中共"十六大"报告提出两个毫不动摇,即既要毫不动摇地巩固和发展公有制经济,又要毫不动摇地鼓励、支持和引导非公有制经济的发展,这为浙江省全面发展民营经济指明了方向。习近平在浙江工作期间,为浙江民营经济发展设计了路线图,并做出了一系列重大决策部署,该部署包括"八八战略"在内的制度安排、要素整合和政策调整,主持制定了浙江省委、省政府《关于推动民营经济新飞跃的若干意见》等。根据省委省政府的决策部署,各级地方政府部门也相应出台了内容更具体、措施更实在、操作更方便的政策措施,在法律、法规范围内为民营企业配送"政策套餐",并对各种不平等政策进行清理,使民营企业也充分享受国民待遇。2007年10月1日正式施行的《中华人民共和国物权法》规定对公有财产和私有财产实施平等保护。同时,国家统一了内资和外资的税收政策,民营企业处于平等的地位和外资公平竞争。在比较宽松的政治、政策和社会舆论环境下,浙江民营企业得到迅速发展,出现了国有、民营、外资以及产权多元化混合所有制共同发展的格局。2016年3月4日,习近平总书记出席了全国政协十二届四次会议民建、工商联界委员联组会,并做了"毫不动摇坚持我国基本经济制度,推动各种所有制经济健康发展"的重要讲话,重申了"非公有制经济是我国社会主义市场经济的重要组成部分",鲜明地提出三个"没有变",即"非公有制经济在我国经济社会发展中的地位和作用没有变,我们鼓励、支持、引导非公有制经济发展的方针政策没有变,我们致力于为非公有制经济发展营造良好环境和提供更多机会的方针政策没有变"。"习近平总书记的重要讲话,对我国基本经济制度健全完善,具有功在当代、利在千秋的重大现实意义与深远历史意义。对于以民营经济发达享誉全国的浙江省来说,这一重要讲话,无疑将转化为推动浙江民营经济喜迎发展新繁荣期的巨大现实生产力。"[1]

二、浙江民营企业的地位和作用

浙江作为民营经济最发达的省份之一,民营经济已经成为浙江经济社会发展的主力军,在全省的经济发展中发挥了重要的作用。

1. 民营经济是推动浙江经济持续发展的重要引擎

民营经济是推动我省经济增长的主要动力。据浙江省统计局日前发布"八八战略"实施十五周年系列分析显示,十五年来,全省生产总值平均三年跃上一个万亿级台阶,从2002年的8 004亿元跃升至2004年的11 649亿元,年均增长14.6%,是新世纪以来增长最快的时期;2008年跃至21 463亿元,年均增长12.8%;2011年跃至32 363亿元,年均增长9.9%;2014年跃至40 173亿元,年均增长7.9%;2017年达到51 768亿元,年均增长7.8%。十五年来,浙江国有经济保持稳定,个私经济显著提升,其他经济共同发展。非公经济占比从2002年的61.3%提高到74.9%。其中,民营经济是浙江经济的最大特色优势。2017年,民营经济创造增加值近3.4万亿元,约占GDP的65.2%,对浙江经济的发展起着举足轻重的作用。特别是,个体私营经济在政策引导下获得了快速发展。2003—2017年浙江个私经济增加值按现价计算年均增长14.7%,比GDP年均增幅高1.4个百分点,个私经济占GDP的比重从2002年的49.8%提高到2017年的60.5%,已成为民营经济发展的主要动力,是推动浙江经济持续发展的重要引擎。

浙江省统计局的数据显示,目前,浙江民营经济创造了全省70%的税收、65%的生产总值、77%的外贸出口、80%的就业岗位。在全国民营企业500强中,浙江占比近1/5,连续二十年居全国第一,诞生了阿里巴巴、华三通信、海康威视、聚光科技等世界知名的独角兽龙头企业。

---

[1] 于新东:《创造浙江民营经济发展新繁荣》,《浙江日报》2016年3月14日第3版。

2. 民营经济是解决城乡就业的主要途径

民营经济是解决城乡就业的主要途径,也是实现我国居民共同富裕的重要手段。一方面,民营经济发展促进了大量农村剩余劳动力从第一产业转向第二、三产业,有效地解决了农村剩余劳动力的就业问题。另一方面,民营经济的发展也吸纳了大量的下岗失业人员和新增加的就业人员。以浙江为例,1979—2003 年,浙江新增就业人口 1125 万人,其中民营企业增加就业 1058 万人,占 94.1%。浙江 670 多万个个私经济从业人员,其中约80% 是省内外农村剩余劳动力。2016 年,浙江省民营经济就业人员 3017万人,占全省就业人员 80.2%。民营企业相对机动灵活,面对经济环境的复杂多变,可以快速进行产业转移,有着较强的生存能力。民营经济的发展,不仅能够为就业市场提供量多面广的就业机会,有效缓解失业人员和新增加就业人员的就业需求,而且民营经济的发展也有助于缩小贫富差距。首先,民营经济成分的提高,将鼓励竞争,扩大就业,市场竞争加剧,企业利润会趋于合理,就业增长,也会提高工薪阶层的收入;其次,民营经济的壮大,意味着政府对市场干预程度下降,政府滥用特权的机会减少。所有这些,都有助于缩小贫富差距,实现人民的共同富裕。

3. 民营经济是浙江改革发展的重要推动者。

民营经济是浙江活力所在,是浙江的品牌,是改革开放的重要参与者和推动者,是市场经济发展的佼佼者。浙江地区市场取向早,民营经济的发展起步早,形成了先发性体制优势。民营经济的发展,有利于专业市场的形成,使浙江较早形成了商品市场体系。改革开放以来,浙江始终坚持公有制为主体,多种所有制经济共同发展的基本经济制度,解放思想,实事求是,大胆创新,锐意进取,浙江地区的社会主义市场经济体制不断得到完善。浙江民营经济的发展,调动了浙江人民的积极性,促进了浙江人民思想观念的转变,深化了浙江地区的改革发展,因而民营经济不仅是浙江工业化、城市化和国际化的主力军,是推动浙江由资源小省成为经济大省的主体力量,同时也是浙江改革发展的重要推动者之一。

三、浙江民营企业履行社会责任现状

1. 浙江民营经济发展现状

浙江民营经济成为经济发展的活力，成为转型升级的主力，成为社会发展的动力，为全省经济社会做出了重大贡献。2017年全国工商联公布的民营企业500强榜单，浙江占93席，连续二十年居全国第一个，涌现出如吉利集团、阿里巴巴集团等一批世界500强企业。

从民营经济总量来看，2017年浙江民营经济创造了33 831亿元的增加值，占全省GDP比重为65.4%。截至2017年底，浙江民营经济市场主体569万家，其中：私营企业179万家，同比增长17%，每千人拥有民营企业32家；个体户390万户，同比增长10%。就民间投资而言，2017年，浙江民间投资18 152亿元，占全省固定资产投资总额的58.3%。从进出口情况来看，2017年浙江民营企业进出口总额18 138.7亿元，占全省进出口总额比重为70.8%。其中民营企业出口14 956.1亿元，占全省出口的76.9%。就税收就业贡献来说，2017年浙江民营经济创造了5246亿元的税收，贡献了全省70.7%的税收。我省民营经济就业人员3052万人，占全省就业人员80.4%。

2018年以来，浙江省以习近平新时代中国特色社会主义思想为指引，以"八八战略"为总纲，坚持稳中求进的工作总基调，打出了一套推动民营经济高质量发展的组合拳，全省民营经济总体趋势企稳向好，呈现出"四个增"的良好态势：一是"创业增"。截至6月底，注册个体工商户累计403.16万家，同比增长9.53%，注册资金3593亿元，同比增长20%；注册私营企业累计193.42万户，同比增长16.54%，注册资金16.62万亿元，同比增长44.37%。二是"投资增"。今年上半年，民间投资同比增长17.2%，占投资总额的比重达64.2%，占比比一季度提高0.8%；浙商回归到位资金2115.51亿元，其中：产业回归资金1222.4亿元，资本回归资金893.11亿元。三是"税收增"。今年上半年，我省民营企业入库税收3719.2亿元（不含宁波），增长21.2%，占总税收的72.1%，比上年同期提高1个百分点。四是"外贸增"。今年上半年，全省民营企业出口7638.24亿元，同比增长8.1%，进口1894.95亿元，同比增长27.3%。（以上数据由浙江省工商联提供）因此，民营经济是

浙江经济的最大特色和优势,是浙江从资源小省到经济强省华丽转身的最大动力和依靠。

2. 浙江省民营企业履行社会责任现状

(1)浙江省政府、企业和社会各界不断努力,企业社会责任建设初见成效

改革开放四十年来,随着浙江民营企业的成长、发展,经浙江省及各级地方政府和社会各界的不断努力,民营企业及公众的社会责任意识正在加深,担当和履行社会责任已经成为浙江民营企业发展的重要趋势,并逐步渗透到企业经营发展的每个环节。如在2005年,中国纺织协会在全国第一个以行业组织的名义提出"社会责任"的构想。该协会遴选的首批10家社会责任体系推广企业里,浙江省占了3家,第一个在企业内部成立社会责任部的,是杭州的汉帛公司。2006年2月5日,杭州民营企业西子联合控股有限公司对外发布了《企业社会责任报告》,并确定"西子"今后每年都将发布企业社会责任报告,"西子"是国内第一家全面、科学、系统地实施企业社会责任的民营企业,其《企业社会责任报告》也是浙江民营企业发布的第一份系统的企业社会责任报告。2007年初,楼忠福、宗庆后、南存辉等多位浙江企业家共同就"企业社会责任"进行专题讨论,呼吁更多企业重视社会责任问题。2008年,浙江省人民政府发布《关于推动企业积极履行社会责任的若干意见》。2009年11月,义乌市总工会采用第三方机构评价和社会评价相结合的方法,对企业社会责任进行评判论证,制订《企业社会责任义乌标准评判指标体系》;同年,温州市出台《温州市民营企业履行社会责任评价标准》,这是全国首个专门针对民营企业设立的社会责任评估体系。2010年8月,杭州市在全国率先推出《企业社会责任评价体系》。2013年1月19日,中国社会科学院正式授牌浙江鼎尊商务咨询有限公司"中国企业社会责任研究基地",到此浙江省首个"中国企业社会责任研究基地"正式落户杭州。2014年2月28日,杭州市发布《企业社会责任评价规范》,该规范由市总工会、市标准化研究院、浙江大学公共管理学院联合起草,通过浙江省质量技术监督局备案审查后正式发布,由总则、建设业和服务业三个板块组成。省政府及各级地方政府出台的企业社会责任相关政策和规范,有力地促进了

民营企业社会责任运动的蓬勃开展。

(2)浙江民营企业社会责任缺失的表现

尽管浙江省在全国民营企业社会责任建设方面走在了全国前列,但整体来看,还存在不少问题,需要进一步努力。浙江民营企业的比例在全国领先,而民营企业较国企、外资企业在这方面更易出现问题;浙江省内农民工用工数量全国领先,因而涉及农民工权益问题比较普遍。从我省经济生活中发生的许多相关的事件来看,民营企业履行社会责任方面确实还存在许多不足,具体来说,主要表现在:

①人本伦理责任欠缺。浙江部分民营企业安全生产状况不容乐观,企业安全投入严重不足,安全生产事故与职业病问题时有发生,如某市全年竟有近千起手部工伤;忽视职工休息权利,工作时间普遍超时,女职工"三期"保护落实不够;工资水平普遍不高,个别企业使用非人道的措施惩罚职工,以降低企业职工的收入和福利;劳动合同签订率低,社保参加率低,据浙江省总工会调查,在浙江省中小民营企业和外来务工人员中,劳动合同签订率约为15%~20%;近半数的员工没有参加任何职业培训,而且文化程度越低,参加技能培训的人越少。

②公共伦理责任缺乏。少数民营企业唯利是图、自私自利,提供不合格服务、假冒伪劣商品或虚假信息,侵犯国家、社会及消费者利益;有的民营企业信用缺失,通过做假账偷税逃税,还有的民营企业趁改革之际低价购买国家资产,使国有资产大量流失;一些民营企业甚至搞不正当竞争,妨碍正常市场秩序的建立,缺乏提供公共产品意识,对公益事业持一种冷淡态度。

③生态伦理责任忽视。近年来,伴随着浙江民营经济的迅速发展,对环境的污染破坏也日趋加剧,部分企业不考虑或较少考虑环境保护和经济的可持续发展,将利润建立在破坏和污染环境的基础上,还有的民营企业为自身的短期利益,不惜浪费社会的有限资源,掠夺性地使用稀缺资源。

(3)造成我省民营企业社会责任问题的主要原因

①对企业社会责任的理解存在误区。我省不少民营企业只看到企业作为"经济人"的一面,忽视了"伦理人""社会人"的一面,对企业社会责任问题认识模糊,观念淡薄,甚至还存在误区。具体来说:一是把企业营利与企业

社会责任对立起来,认为利润最大化是企业的使命、目的,企业创造出经济效益就实现了社会效益;二是认为浙江的中小民营企业大部分处于生存阶段,没有足够的财力、物力和精力顾及企业社会责任问题,中小民营企业目前的主要任务是发展,可以等企业发展壮大了再关注和履行社会责任;三是一味把企业社会责任看成是发达国家对发展中国家的新的贸易壁垒工具,是不合理的歧视性的市场壁垒。

②经济体制转型所带来的道德评价标准的混乱。在企业管理的理论和实践中,人们自觉不自觉地将经济发展(更确切地说是利润最大化)作为唯一追求的最高目标。经济主义价值理念在中国当代管理理念中影响巨大,虽然经济主义价值理念增强了社会活力和创造力,但其过分膨胀又造成了社会义务责任的淡化和消失,少数民营企业把企业营利和企业社会责任对立起来,在利润最大化经营目标的驱使下,失去理性,走上唯利是图的道路。加之我国市场经济体制并未真正建立,市场机制和市场体系还很不成熟和完善,这也为少数民营企业实施有悖于伦理的行为提供了可乘之机。

③监督和约束机制不健全,民营企业违法违规受处罚的成本过小。虽然我国已经制定了一系列经济方面的法律法规,但仍不完备,企业因不履行社会责任甚至违法而受处罚的成本不足以对企业产生警戒和约束作用,违法成本过低诱发民营企业敢冒风险来使自身利益最大化,而把成本转嫁给它的利益相关者;加上有的地方政府对企业社会责任监督滞后,政府管理部门只注重企业的利润和税收,而对企业行为的监督力度不够。

④民营企业员工缺乏基本的法律知识,维权意识太差。一方面,大多数民营企业员工尤其是外来打工者,缺乏基本的法律知识,不懂得用法律手段来保护自己的权益;另一方面,因为中国目前就业形势不容乐观,竞争激烈,当员工的利益受到侵害时,往往瞻前顾后、忍气吞声、忍辱负重,这就助长了不良现象的滋生。

⑤传统文化的影响以及民营企业担当社会责任的激励不足。我国传统文化中重守成轻分财的观念对现在的企业家有很大影响,很多成功的民营企业很少关注慈善等"分财"的社会公益活动。不少民营企业家创造利润后把很大一部分利润用于自身的奢侈消费等,同时政府和社会对企业担当社

会责任也没有给予必要的激励(如税收减免),这就消弭了民营企业履行社会责任的动力。①

第二节　浙江民营企业社会责任的实证分析

一、实证研究设计

在企业社会责任的实证研究中,既可以采取客观的数据,也可以采取主观数据。由于本研究涉及的内容没有现成的客观数据,因而本书遵循以往学者的研究思路和建议,选择主观评价指标对各个变量进行测量,再对问卷各个部分进行主观评价的方式。

(一)问卷的开发设计

理论假设能否得到实证检验的支持,除了受理论假设本身的正确性影响之外,还受实证分析中数据质量的影响。因此,尽可能取得真实的数据便成为实证研究最重要的一环,也是问卷设计必须注意的关键之处。为设计出一份较为合理科学的问卷,以尽可能地获取各个变量的真实数据信息并达到理想的研究结果,本研究通过以下过程和措施对问卷进行设立、修改和完善,以保证变量测量和研究结果的可靠性和有效性。

第一,文献的阅读与梳理。对民营企业社会责任履行现状及与行业、企业发展阶段的关系,民营企业社会责任的认同意识、角色定位与社会责任担当的关系等问题的实证分析并不多见,但是有关企业社会责任的现状、国有企业与民营企业社会责任履行的差异及企业社会责任和企业绩效之间关系等问题的实证研究已经较多,这些研究中部分涉及企业社会责任和企业绩效的内涵界定和衡量问题等,可以从中获得本书问卷内容和问题设计的有意义的借鉴。通过阅读和梳理已有的理论和实证研究文献,对文献中关于企业社会责任内涵、范围和层次及企业绩效的衡量维度进行比较和归纳,结

---

① 李秋华:《和谐社会视野下的企业伦理责任研究》,《浙江社会科学》2007年第5期。

合浙江省民营企业的特征和具体状况,设计相关的调查问题对本研究的相关变量进行测量。

第二,课题组充分讨论。在文献阅读和梳理的基础上,根据浙江民营企业现状及本次调研的目的,参考 ISO26000、CSC9000T、SA8000 等关于企业社会责任方面的条例、守则设计问卷。问卷的设计主要围绕浙江民营企业社会责任履行现状及与行业、企业发展阶段的关系,民营企业社会责任的认同意识、角色定位与社会责任担当的关系等问题来展开,确定了以企业社会责任相关概念的认知度、角色定位、公司治理、企业文化、薪酬福利、客户与供应商、环保与节能降耗,公益事业、企业发展的不同阶段、不同行业与社会责任担当的关系等十个方面为调查内容。初步设计调查问卷后,通过课题组讨论、单独交流等形式,广泛征求课题组成员和相关研究人员对问卷的意见,并根据意见对问卷进行了修改和完善。因为民营企业社会责任的认同意识、角色定位及民营企业社会责任担当的动态演变规律等问题需要了解企业管理者、员工和消费者等利益相关者的看法,因而调查问卷分为企业卷和公众卷。关于设问的形式,本研究没有采用李克特量表,而是采用比较传统的选择问答的形式,这种形式虽然比较繁琐,后期统计工作量大,但相对更能反映出填写问卷者的情况和对问题的真实看法,准确性和可靠性更高。

第三,访谈民营企业内部管理人员。打印若干份设计好的调查问卷,对民营企业管理人员进行访谈,测试在问卷所提供说明和信息的情况下,他们是否能够比较准确地理解问卷中的问题。Fowler(1988)指出,导致被调查者无法对问卷问题做出准确回答的原因有四个方面:①应答者不知道所提问题的答案;②应答者无法回忆所提问题的答案;③应答者不愿意回答;④应答者不能理解所提的问题。对民营企业管理人员的实际访谈,能够及早发现以上四个方面可能存在的问题,并及时修改完善。他们提出:有些问题的表述过于学术化、专业化,而部分民企内部管理人员及员工文化程度较低,他们在理解问题时可能会存在问题。为此,我们对问卷进行修改,使其更加通俗化、口语化,更具直观性,并将应答者可能不知道答案或者无法回忆的问题进行删除或者修改表述方式,以便取得全面、真实的数据。

第四,调查问卷的试调研。问卷经初步设计和修改后,笔者选择了杭州两家不同类型的民营企业进行了试调研,通过对应答者回答问题的时间的记录,发现应答者基本上能够在20—30分钟完成问卷,这表明本研究问卷在题量设计上是适中的。针对他们提出的个别题目不够直接明确的意见建议,我们进行了相关修改。如:把企业发展的阶段大致分为初创期、成长期、成熟期和蜕变期四个阶段,以便更明确地了解处于不同阶段的民营企业社会责任担当的状况;对民营企业社会责任理念的认同,我们选取了企业社会责任相关条例、标准或和代表最新的研究成果的名词等,如联合国全球契约、国际劳工公约、企业公民、跨国企业"生产守则"、SA8000、ISO26000等,并通过一些设问使其更明确和通俗。如:"您认为企业的社会责任具体内容包括……","对民营企业来说,各个利益相关方的重要性顺序(排序)","您认为企业履行社会责任给企业带来了什么?"等。对企业社会责任角色定位的问题设置,则主要围绕"经济人""社会人"和"道德人"三个角色层次进行设问,尽可能把抽象的名词概念转化为具体的通俗易懂的问题。

(二)样本选择与问卷的发放回收

浙江民营企业社会责任调查从2017年6月正式展开,2017年12月下旬结束,全程持续近7个月。本次调查面向浙江省内所有合法注册并经营两年以上、经营良好的独立法人企业或企业集团。基于研究内容的需要,我们主要选取浙江民营企业中高层管理人员以及部门中层的管理人员作为调查对象。因为他们处于管理层,对本企业现状及社会责任担当情况比较了解,以他们作为调研对象,能够在一定程度上反映出浙江民营企业社会责任担当和履行之现状。

本书的研究数据主要通过以下四种途径获得:①通过争取省内地方工商联的支持,和当地工商联合作发放问卷,并委托工商联进行问卷的回收;②通过工商联提供的浙江地区民营企业的花名册及其联系方式,通过邮寄纸质问卷的形式发放问卷;③通过互联网,以电子邮件的方式将电子版问卷发给民营企业的相关管理人员;④通过委托专业的调研机构,合作共同发放和回收问卷。

　　根据浙江民营企业发展状况及公众关注的热点,在行业分布上,我们重点关注了加工制造业、房地产业等。调查的样本选取既坚持随机原则,又兼顾调查重点;既有自愿样本,又有判断抽样;既从总体中抽取部分单位作为调查的样本进行调查,又选择一定数量的较有代表性的企业加入总体样本。其中,在最初的企业信息采集阶段,根据地域、规模和媒体评价等要素进行抽样,共对500家企业发放问卷,收回408份,问卷回收率是81.6%,其中有效问卷375份,有效数占总回收问卷的91.91%;对300名公众(消费者)发放调查问卷,收回289份,问卷回收率是96.33%,其中有效问卷282份,有效数占总回收问卷的97.58%。其中无效问卷包括以下三种情况:①关键信息不全,缺少企业基本情况、企业社会责任中的全部或部分信息;②随意填写,所有题项的分值全部相等;③空白问卷,有些问卷回收之后处于空白或部分空白状态,这些问卷全部作为无效问卷筛除。为保证调查结果的有效性,防止填写者的主观趋势判断,问卷内容排列顺序经过调整处理。

(三)调研保障

　　本次调查由浙江财经大学伦理学研究所"浙江民营企业社会责任研究"小组负责实施,得到了浙江财经大学领导和同仁们的大力支持和帮助,也得到了浙江省社联领导以及省工商联、省中小企业局及各市、县工商联等相关部门的鼎力支持,使调查能顺利进行,并能够比较全面真实地反映浙江民营企业履行社会责任的现状和前景。

(四)调查的样本分布

　　从样本数据分布情况来看,本次调查覆盖浙江省内各地区、各行业、各种规模的独立法人企业或企业集团。根据民营企业社会责任的特点,本次样本中选取的大型民营企业占总体样本比重为29.9%,中型企业所占比重为40.8%,小型企业为29.3%。本次样本涵盖了大、中、小企业各种类型,其中7/10是中、小型企业。从民营企业所处的发展阶段来看,处于孕育期、初创期的民营企业约占样本比重的9%,处于成长期的民营企业约占样本比重的43%,成熟期的民营企业约占样本比重的29%,蜕变期的民营企业约占样本总量的19%。

从企业所处的行业来看,加工制造业占总样本的44%,饮食酒店、农产品加工(含食品加工)占样本比重为5.30%,重工业占样本比重为3.30%,建筑、房地产业占样本比重为16%,零售商业占样本比重的9.10%,其他占样本比重的22.30%。可见,本次调研中制造行业的民营企业参与特别突出,从行业分布和民营企业发展的各个阶段来说,样本覆盖面广泛,具有较强的代表性。本次样本选取是代表抽样与随机调查相结合,经验判断与概率抽样相结合,具有很强的典型性。

(五)研究的信度和效度检验

1. 信度检验

对本研究结果的可靠性、真实性、稳定性和一致性进行分析和检测。本次信度检验采用的是Cronbach's Alpha系数、平均提取方差值和组合信度来检验。所有这些值通过SPSS软件和PLS结构方程模型获得,如表5-1所示。

表5-1 信度检验

Cronbach's Alpha	项数
0.683	55

由Cronbach α(Alpha)信度系数法可知,Cronbach α值≥0.70时,属于高信度;0.35<Cronbach α值<0.70时,属于尚可;Cronbach α值≤0.35时则为低信度。由表5-1可知,本次调查问卷的Cronbach's Alpha值为0.683,非常接近0.70。因此,本次调查的调查问卷具有比较好的信度。

2. 效度检验

通过信度检验确保了本研究的信度可靠之后,还需要进行效度检验,即要保证研究结果是有效的。效度检验是检测某一种研究方法是否可以对研究的问题进行有效果的测量。简单来说,效度越高,说明该研究工具的测量性越有效。本文将采用最普遍使用的因子分析方法进行效度检验,如表5-2所示。

表5-2　效度检验

取样足够度的 Kaiser-Meyer-Olkin 度量。		.716
	近似卡方	4219.172
Bartlett 的球形度检验	df	1830
	Sig.	.000

由表5-2可以看出,Bartlett检验显著(显著性Sig=0.000),KMO=0.716>0.5,说明问卷效度良好,问卷结果有效。

二、浙江民营企业社会责任(企业、公众)调查的相关数据

(一)企业信息

本次调查全程持续近7个月。受访民营企业中有58%的企业有产品出口,42%民营企业产品在国内市场销售,外贸企业与内销企业的比例接近1:1。在行业分布上,我们重点把制造业、房地产业等作为抽样调查的重点;受访企业来自不同行业,处于企业自身发展的不同阶段;调查的素材比较可靠并且真实,为本调研后续的研究分析奠定了基础。

1. 受访人员职位分布

为合理体现调查内容涉及的受众范围与群体,对接受调查的人员进行了在职职位分析,如图5-1所示。从调查结果来看,受访人员中公司董事长或总裁占10%,高级管理层人员占20%。企业的核心领导层有3成的比例,中层管理人员与普通管理人员及员工分别占34%与36%。之所以主要选择民营企业高管及中层干部作为调研对象,主要是因为根据现有的研究文献以及笔者的案例访谈,民企高管及中层干部往往对本企业的基本情况、发展现状与长远目标和社会责任担当状况比较了解,而且在民企的战略决策中发挥重要的作用。

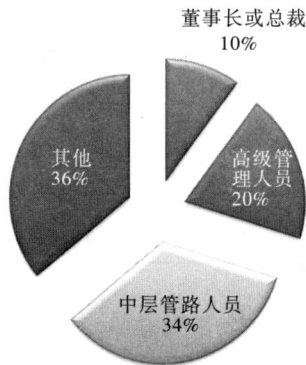

图5-1　被调查者职位分布图

2. 受访民营企业所属行业调查

对受访企业所处行业的调查，可以帮助我们分析企业社会责任的行业差异。如图5-2所示。

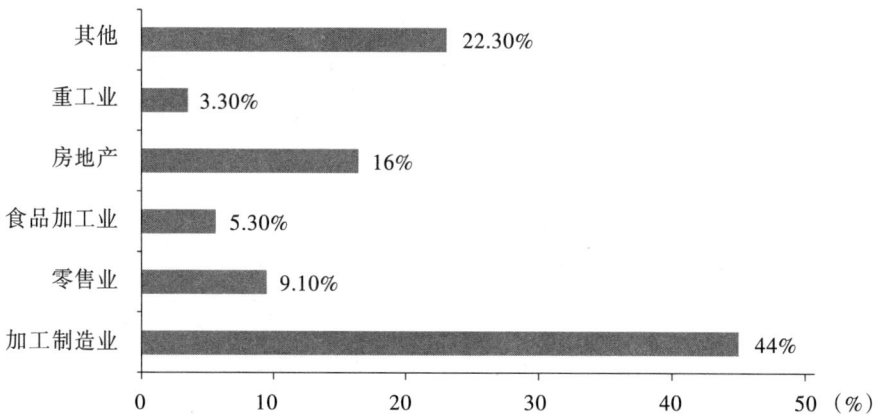

图5-2　被调查企业行业分布图

对受访民营企业进行一个总体的分类并且分析是重要而且必要的。浙江是加工制造业比较发达的省份，在行业分布图中可以看到加工制造业在本次受访调查的企业分布中遥遥领先，比例高达44%。其次为最近一直较为火热的房地产行业以及发展一直较为平稳的零售业，它们分别占了16%与9.10%。

3. 企业发展阶段调查

根据罗宾斯企业发展四阶段扩展模型，结合民营企业生命周期，企业的发展大致分为孕育初创期、成长期、成熟期、蜕变期四个阶段。对企业发展阶段的调查分析,可以分析研究民营企业发展阶段与企业社会责任担当、履行之间动态演变规律,如图5-3所示。

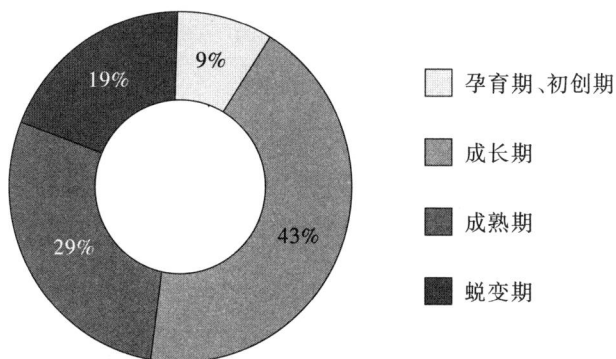

图5-3　被调查的各企业的发展阶段分布图

本次调结果显示,受访民营企业中9%处于孕育初创期;成长期与成熟期的民企分别占了43%与29%,而近2成的企业则处于蜕变期。

(二)民营企业社会责任调查的相关数据

随着经济社会环境的变迁,企业社会责任意识逐渐深入人心,承担社会责任已经成为浙江民营企业发展的重要趋势,并逐步渗透到企业经营发展的每个环节。我们将从企业社会责任的认知认同、角色定位及其社会责任的担当等方面对受访民营企业进行分析。

1. 对企业社会责任认同意识调查分析

认同一词是现代社会学与社会心理学中流行术语之一,它涉及个体自我的反思性理解以及自身特征的自我描述和认可。民营企业社会责任的认同意识指的是民营企业对企业社会责任及其内涵的认可,是愿意参考公众的期望实施责任行为的意识和信念。具体来说,民营企业社会责任的认同意识主要包括对企业社会责任的概念、内容和作用的认同。

(1)受访企业社会责任及其相关条例的认知度

对企业社会责任概念的认知是认同的最初阶段,主要解决"是什么"的问题。如图5-4所示。

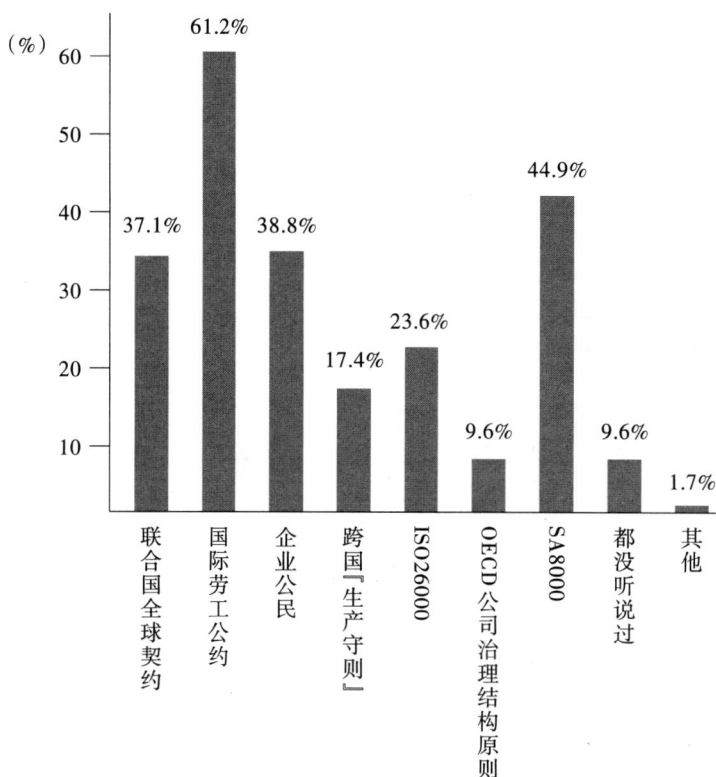

图5-4　受访者对社会责任条例认知情况图

　　联合国全球契约、国际劳工公约、ISO26000、SA8000、跨国"生产守则"、OECD公司治理结构原则等是国际上通行的关于社会责任的条例、准则等。从图5-4中可以看出,民企受访者对国际劳工公约的认知度最高,达到了61.2%;其次是SA8000和企业公民,分别达到了44.9%和38.8%;再次是联合国全球契约和ISO26000,分别是37.1%和23.6%;而对OECD公司治理结构原则的认知度较低,只有9.6%的人听说过此概念。从总体来看,对国际劳工公约、企业公民、联合国全球契约、SA8000、ISO26000等条例、准则颇为熟知,而对OECD公司治理结构原则等了解较少,原因有可能是排名靠后的企业责任条例、准则传播不太广泛。另外值得注意的是,有9.6%的受访者(民企)对企业社会责任不甚了解,建议加大企业社会责任相关规则的宣传力度,多角度、多渠道解读企业社会责任理念。

（2）企业经营活动中利益相关方提出社会责任要求状况

企业经营活动中，利益相关方对民营企业提出社会责任要求状况，如图5-5所示，59%的民营企业偶尔碰到利益相关方提出要求，18%的民营企业经常遇到利益相关方提出要求，从来没有遇到利益相关方提出要求的只占16%。

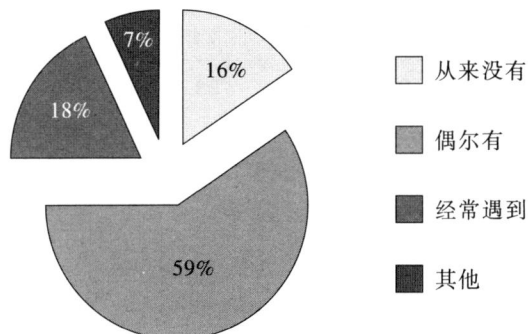

图5-5　企业经营活动中提出社会责任要求情况图

（3）企业社会责任对企业形象影响的调查

在社会主义市场经济的大背景下，民营企业首先是"经济人"。作为"经济人"的角色，首先要生存即盈利、然后才是发展与壮大；其次是"社会人""道德人"，作为"社会人"和"道德人"，社会责任的担当和履行是企业作为"社会公民"的应有之义。受访企业关于企业社会责任与企业形象两者关系的数据大致可以体现该企业对社会责任的重视程度，如表5-2的数据显示：受访375家民企中有144家企业（占38.4%）认为较重要；而其他228家企业（占60.8%）则认为相当重要，绝大多数受访者认为：一个有远见并且良好履行企业社会责任的公司可以为它们企业带来优秀的企业形象和极大的社会、经济效益。

将上述问题与企业生命周期的动态演变过程相联系，如表5-2所示。从表5-2中横向与纵向的趋势可以明显地看出：处于孕育初创期的民营企业对企业社会责任了解较少并且重视程度不高；处于成长期的民营企业则逐渐开始重视企业形象的建立；处于成熟期的民营企业对履行社会责任的认知度更高，意识到承担社会责任、回报社会是现代"企业公民"应有之义，同时也可以使企业树立良好的形象;而到了企业蜕变期,与初创期的情况相同,企业为了自身的发展与生存不得不减少承担社会责任的范围,企业没有能力承担更多的社会责任。

表5-2　企业形象　四阶段　交叉制表

		企业形象			
		非常重要	重要	无所谓	合计
发展阶段	孕育期、初创期	23	10	1	34
	成长期	61	45	0	106
	成熟期	96	67	2	163
	蜕变期	48	22	0	70
合计		228	144	3	375

(4)对社会责任内容的认知度调查

根据数据如图5-6所示,对于民营企业关于社会责任相关内容的认同上,69.9%的受访者认为企业社会责任要求"创造利润,对股东负责";排在第二位的是"遵守法律,依法纳税",占67.2%;企业"诚信经营、公平竞争"排在第三位,占58.9%;"遵守行业道德规范"占样本总量的56.8%;"员工福利及工作环境"占样本总量的56.3%;"节能降耗,减少环境污染"占样本总量的55.7%;"产品质量及售后服务"占企业样本总量的53.3%;"支持公益事业,向社会捐款捐物"占总样本的51.5%;"以为人本,建立先进企业文化"占样本总量的43.2%。数据分析发现,民营企业与公众对社会责任的理解存在显著偏差。总体上看,受访民营企业对其所应承担的经济责任认同率最高,达到了69.9%,其次是法律责任、环境责任以及公共责任,对文化责任上的认知偏低。而公众对社会责任的理解以员工权益和消费者权益为首位。

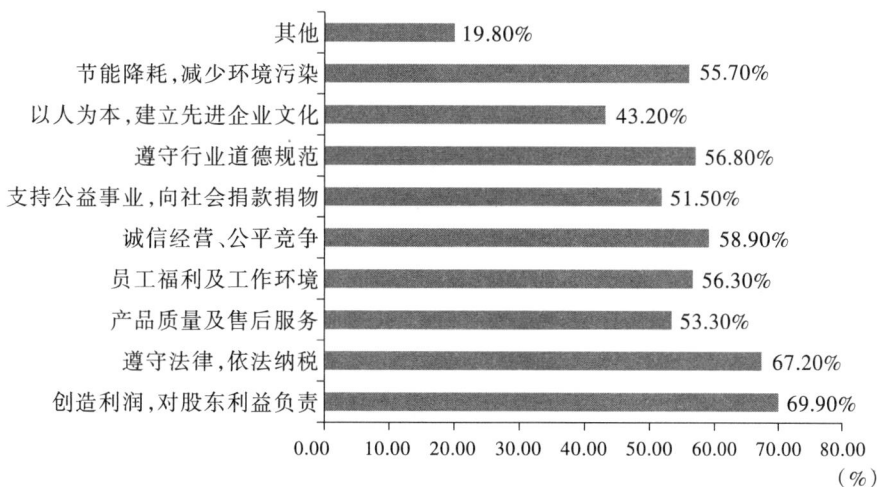

图5-6　企业社会责任内容认知情况分布图

调查中还发现,绝大多数民营企业意识到跨国公司在发展中国家推行企业社会责任是经济社会发展的趋势,有必要但不公平,改变了以往一味认为是新的贸易壁垒,主要有利于跨国公司自身利益的想法;超过半数的民营企业准备把企业社会责任列入长远发展规划。

(5)企业社会责任履行的行业差异

为确立既符合浙江民营企业实际情况,又符合国际发展趋势的社会责任标准,将国际惯例本土化,从而构架适合我国国情的企业社会责任标准和运行机制,研究处于不同行业、不同发展阶段的民营企业承担社会责任的差异性、规律性尤为重要。

如图5-7所示关于不同企业面临社会责任问题的行业分布情况,其中有219家民企认为石油化工企业需要履行非常严峻的企业社会责任,而接下来是医药、制造加工、建筑房地产、农产品加工等,其数据也都超过了170(家),受访的企业所选的选项都超过了总数的30%,这说明公众和企业对与人们生活密切相关的问题(医疗安全、环境保护、生产安全、食品安全等)都非常重视,其他行业如服装、零售、采矿等虽然相对受关注较少,但基数也相当可观。因此,可以得出结论,受访者对所有民营企业都应该履行社会责任这一点已基本达成共识,绝大多数的受访者认为:企业社会责任的担当和履行应根据行业的不同而有所差异,不同性质、不同行业的民营企业履行社会责任既有共性又有个性。

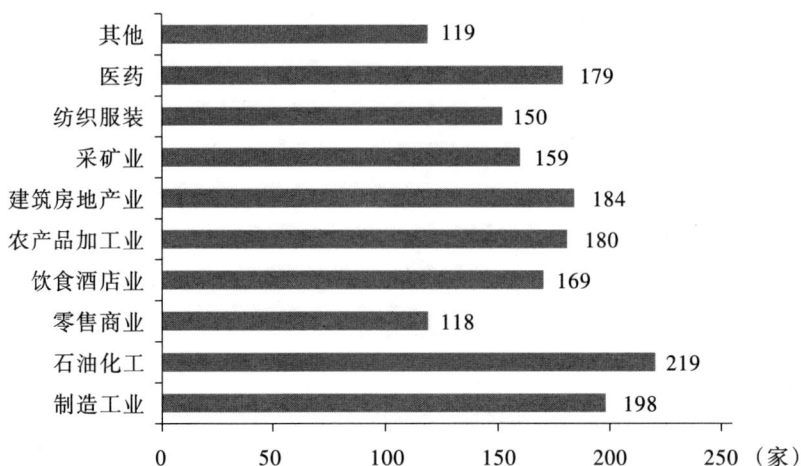

图5-7　易面临企业社会责任问题的行业分布图

（6）民营企业社会责任的角色定位调查

民营企业社会责任的角色定位，指的是民营企业在实现社会责任过程中的定位和身份选择。从利己还是利他的角度，可以把民营企业的角色分为三个层次，即"经济人""社会人"和"道德人"。"所谓民营企业的'经济人'角色，是指民营企业为股东谋求最大经济利润，实现企业经济价值时所充当的角色"。[①]

"社会人"是指企业是权利和义务的统一体，在一定的社会环境中，企业享受着社会提供的各项条件和资源，由此企业也需要承担着相应的社会责任。"道德人"是民营企业角色定位中的最高层次，是指民营企业在经济活动中能遵循一定的道德原则，遵守一定的道德规范，承担一定的道德责任。"道德人"角色要求民营企业在自身生存和发展的同时也为社会做出贡献。对民营企业的角色定位，我们重点从企业规模大小、企业发展阶段着手进行分析，分别以"个人主义的，企业应该以追求经济利润为目标""休戚相关的，企

[①]　雷玉琼、苏衡彦：《论企业由"经济人"向"社会人"转变》，《湖南大学学报》2001年第15期。

业应该平衡与利益相关者之间的关系""集体主义的,企业应该在追求自身
发展的同时为社会服务"三个选项代表"经济人""社会人"和"道德人"三种
不同角色。

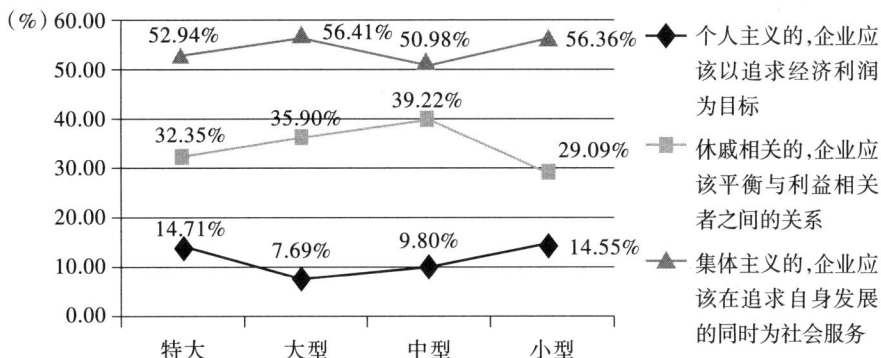

图5-8 不同企业规模下,民营企业社会责任角色定位情况图

如图5-8中,在对民营企业社会责任的角色定位中,无论民营企业规模
大小,都是"道德人"的角色定位最多,达到50%以上;其次是"社会人"角
色,最低的是"经济人"角色。定位于"道德人"最多的是大型企业和小型企
业,分别占样本总量的56.41%和56.36%。占样本总量39.22%的中型民营
企业定位于"社会人";定位于"经济人"最多的是特大型企业和小型企业,分
别占有样本容量的14.71%和14.55%。

就企业发展的阶段而言,如图5-9所示,在角色定位方面,无论在哪个
阶段,也是定位在"道德人"的企业最多,约占样本总量的50%。然后依次是
"社会人""经济人"。处于成长期的民营企业"道德人"的角色定位数量最
多,占总样本的57.06%;"社会人"角色定位数量最多的是处于成熟期的民
营企业,占总样本的46.30%,处于成长期的民营企业"社会人"的角色定位
数量较少,只占总样本的27.61%。处于成熟期和蜕变期的民营企业"经济
人"的角色定位也较少,分别占总样本的5.56%和8.57%。

（7）对企业社会责任作用和影响的认同情况

企业担当和履行社会责任会给企业带来一些影响，企业对此都会有一个判断，或利或弊，针对这个问题，我们进行了调研分析。

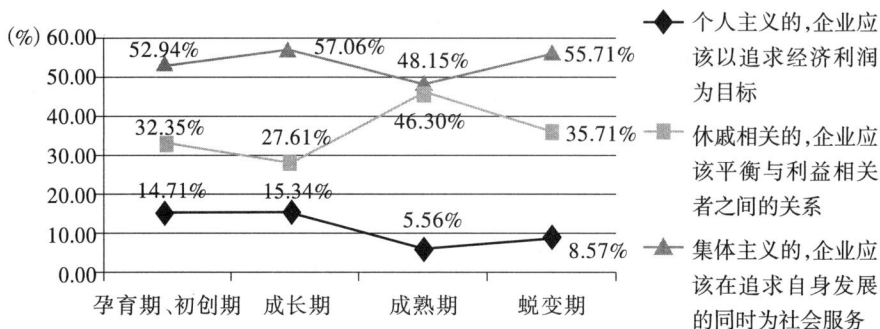

图5-9　不同发展阶段下，民营企业角色定位情况图

如图5-10所示，在被调查的375家民营企业当中，超过半数的民营企业认为担当企业社会责任对于民营企业形象的树立非常重要。在企业社会责任能够给企业带来什么影响这个问题上，被调查的民营企业普遍认为能够"提升民企（业）的商誉和品牌形象"，比例达到了79.70%。其次，认为能够"提高企业的管理水平"占样本总量的7.20%。认为能"提高开拓国际市

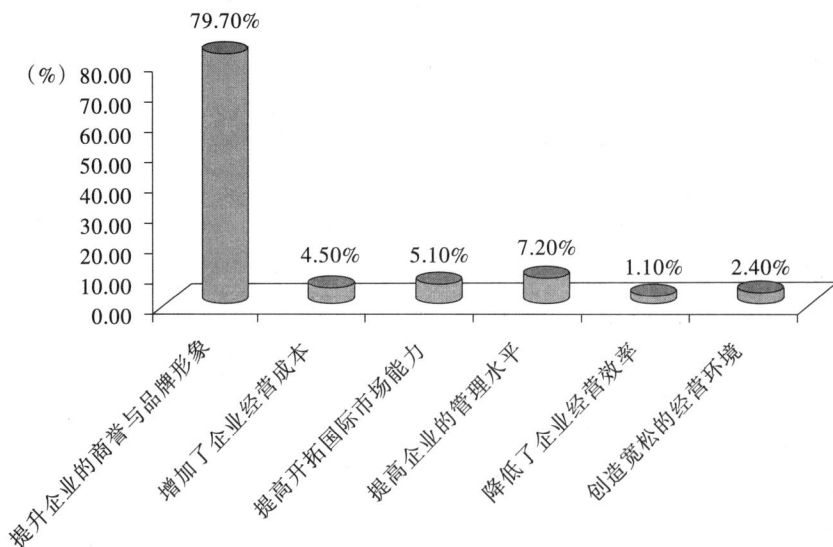

图5-10　社会责任作用和影响图

场能力"的占总样本的5.10%,认为"增加了企业经营成本"的占总样本的4.50%。认为企业社会责任的担当和履行"降低了企业经营效率"的占样本总量的1.10%,认为企业社会责任能够"创造宽松的经营环境"的占2.40%。

综合数据分析可知:民营企业社会责任的认同意识和角色定位与其社会责任的担当相关联。对企业社会责任的认同度越好,角色定位越高,其社会责任的担当情况也就越好。处于成长期、成熟期的大、中型民企大多把自己定位为"社会人"和"道德人",其社会责任的担当状况好,而且比较稳定,具有一定的战略性;而处于初创期、规模较小的民营企业把自己定位为"经济人"的比例相对较高,企业社会责任的担当和履行能力较弱,且更容易受短期机会左右。因此,民营企业社会责任的认同意识、角色定位与社会责任的担当呈正相关关系。

(8)企业社会责任履行的差异性调查

民营企业在面对社会责任的承担时,会根据自身实际、企业的发展水平担当和履行相应的社会责任。因此,我们就民营企业社会责任的履行是否有行业差异和企业发展阶段差异,是否处于成熟期的企业承担了更多的社会责任这一问题展开调查。

如表5-3所示,对"民营企业社会责任的履行应根据企业发展阶段的不同而有所区分,处于成熟期的企业应承担更多的社会责任"这一问题,49.6%的受访民营企业同意此观点,基本同意的占总样本的42.9%,而不同意此观点的仅占总样本的7.5%。

表5-3 成熟期的企业是否应承担更多的社会责任

		频数	百分比(%)	有效百分比(%)	累积百分比(%)
有效	同意	186	49.6	49.6	49.6
	基本同意	161	42.9	42.9	92.5
	不同意	28	7.5	7.5	100.0
	合计	375	100.0	100.0	

如表5-4所示,对"企业社会责任的履行应根据行业的不同而有不同要求"这一问题,50.1%的受访民营企业赞同此看法,对此表示基本赞同的民营企业占总样本的42.4%,而表示不同意的仅占样本总量的7.5%。

表5-4　不同行业履行的社会责任是否应有不同要求

		频数	百分比(%)	有效百分比(%)	累积百分比(%)
有效	同意	188	50.1	50.1	50.1
	基本同意	159	42.4	42.4	92.5
	不同意	28	7.5	7.5	100.0
	合计	375	100.0	100.0	

2. 对民营企业内部社会责任状况的描述性统计分析

(1)民营企业发展不同阶段社会责任走势状况分析

民营企业社会责任的担当和履行不仅受到经济和社会大环境的影响,而且也与民营企业自身的发展阶段等因素密切相关。

如图5-11所示,民营企业从孕育初创期到蜕变期的发展过程中,对企业社会责任的认知也是一个逐渐深化的过程,绝大多数受访企业认同民营企业社会责任的履行应根据企业发展阶段的不同而有所不同,处于成长期、成熟期的企业有能力也应该履行更多的社会责任。90%以上的受访企业认为民营企业社会责任的履行,不同行业既有共同性的方面,又有差异性的方面,应根据其差异性来制定行业的企业社会责任标准。

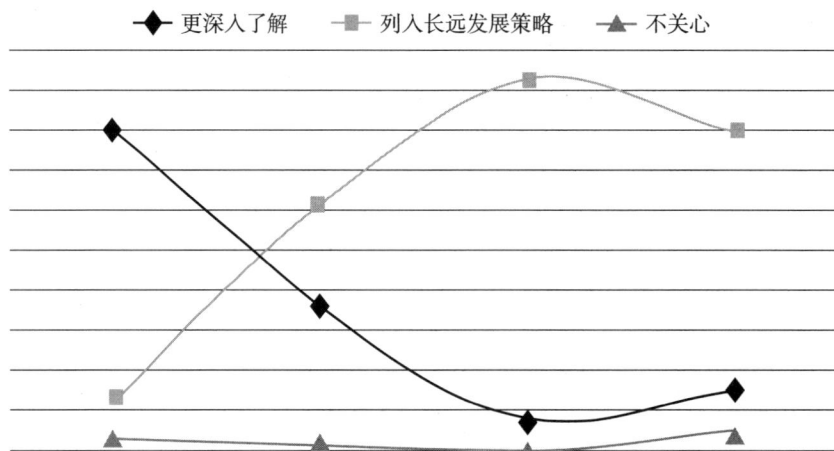

图5-11　民营企业发展不同阶段社会责任走势分析图

（2）民营企业内部社会责任管理机构设置的调查

民营企业内部社会责任管理机构的设置,既可体现该企业经营管理理念及企业社会责任管理趋势,也可从中了解该企业对社会责任的认知及履行情况。

民营企业自身的组织保障和制度建设是影响企业担当和履行社会责任的重要因素之一。如图5-12所示,企业初创期设置企业社会责任管理机构（如:人力资源部、公共关系部、企业社会责任部及环境管理部等）的比例仅占总样本的14.71%;到了企业成长期,占总样本的比例上升为17.18%,而企业成熟期则上升为25%,蜕变期又下降为20%。调查结果表明,民营企业组织保障和内部制度建设不足影响了企业社会责任担当和履行的效果。

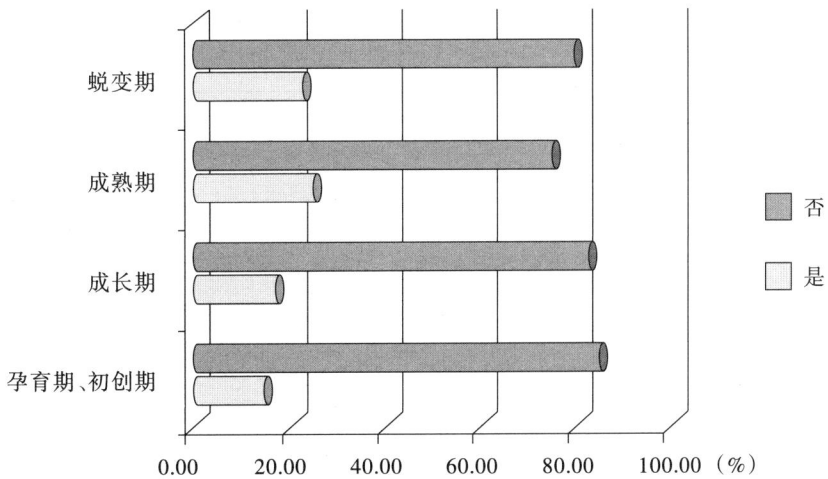

图5-12 企业社会责任四阶段分布图

（3）企业文化

企业文化或称组织文化,是一个企业组织为解决生存和发展问题而树立并逐渐形成的,由其价值观、信念、仪式、符号处事方式等组成的其特有的文化现象;它包括文化观念、价值观念、企业精神、道德规范、行为准则、企业制度、文化环境等;企业文化是企业的灵魂,是推动企业发展的不竭动力;企业文化的核心是企业的伦理精神。不同行业企业文化体现社会责任情况不同。

如表5-5所示,43.7%的受访企业认为他们的企业文化中渗透了企业社会责任,而56.3%的受访企业认为他们的企业文化中没有或基本没有体现企业社会责任。

表5-5 企业文化体现社会责任情况表

		频数	百分比(%)	有效百分比(%)	累积百分比(%)
	有	164	43.7	43.7	43.7
有效	无	211	56.3	56.3	56.3
	合计	375	100.0	100.0	100.0

企业文化的发展在企业发展的不同阶段差异不大,只有在成长期的时候企业文化有一小段波峰,之后又逐渐趋向平缓,如图5-13所示。

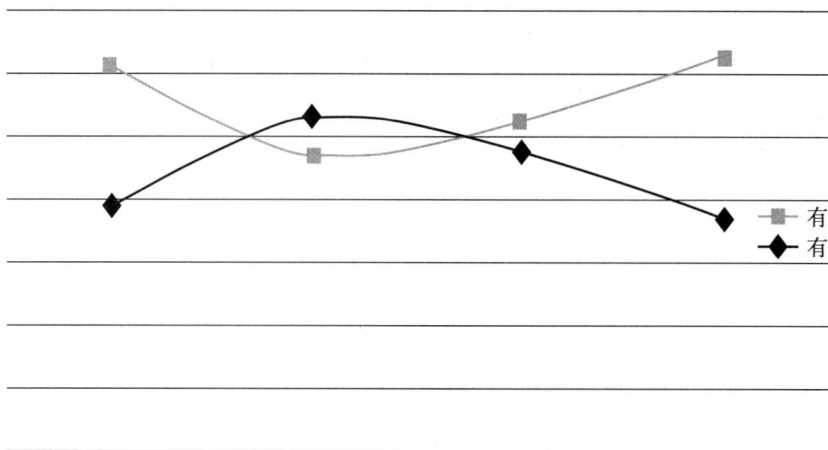

图5-13 企业文化体现社会责任四阶段图

企业文化在不同行业有差异,如图5-14所示。企业文化在饮食酒店业和农产品加工业的形势最为喜人,可能是因为市场竞争激烈,适合自身产品的企业文化可以提高产品的市场占有率、提升产品知名度有关。大型零售商业、建筑房地产业等因其产品的价值高、体积大等原因,注入相应的企业文化元素可以提升产品的市场定位,这些行业对企业文化也比较重视;而采矿、石油化工等行业对企业文化相对来说重视不够。

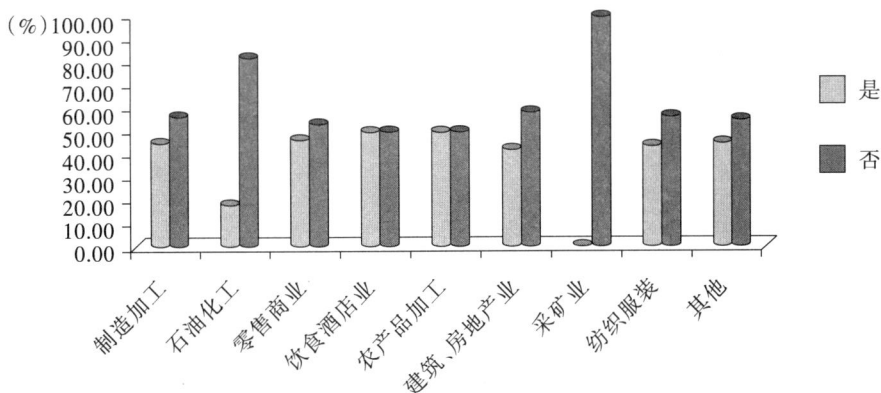

图5-14　企业文化体现社会责任分行业图

（4）员工关系

在民营企业人力资源体系中，各级管理人员和人力资源职能管理人员，通过拟订和实施各项人力资源政策和管理行为，以及其他的管理沟通手段调节企业和员工、员工与员工之间的相互关系和影响，从而实现组织的目标并确保为员工、社会带来更大效益。

如图5-15所示，受访企业在处理与员工的关系方面，68.8%的企业做到了完整的薪酬管理制度，63.2%的企业能做到从不拖欠工资，55.7%的企业做到了合理的薪酬等级，53.1%的企业能够依法支付加班工资，52.3%的

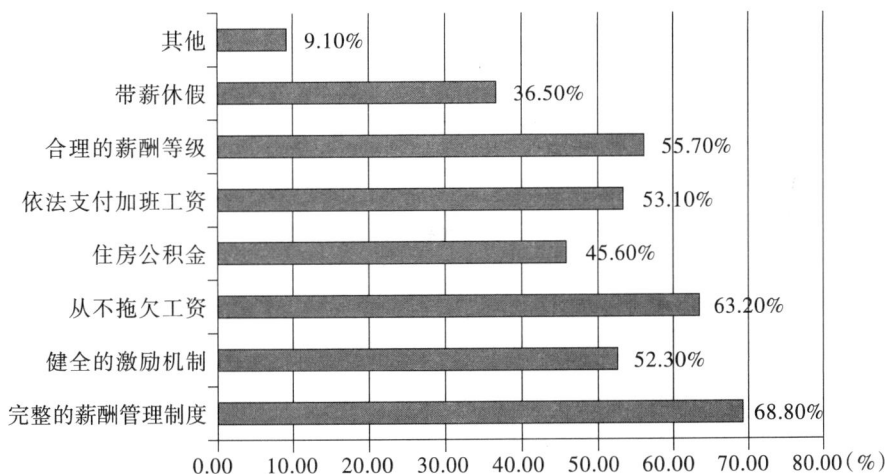

图5-15　民营企业对员工履行社会责任情况图

企业有健全的激励机制,45.6%的企业有职工住房公积金,36.5%的企业能做到带薪休假。

员工的薪酬等级及管理制度等的制订,是根据企业的经济实力、发展状况等因素来确定的。

如图5-16所示,受访的企业绝大部分不拖欠员工的工资,超过半数的民企都制定了企业薪酬管理制度,有近50%的企业都支付加班工资并且对薪酬划分了合理的等级,另外有4成的民营企业有住房或公积金补贴。从民营企业所处的发展阶段来看,处于初创期的企业在员工的福利制度以及薪酬奖励方面波动不大,蜕变期的企业员工的福利等则受企业发展影响而大幅下降,而处于成长期和成熟期的民营企业,无论从企业福利还是薪资待遇等方面都是企业生命发展周期中做得最好的一段时期,并且表现较为平稳,没有过大的波动。

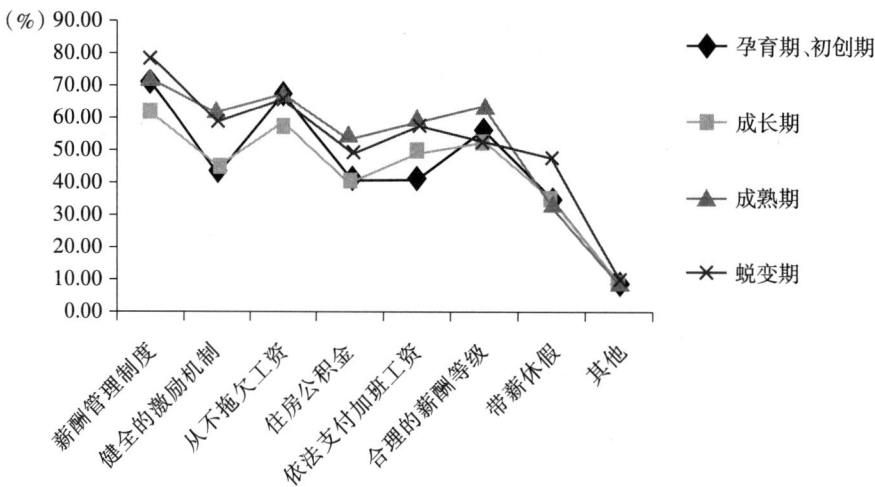

图5-16 企业福利制度四阶段趋势图

另外,据另一组调查数据显示,有近50%的民营企业比较重视员工培训和职业发展计划,制订了相应的制度和激励机制,为员工个人素养和工作能力的提高提供了较大的发展空间,增强了员工的归属感。企业对员工进行培训,不仅能提升员工工作能力,从而给员工带来身心的满足感,也能为企业未来的发展奠定良好基础,为企业的成长壮大提供内在动力。

3. 对民营企业外部社会责任状况的描述性统计分析

(1)企业与客户的关系调查

企业的客户就是企业的"上帝",除了提供价廉质优的产品以外,优质的服务、良好的售后服务等都是客户选择企业的标准。

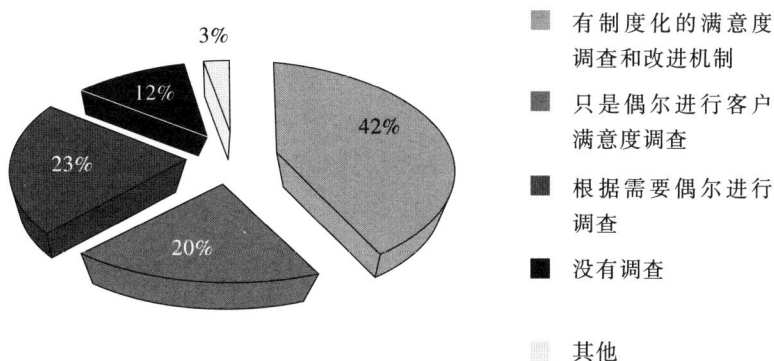

图 5-17　客户满意度调查分布图

企业从制定客户关系制度、客户满意度调查到采取措施保障客户的利益,目的是求得客户的最大信任与满意,为今后的发展奠定基础。如图 5-17 所示,42% 的民营企业有制度化的满意度调查和改进机制,20% 的民营企业只是偶尔进行客户的满意度调查,23% 的民企根据需要偶尔进行客户调查,12% 的民营企业没有进行过任何调查。从调查数据及分析情况来看,完善的客户关系制度诞生并成长于成长期、成熟期的企业,当然处于初创期与蜕变期的一部分企业也比较重视处理好与客户关系。由于企业的规模、行业等的差异,企业对客户的重视程度也有差异。例如,一次性需求或者大宗商品的企业对客户满意度的调查较为随意和放松,而部分民企因为客户购买的频繁性以及市场对产品的频繁需求客观上使这些民营企业对客户群体满意度非常重视,如食品加工业、零售业等行业。

(2)企业与供应商的关系调查

民营企业在选择供应商时,有否考虑对方是否履行企业社会责任或是否重视企业形象? 如图 5-18 所示,受访企业在选择供应商时有 56% 的企业会考虑到对方(供应商)有否履行相应的企业社会责任,比如该供应商的供应原料是否符合国家标准、在资金链上是否有资金短缺,是否按照国家法律规定进行日常经营活动,等等。考虑类似问题不仅仅是审视供应商的社会责任和整体实力,也是防范企业自身风险所必需的,同时也是营造良好的企业运行环境、构建公平正义的市场秩序所必需的;不一定考虑对方是否履行社会责任的受访企业占样本总数的29%;而从来不考虑受访企业仅占15%。也就是说,绝大多数受访企业在经营过程中把供应商的公司实力和担当社会责任状况都列入了考察范围,如果某供应商在社会圈里有着良好的口碑,履行了其应承担的社会责任,就可以建立长期合作伙伴关系,从长远来说,这是有利于企业发展的。

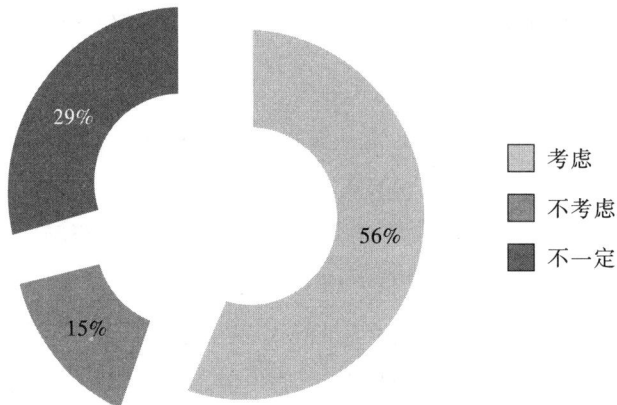

图5-18 民营企业选择供应商要求情况图

(3)环境保护与节能降耗

面对日渐增多的呼吁环境保护的声音,爱护环境、妥善处理好企业发展与保护环境的关系,也成为民营企业社会责任的一个重要组成部分。

如图5-19所示,29%的受访企业环境保护与节能降耗制度比较健全,34%的受访企业只有简单的管理制度,37%受访企业或者正在筹措或者还没有建立相应的环境保护与节能降耗制度。其他相关数据分析得出:制度比较健全的民营企业大多处于成长期与成熟期,而有一个简单的管理制度大多为刚步入成长期的企业;企业履行经济责任状况良好的,大多会把一部分资金和精力用于环保;而处于孕育初创期的民营企业对环保事业关注较少,破坏生态环境的违法事件屡有发生。生态伦理责任的担当和履行不仅因企业发展阶段的不同而有所差异,而且在不同行业也有区别。例如,医药企业注重药品的安全性,制造企业注重生产过程中的环境问题,而重工业企业则主要考虑污染物的减排与回收利用。

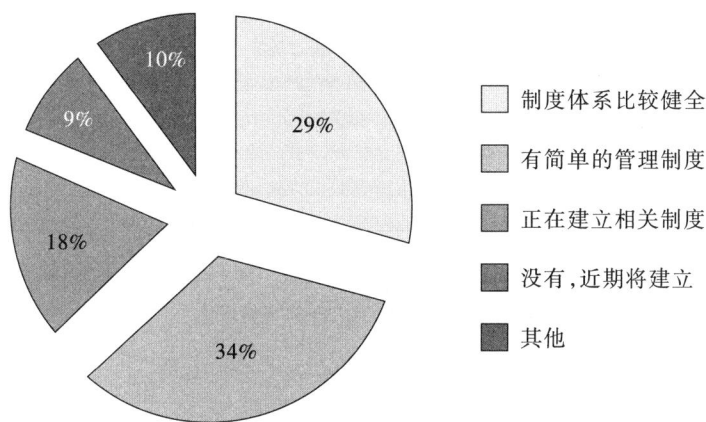

图 5-19　企业绿色生产管理制度设置情况图

从民营企业总体环保目标的设置到各个目标的细分,环境保护与节能降耗等生态伦理责任涉及了民营企业生产经营过程的方方面面。

如图 5-20 所示,在环境保护与节能降耗方面,55.2% 的受访企业在项目可行性报告中涉及环境评估,49.6% 的受访企业在生产经营计划中考虑环境因素,45.1% 的受访企业支持员工参与环境保护公益活动,42.1% 的受访企业在内部开展环境保护教育,38.1% 的受访企业通过了环境保护的相关认证,34.7% 的受访企业制订了污染物排放管理制度,33.1% 的受访企业资助社会环境保护公益活动,27.2% 的受访企业制订了废弃物回收再利用办法,26.9% 的受访企业对供应商提出环境保护要求。数据表明:受访的浙江民营企业在项目可行性报告中考虑环境评估、在生产经营计划中考虑环境因素、开展环境保护的教育工作等比较积极。但在其他方面,特别是牵涉实际的资金、人力投入问题上,受访的企业做得不太到位,如资助社会环境保护公益活动、制定废气物的回收与污染物排放的管理制度、对供应商提出环保要求等等。这些问题涉及的范围广,需投入的人力物力比较多,除国家有强制要求外，其他则是能避则避，不愿意将大量的人力、物力投入环境保护和节能降耗中去。

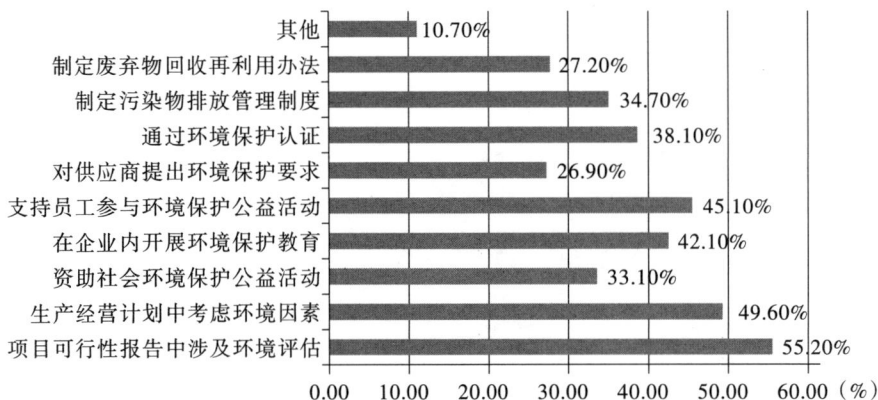

图5-20 企业绿色生产实行情况图

（4）与政府及社区的关系

民营企业的发展离不开政府的扶持和帮助，同时也接受政府的管理和监督。如表5-6所示，45.1%的受访企业向政府提出过意见和建议、参与过政府政策制定；大多数民营企业认可将担当和履行企业社会责任与相应的优惠政策挂钩，认可政府进行立法管理；约4成的民营企业赞同按企业能力的大小来担当责任，认可政府、行业协会、非政府组织及消费者对民营企业的监督和指导；3成以上的受访企业对于政府要求发布企业社会责任报告持认可态度，对相关部门提出建立社会责任管理体系的要求表示赞同。

表5-6　是否有过参与政府政策的制定或提出建议

		频数	百分比（%）	有效百分比（%）	累积百分比（%）
	是	169	45.1	45.1	45.1
有效	否	206	54.9	54.9	100.0
	合计	375	100.0	100.0	

受访企业通常采取一些措施来加强与周边社区的互动，宣传其企业文化。

如图5-21所示,35%的受访企业通过组织参观的形式来加强与周边社区的互动,22%的受访企业通过发放宣传材料来宣传其企业文化,达到与社区互动交流的目的;只有19%的受访企业为社区建设提供经济支持,如环境保护、健身设施的建设等。从整体来说,受访企业为社区建设提供经济支持的比例偏小,处于成长期、成熟期的民营企业应该多为社区提供经济支持,多做实事好事,尽到应尽的社会责任。

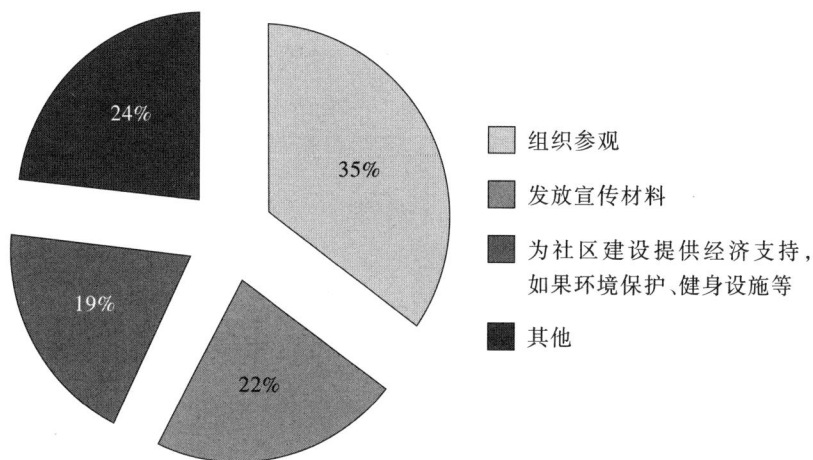

图5-21　企业社会责任实行情况图

组织参观

发放宣传材料

为社区建设提供经济支持,如果环境保护、健身设施等

其他

（5）公益事业

企业向社会公众捐赠及慈善活动可以说是企业回报社会,也有人认为这是一种企业社会责任投资,属于企业"应当为"的责任。受访企业捐款、捐物的数量和质量等可以从某种程度上体现浙江民营企业的社会责任感。总体上说,浙江民营企业对社会的捐款捐物无论从次数上还是额度上均有所提高。

如表5-7所示,有88.5%的受访企业参与过社会公益事业,其中19.5%的受访企业经常向社会捐款捐物,而11.5%的受访企业没有参与过社会公益事业。如图5-22所示,从参与公益事业的内容来看,55.5%的受访企业参与过抗震救灾,54.1%的受访企业参与过扶贫,48.5%的受访企业参与过社区公益,36%的受访企业参与过环境保护,21.3%的受访企业参与过社会基础设施建设。民营企业对社会公益事业的践行状况在一定程度上反映出民营企业社会责任的担当和履行程度。

表5-7 民营企业社会捐款捐物情况表

	频数	百分比(%)	有效百分比(%)	累积百分比(%)
经常	73	19.5	19.5	19.5
有过	259	69.0	69.0	88.5
没有	43	11.5	11.5	100.0
合计	375	100.0	100.0	

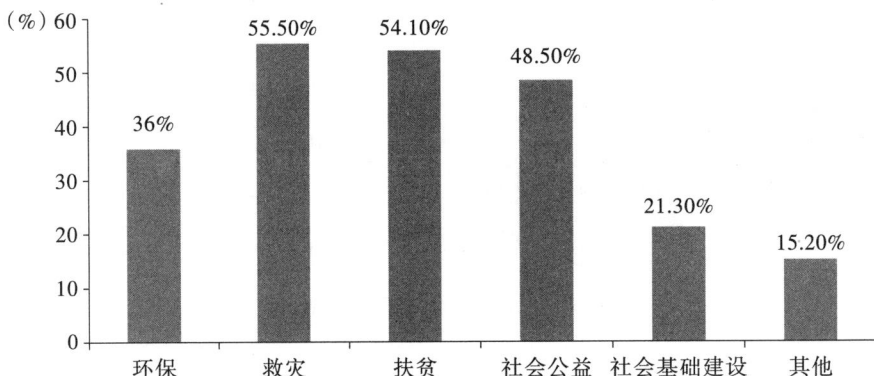

图5-22 企业参与社会公益事业捐款情况图

(6)信息披露与沟通、市场竞争与反商业贿赂

企业信息披露是公司向投资者和社会公众全面沟通信息的桥梁,也能体现企业对社会承担的义务和责任。因此,我们通过企业社会责任报告书的调查,来了解浙江民营企业信息披露及沟通机制建立的状况。调查发现,45.9%的受访企业表示发布过与企业社会责任相关的报告书,公布过担当和履行企业社会责任的资讯;26.4%的受访企业表示打算近期发布;只有27.7%的受访企业从来没有发布过,也不打算发布。同时我们对企业社会责任报告书或财务报告中主要涉及的内容做了调查。

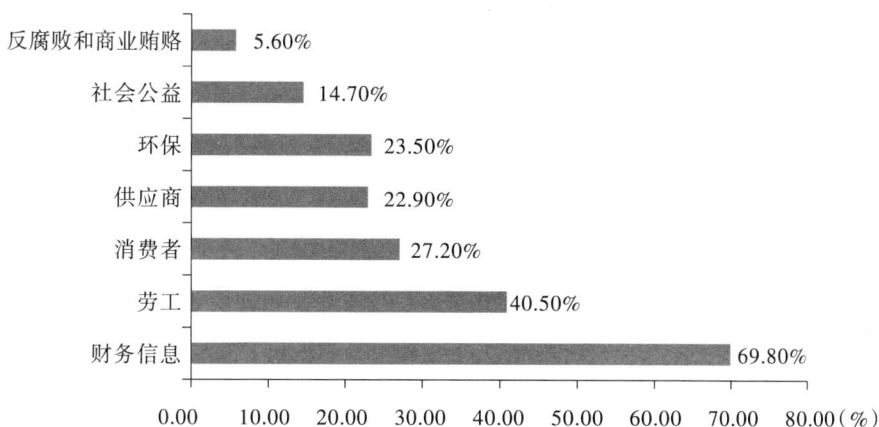

图5-23　企业社会责任报告书内容分布图

如图5-23所示,69.8%的受访企业在社会责任报告书中含有财务信息的内容,总样本中40.5%的企业有关于劳工的内容,接着依次是消费者、环保、供应商,这些内容分别占总样本的27.2%、23.5%和22.9%,最后是社区公益及反腐败和商业贿赂,两者分别占总样本的14.7%和5.6%。由此也可以发现,受访企业对经济责任如创造利润、劳工权益等责任还是很重视的,而对于社区公益及反腐败和商业贿赂等重视程度还不够。

在受访的民企中,51.12%的企业有比较完善的反商业贿赂管理机制,只有17.98%的企业没有,近期也不准备建立。由此看来,浙江民营企业的反商业贿赂意识还是比较强烈的。我们还就企业的诚信体系建设进行了访谈和调查。结果发现,受访的民营企业主要采取建立诚信制度或风险防范体系、建立内部人员诚信档案记录、对商业伙伴进行信用管理、将诚信列入企业文化建设、在企业内开展诚信教育等措施来提高企业诚信水平。

三、研究结果

(一)受访浙江民营企业社会责任担当现状

据以上数据分析,浙江民营企业社会责任的担当和履行总体向好:在履行对员工的责任方面,绝大多数民营企业已建立了相对完善的薪酬管理制度,做到不拖欠员工工资,住房公积金、带薪休假等企业福利制度正在逐步建立和完善；不少民营企业较为注重人才培养，建立了员工培训制度等，采取多种措施关爱员工，为员工提供多样化的福利保障，并利用民主化管理方式带动员工与企业共同成长。在履行消费者责任方面，浙江民营企业越来越重视产品和服务质量，从完善质量管控体系入手，引入标准化管理理念和技术，企业管理体系进一步完善；而且大部分受访民企都建立了系统化的满意度调查和改进机制，通过客户满意度调查的方式，收集消费者的意见和建议，了解消费者需求，以及时改进产品，提升服务质量。在企业文化建设方面，多数受访民营企业将企业社会责任融入企业文化，形成以企业伦理精神和责任文化为核心的新型企业文化。访谈中不少企业家认为，履行社会责任是企业文化的重要组成部分，是企业"软实力"的核心内容，是企业树立良好的形象和社会信誉，实现企业持续健康发展的根基。当然，企业文化所体现的社会责任因企业发展的不同阶段、不同行业而有所差异。在履行环境责任方面，民营企业的环境保护和可持续发展意识普遍加强，大多数民营企业做到了在项目可行性中涉及环境评估，在生产经营计划中考虑环境因素，并支持企业员工参与环境保护的公益活动，但仍有部分民营企业对环保不够重视，没有制定废弃物的回收与污染物的排放等制度，通过环保论证的民企数量偏少。

在与政府的关系方面，超过半数的民企能够为政府的决策提供意见和建议，同时也愿意接受政府的监督和管理。在信息披露与沟通、反商业贿赂等方面，多数民营企业能够真实、全面、及时、充分地进行信息披露，近半数的民企表示发布过与企业社会责任相关的报告书，涉及财务信息、劳工、消费者、供应商、环保、公益等内容；超过半数的民企建立了反商业贿赂管理机制；不少民企将诚信作为企业的核心价值观注入企业文化，建立诚信制度或风险防范体系，要求企业员工严格执行诚信体系的规章制度，在与商业合作伙伴往来的过程中，一些企业开始利用企业社会责任理念管理供应链合作伙伴，并利用社会责任提升供应链企业综合素质，影响和带动供应链企业共同发展。在参与社区建设和慈善公益方面，越来越多的民营企业开始参与公益活动，支持与参与公益的方式也越来越多样化，如抗震救灾、捐助物资、社区公益、环保、基础设施建设等等，不少处于孕育初创期阶段的小型民企也开始从事力所能及的慈善活动。

因此,我们认为:浙江民营企业社会责任的担当和履行状况总体良好,绝大多数的受访民营企业对社会责任理念有了一定程度的认同意识,也能将自身的角色定位在"社会人"和"道德人"层次。究其原因,笔者认为主要有以下几点:第一,民营企业社会责任意识的逐渐觉醒。相对于国有企业背后有国家声誉的支持,跨国公司有强大的国际影响力,民营企业从诞生之日起注定在竞争十分激烈的市场中摸滚爬打。在优胜劣汰的市场环境中,民营企业逐渐意识到,只有提供优质的商品和服务,重视消费者的利益,讲诚信、负责任,才能在激烈的市场竞争中站稳脚跟;只有超越"经济人"而成为"社会人""道德人",树立良好的企业形象和社会信誉,成为负责任的企业,才能实现企业的可持续发展。第二,浙江自古以来就有经商传统及"商德"。越国名臣范蠡即被后世尊称为"商圣",其总结的"商训"等篇,后人受益无穷。唐代以后,中国的经济重心南移。南宋"永康学派"的代表人物陈亮提出了"义利并举"的思想。到了明朝,王阳明大力倡导"四民(士农工商)平等"的新观念,黄宗羲率先提出了"工商皆本"的思想。清末,"五金大王"叶澄衷是宁波商团的先驱和领袖;19世纪以来,通商口岸的开放更为浙江商人提供了历史舞台。民国时期,浙江财阀是国民政府的经济基础;以虞洽卿、黄楚九、袁履登等为代表的"浙帮"叱咤上海商界,对上海乃至中国工商近代化进程皆起到推动作用。肥沃的商业文化土壤,有利的地理位置条件,敢想、敢闯、敢拼的韧劲,团结协作的大局意识,代代相传的"商德",使浙江民营经济保持了蓬勃发展的态势,也使浙江有孕育企业责任感、道德心的文化土壤。绝大多数的浙江民营企业有着浓厚的乡土情结和感恩情结。一方面,浙江民营企业大多为中小型企业,企业的初创地大多是生活所在地,员工也多为该社区的居民,有较强烈的归属感,在社会责任的担当方面突出地表现为关心员工的利益和成长,以及回馈社区建设等。另一方面,浙江作为改革开放后民营企业最早发展的地区之一,对于党和国家的政策抱有感激的情怀,特别是老一辈企业家,深刻地感受到国家和政府对企业的扶植和帮助,由此形成了对党和国家的感激之情,正是这种感恩情结驱动着民营企业去担当社会责任。如西子联合控股集团坚持"资本多元化、产业专业化、合作重于竞争"的经营理念,做"全面承担社会责任"的先行者;传化以"社会责任感"理念为统领,做有社会责任的企业;华立一直将"对社会负责,受公众尊重"作为自己的追求;正泰集团三十年如一日,始终秉承"为顾客创造价值,为员工谋求发展,为社会承担责任"的经营理念,争当优秀企业公民。第三,外部环境的助推作用。为了促进民营企业能够主动承担社会责任,各地政府和行业协会出台了各种规范、守则等。2005 年,中国纺织行业的一百多家骨干企业制定了中国纺织企业社会责任管理体系 CSC9000T;2007 年7 月,浙江华盟文化传播有限公司经过多年的理论研究和实践运作,制定了国内首部企业社会责任标准体系——《HM3000 中国企业社会责任标准体系》;2008 年,浙江省政府出台了《关于推动企业积极履行社会责任的若干意见》,倡导广大企业积极履行社会责任;此后,杭州、温州、义乌、宁波、绍兴等地政府及有关行业协会相继推出了关于企业社会责任的评价体系、规范等等。政府和行业组织颁布的企业社会责任标准、规范等,有力地推动和促进了民营企业对社会责任的履行和担当。

(二)民营企业社会责任实证调查结果分析

1. 浙江民营企业及公众的企业社会责任意识正在深化

随着经济社会环境的变迁,企业社会责任理念逐渐深入人心。数据表明:浙江民营企业及公众的社会责任意识正在加深,担当和履行社会责任已经成为民营企业发展的重要趋势,已逐步渗透到企业经营发展的各个环节,并在以下几方面基本达成了共识。

①企业是一个责任实体,民营企业作为一个以群体方式存在的"社会公民",既有权利又有责任。绝大多数的受访企业和公众认同社会责任的担当和履行应根据民营企业发展阶段的不同而有所区别,处于成长期、成熟期阶段的民营企业有能力也应该履行更多的社会责任。对处于孕育初创期的民营企业,企业的主要目标是生存,因而须承担的社会责任也是基本的;对于成长期、成熟期的民营企业来说,除了承担基本的法律责任、经济责任外,还要履行伦理责任和慈善责任,对社会、对公众要有更多的担当和责任。对处于蜕变期的民营企业来说,除了履行基本的社会责任外,更多地应关注企业

的改革和创新,走出低谷,寻求新的发展机会。调查分析的样本中,绝大多数企业认为民营企业社会责任的担当和履行,不同行业既有共性,又有差异和个性,因此应根据其差异性来制定行业的企业社会责任标准。

②绝大多数受访民营企业意识到跨国公司在发展中国家推行企业社会责任是经济社会发展趋势,有必要但不公平,改变了以往一味认为是新的贸易壁垒、主要有利于跨国公司自身利益的想法;50%以上的民营企业准备把企业社会责任列入长远发展战略。

③受访企业与公众对社会责任的理解存在显著偏差。调查发现,企业对社会责任的认知和公众所理解的企业社会责任的内容存在显著差异。总体上,受访民营企业对其所应承担的经济责任的认知最高,达到了70%左右,其次是法律责任,环境责任以及公共责任,对文化责任的认知相对偏低;公众对社会责任内容的理解以员工权益和优质产品及消费者权益为首位。

2. 民营企业社会责任的认同意识和角色定位与社会责任担当呈正相关关系

①受访的民营企业对企业社会责任"是什么",包含了哪些内容,企业社会责任的担当"该怎么做,做些什么"等问题有比较明确、清晰的认识,对遵守法律及行业规范、诚信经营、绿色生产、支持公益等责任内容有较高的认同度,部分民营企业已建立社会责任管理相关机构,稳步推进企业社会责任的组织建设,主动参加企业社会责任认证评级,把担当和履行社会责任纳入公司治理,融入企业发展战略,落实到生产经营的各个环节。绝大多数受访民营企业已意识到担当社会责任、回报社会是现代"企业公民"应尽的义务,同时能树立良好的企业形象,促进企业可持续发展。总体来看,浙江民营企业社会责任的认同意识相对较好,企业社会责任理念开始逐渐渗透到企业生产经营的各个环节,担当和履行社会责任也逐渐成为一种发展趋势。

②绝大多数的受访企业已经超越"经济人",而把自身定位于"社会人""道德人",尤其是处于成长期和成熟期的企业大多把自身定位于"社会人""道德人"。受访民营企业对社会责任的认同度较高,因而角色定位层次也相对较高。一般来说,企业是根据自身的角色定位,来践行社会责任。

③民营企业的认同意识和角色定位会促进其社会责任的履行和担当。

企业社会责任的认同意识越高,社会责任担当情况就越好;企业社会责任的角色定位层次越高,社会责任的履行和担当也就越好。因此,民营企业社会责任的认同意识、角色定位与社会责任的履行和担当呈正相关关系。

3. 浙江民营企业社会责任担当的现状分析

①民营企业自身的组织保障和制度建设是影响担当社会责任效果的重要因素之一。公司治理调查显示,企业初创期设置企业社会责任相关管理机构仅为14.71%,成长期为17.18%,而成熟期则达到25%,蜕变期为20%。调查也发现,受访民营企业在组织保障和内部制度建设上还存在一些不足。

②一个有远见并且勇于担当企业社会责任的公司可以为其带来良好的企业形象和较大的经济、社会效益。数据调查显示,认为担当和履行企业社会责任对于树立企业形象相当重要和较为重要的样本有372个,占总数的99.2%;初创期的企业对两者的关系了解较少且重视程度不高;成长期则逐渐重视良好的企业形象之树立,相关的投入也逐渐增加;表中"成熟期"与"非常重要"两个选项交错的值是整个交错表中最高的,可见民营企业在"成熟期"不仅意识到而且有能力担当和履行更多的社会责任;到了蜕变期,企业为了自身的生存与发展不得不减少承担社会责任的范围,企业没有能力担当更多的社会责任。

③企业文化在受访民营企业发展不同阶段波动不大,而在不同性质的行业中却有较大的差异。饮食酒店业和零售商业、加工制造业的企业文化相对较为重视,也许与市场竞争激烈,适合自身产品的企业文化可以提高市场占有率,提升产品和服务的形象相关;而采矿、石油化工等行业对企业文化重视不够。

④受访民营企业员工的薪酬等级及管理制度等的制订与其经济实力、发展状况等因素相关。数据显示,受访民营企业绝大部分不拖欠员工工资,并且超过半数的公司都制定相应的企业薪酬制度,近50%的受访企业支付加班工资并对工资、福利划分有合理的等级,另外有4成的受访企业给予员工住房或公积金补贴,有良好的激励制度;从受访企业的发展阶段分析,处于初创期的受访企业员工的福利制度以及薪酬奖励方面比较平稳,而到了蜕变期则上下波动较大,处在成长期、成熟期的企业,无论是企业的福利制

度还是薪资待遇等方面,都是企业生命发展周期中的最佳时期,表现为平稳上升。

⑤环境保护与节能降耗在受访企业发展的不同阶段、不同行业均有差异。数据分析发现,环境保护与节能降耗制度比较健全的是处于成熟期的受访民营企业,有简单管理制度大多数是成长期的企业,初创期的受访企业对环保问题关注较少。就行业而言,医药业注重药品的安全性,制造业注重生产经营中的环境影响问题,而石油化工等行业则考虑污染物的排放与回收利用。总体而言,受访民营企业在开展环保教育等方面比较积极,但在一些实质性问题尤其是涉及实际资金、人力投入的问题上,却做得不够到位。

4. 几点结论

①民营企业社会责任的担当因其发展阶段的不同而有所区别,处于成长期、成熟期阶段的民营企业有能力,事实上也践行了更多的社会责任。规模较大的民营企业社会责任的担当具有稳定性和战略性,而规模小的民营企业担当和履行社会责任的能力较弱,且更容易受短期机会左右。

②民营企业社会责任的履行,不同行业除了有共性的一面外,还会有差异,应考虑根据差异来制定行业的社会责任标准。

③浙江民营企业担当和履行社会责任总体状况良好,这与民营企业对社会责任的认同意识较好、角色定位层次较高相关,民营企业社会责任的认同意识、角色定位与其对社会责任担当呈正相关关系。

第六章
推进我国民营企业承担社会责任的
对策与建议

第一节　理念先行

中华民族自古以来就有重义轻利、生财有道的传统文化观和价值观,但在市场经济发展的初期,企业大多过分关注短期利润和效益高低,行为是否有道德、是否正义等往往被忽视了。有的民营企业对社会责任理念不认同,漠然置之甚至公开抵制;在认识上也存在着一些模糊认识和错误观念。有的企业认为担当和履行社会责任会造成企业成本增加,甚至要牺牲企业利润中的一部分,这显然会对企业的生存发展造成阻碍。这些企业只看到社会责任担当给企业造成的成本负担,而没有看到企业和社会的相互依存关系。有的民营企业则将社会责任视为可有可无的行为,以为企业承担社会责任就是利用业余时间为社会尽一些公益义务;还有不少民营企业认为履行和担当社会责任是大企业的事情,现在企业规模还小,等企业发展到一定规模再说。我们在实地调研的时候也发现,虽然浙江民营企业对社会责任的认知在广度上有了一定的普及,但是深度还不够,不少受访企业及其管理者没有全面地理解企业社会责任的真正内涵,对企业社会责任的内涵、范围、层次等诸多方面理解不够深入、不够到位。如一些民营企业一边加大慈善捐赠等的力度，一边却在做一些违法、违规的事情。事实上，民营企业担当社会责任确实可能在短期内需要改变企业的习惯，做出一定的物质方面的牺牲，但从长远看，民营企业主动履行和担当社会责任，满足公众的期望，有利于塑造良好的企业形象；而且企业担当社会责任本质上也是企业价值的实现，是民营企业成熟和成功的标志。一个没有担当和拒绝履行社会责任的企业，即使能获得一时的财富，但不太可能获得持续的成长和发展，也不可能赢得社会的尊重。

因此，民营企业担当和履行社会责任是企业科学发展之道，也是民营企业作为伦理实体的、内在的应有之义，而非外在强加的；只有在企业厘清社会责任观念、实现理念变革的前提下，才会提升企业社会责任的认同度，才会有正确的角色定位，因而厘清认识误区、变革理念尤为重要。

一、提升对企业社会责任的认同意识，实现由"经济人"到"社会人"、"道德人"的转变

只有对企业社会责任有深刻的理解和认同，才会在实践中主动履行和担当社会责任。为此：

①要厘清企业与社会的关系。一方面，是社会赋予了民营企业生存和发展的权利；另一方面，作为重要的市场主体之一，民营企业也是"社会公民"，是市场经济条件下参与社会生产的社会存在物。民营企业每时每刻都要从社会获取各类资源，以维系和促进自身的生存与发展，因而社会与民营企业之间是一种双向亲和的关系，民营企业在本质上是为社会创造价值的经济组织。事实上，企业发展到一定程度，企业生存就不仅仅是为自身创造财富，为他人、为社会创造财富才是企业的永续之道。因而民营企业只有关注长远、关注社会、关注利益相关者，才能够实现全面、协调、可持续发展。

②要认清责任本质的应然性。民营企业作为一个以集体方式存在的"社会公民"，既有权利又有责任。企业社会责任是企业主体内在的、自为形成的，是在享受权利的同时对责任的恪守。因而民营企业在做好"社会人"角色的同时，更要去践行"道德人"角色的要求，即要以担当和履行"道德人"

的职责来赢得社会的尊重和认可。诚如亚里士多德所言：幸福是人的最终目的，只有拥有德行，我们才有资格得到幸福。而企业社会责任就是帮助人类实现幸福的一种德行。

③要"外于行而内于心的内外兼修"。民营企业担当和履行社会责任最终是通过其行为特征和行为结果来体现的。从我们对民营企业的调研来看，一个普遍的现象是：规章一大堆，操作难上难；文件放抽屉，有它没它都一样。对社会责任的担当也是如此，不少民营企业通过了SA8000认证，却仍然达不到国外厂家的标准。为什么呢？事实上原因很简单，企业社会责任看起来是表现于外，实际上本质在于企业及其员工的企业社会责任理念、意识和角色定位。企业管理者和员工在生产、经营和管理过程中，有没有真正将企业社会责任理念、意识和精神内化到企业生产、经营的行为中去，直接决定了企业社会责任践行的效果。因此，民营企业社会责任得以实现的关键是对企业社会责任的认同度和角色定位，以及在此基础上建立的企业社会责任的内化机制。只有真正认同企业社会责任，有正确的角色定位，才能使企业社会责任"内于心外于行"与"外于行内于心"相互作用，才能更好地履行和担当企业社会责任。

民营企业履行和担当社会责任，目的还是为企业的发展、社会的进步和国家的繁荣。因此，承担企业社会责任也不能走向另一个误区：超越企业发展阶段和自身能力盲目担当社会责任。因为这样，会给企业的生存和发展带来威胁，甚至可能导致企业破产。诚如古希腊哲学家亚里士多德所阐述的："中道"即美德。也就是说，民营企业社会责任的履行和担当一定要量力而行，要根据行业及企业发展阶段和自身能力的差异而有所区别。

二、提升企业家素养，强化企业家高度的企业社会责任感

"企业家社会责任"和"企业社会责任"，虽然只是一字之差，但前者更多地依靠企业领导者个人的素质与品格，带有偶然性和随机性，属于一种启蒙阶段的价值观；而后者则是一种制度化的价值观。从启蒙阶段的价值观上升到制度化的价值观，需要一个过程。这个过程的转变有赖于企业家不断提高自身的综合素质，提升自己的社会责任理念，并对企业社会责任的担当

发挥主导作用,从而建立起企业社会责任制度与体系。因此,提升企业家素养,强化企业家的企业社会责任感,对促进民营企业社会责任的履行和担当具有重要意义。具体来说,可以从以下几个方面入手。

①加强对民营企业家的培训。根据目前民营企业家的出身、文化、企业经营等实际情况,对他们进行多种形式的培训。可以依托政府、行业协会、媒体等力量,针对企业的实际情况,加强民营企业家关于社会责任相关法律、政策的学习,增强法律意识;加强企业社会责任教育,培育企业社会责任理念;引导民营企业家学习现代企业管理理论,继承中国传统"商德",构筑"合作共赢""和谐共存""持续发展"的经营理念和管理哲学,培养一支坚决拥护党的领导,坚持社会主义道路,"爱国、敬业、守法"的民营企业家骨干分子队伍。

②建立有效的激励约束机制。利用示范效应,加强对主动担当社会责任的企业和企业家的宣传。我国民营企业家大多数处于目标选择的较高层次,对于事业成就、名誉和社会地位的期望及重视程度较高,企业发展的成就和精神鼓励对他们会产生较大的激励效果。因此,应该注重对民营企业家的成就激励,在人大代表、政协委员及劳动模范评选等方面,适当增加民营企业家的名额和比例,发挥他们参政议政的作用。建议政府设立"民营企业社会责任贡献奖",媒体应大力宣传获得年度最具责任感的企业和企业家名单,从而提升企业社会责任的认同度,使更多的企业家认识到担当和履行社会责任的重要性和必要性。同时对负面的典型案例也要通过各种媒介予以揭露,营造良好的社会环境,使民营企业家健康成长。

政府在提供税收减免等优惠政策时,要优先考虑那些合法经营、依法纳税、讲究诚信、注意环保、合理利用自然资源、爱护员工、热心社区建设、对社会公益事业做出重大贡献的优秀企业。对有过不良社会责任记录的企业,应取消申请政府资助和优惠政策的资格。

总之,提升企业家的社会责任感,充分发挥企业家社会责任的引导作用,是非常重要的。

第二节 对策建议

当前提升民营企业社会责任的关键是:构架既体现行业特色,又与民营企业发展阶段相对应的民营企业社会责任标准及其运行、推进机制。提出既符合我国民营企业实际情况,又符合国际发展趋势的社会责任守则,主要包括企业社会责任评价体系的设计、企业社会责任推进机制的设计和企业社会责任运行体系的设计。

企业社会责任运行机制的构架,必须把借鉴发达国家成熟的经验和考虑我国国情结合起来。首先,要根据浙江民营企业的发展规律,确定体现企业不同阶段又有行业特色的民营企业社会责任标准,将国际惯例本土化。其次,从企业、社会、政府三方面入手,建立体现我国国情的民营企业社会责任推进机制,包括企业内部社会责任管理机制;社会组织为主体的企业社会责任建设、责任履行状况的评价、认证机制;以政府为主导建立企业社会责任管理体系。具体来说,可以从以下几个方面入手。

一、在宏观层次上,要加强政府在推进企业社会责任中的地位和作用

在西方发达国家,企业社会责任并不是完全靠企业自身的觉醒形成的,而是靠市民社会基础和各种社会运动的推动发展起来的。而中国企业社会责任最早主要是通过跨国公司的审核和评估在供应商中推进,政府基本没有加入。在中国目前尚缺乏推进企业社会责任的市民社会基础和各种社会力量的情况下,政府的引导和推进作用就显得尤为重要。根据目前全球化进程中企业担当和履行社会责任的趋势,政府可以从以下几个方面推进企业社会责任的实现。

(1)切实转变政府职能,为民营企业发展提供良好的外部环境。在现代市场经济条件下,政府的本质就是服务,企业担当和履行社会责任,为社会的发展尽自己的义务,政府也要主动为企业发展提供服务,营造良好的政策环境、市场环境、法制环境、政务环境和舆论环境。只有建立起政府与企业

之间的良性互动机制,才能建立良好的政企关系,促进企业发展,更好地履行社会责任,推动社会的可持续发展。

(2)推进民营企业社会责任的法制化。要突出强调企业必须承担的基本的社会责任,把企业担当和履行社会责任纳入法制化、规范化的管理体系。强化民营企业的社会责任,首先要强化企业的守法行为,使企业在生产经营过程中严格遵守劳动法、工会法、职业病防治法、生产安全法和环境保护法等相关法律,在遵守国家各项法律的前提下创造利润,为社会多做贡献。

(3)加大对企业社会责任的宣传力度。通过宣传,全社会都来关注企业社会责任,参与到推动企业担当和履行社会责任的活动中来,提升企业及公众对社会责任的认同意识,营造推进企业社会责任治理与实现的社会氛围。

(4)加强对政府相关部门、民营企业家及管理者、员工等的企业社会责任知识的培训,帮助民营企业建立社会责任管理体系,使企业社会责任管理制度化、规范化,尽快与国际接轨。

二、在中观层次,要充分发挥行业协会、舆论媒介等社会群团组织的作用,形成多层次、多渠道的监督体系和制度安排

(1)充分发挥行业协会的作用。行业协会在企业社会责任实现中具有独特的作用:与政府沟通,提供信息,反映群体需求;制定维权准则,促进本行业成员或公共事业的保护与发展;还可以利用行业协会自愿与强制相结合的民主机制,运用行规的作用,发挥自律和监督职能,对成员企业的行为进行约束。依托行业协会及其功能的正常发挥,能促进民营企业积极担当和履行应尽的社会责任。

(2)发挥新闻媒体以及消协、环保组织、工会等群众团体的作用,形成全方位的监督民营企业担当社会责任的社会大环境。坚持对企业生产经营行为的舆论监督,加大对企业担当和履行社会责任的正面报道,褒扬善行,加强对不承担社会责任行为的监督,谴责恶行。

(3)建立适合我国国情的民营企业社会责任评价体系。目前国际上出现的社会责任认证组织都是民间组织,主要有社会责任国际(SAI)、公平劳

工协会(FLA)、贸易行为标准组织(ETI)和工人权利联合会(WRC)等,这些组织都先后制定了各自的社会责任标准;其中社会责任国际(SAI)2014年版的SA8000影响较大。这些标准都是以发达国家的立场、眼光和实际制定的,对发展中国家来说,这些标准往往是难以达到的。ISO26000是国际标准化组织制定开发的一个内容体系全面的国际社会责任标准,尽管ISO26000指南对组织不具有强制约束性,也一再强调并不适用于认证,但它的确对所有组织担当和履行社会责任提出了明确的规范要求,而且就如何将履行社会责任要求融入组织提供了指引。因此我们应当深入研究国外企业社会责任准则,将企业社会责任国际标准精神,结合我国民营企业发展的阶段性和行业特点,构建符合我国国情的民营企业社会责任标准评估体系。

(4)增强对民营企业担当社会责任的激励,营造社会对企业担当和履行社会责任普遍尊重的氛围。政府应将税收优惠政策和企业社会责任联系起来,如对企业慈善捐款可以进行税前列支,给予企业提高职工福利一定的奖励等;整个社会对积极担当和履行社会责任的民营企业应给予尊重和及时评价,满足企业自我实现的需要,提高企业的美誉度;此外,在民营企业处于危机和困境时,无论社会、政府还是企业的职工都应该给予必要的帮助、支持和关怀,同企业一起渡过难关,保证企业的持续发展。

三、在微观层次,要强化企业社会责任的自律,提升企业的伦理境界

强化企业社会责任,是民营企业发展到一定阶段的必然思考,也是我国构建和谐社会、实现可持续发展对企业的必然要求。顺应这一发展趋势,民营企业应加强社会责任的自律,具体来说,应从以下几个方面做出努力。

(1)将社会责任纳入民营企业发展战略规划。企业担当社会责任是一个主动、自觉的过程,因此须把担当社会责任纳入民营企业的战略规划。在制定民营企业发展战略时,除了利润目标外,要明确社会责任目标,并及时根据企业社会责任战略调整企业内部组织结构,作为工作计划落实到具体的经营和管理活动中去。

(2)将社会责任纳入民营企业文化建设系统。企业应把强化社会责任

作为一种新的管理理念,在企业的管理哲学、价值观念、道德观念中体现,并通过制度的形式使之成为企业的道德规范和行为准则,通过实施各种文化活动来推动,以提升企业在社会公众中的形象。

（3）将社会责任渗透到民营企业生产经营中,以提高企业应有的诚实、正直、公正、正义等方面的道德素质,用责任意识所形成的道德力量打造卓越企业,进而在卓越社会方面做出企业应有的贡献。在市场经济条件下,由于社会转型出现的道德真空,使社会和企业普遍缺乏社会责任的人文关怀。这一现状决定了今天的民营企业在强调经济责任和法律责任以外,还必须逐步在企业道德建设中落实具有社会意义的社会责任。一旦企业拥有了一套自身道德自律的责任机制,就可以在一定程度上避免企业成为赚钱的机器,就可以在更大程度上使企业成为讲信用、讲商誉、讲道德的企业,成为市场经济的维护者以及企业与社会和谐发展的建设者。[1]

---

[1] 李秋华、董金良、陈斌等:《民营企业社会责任研究:以浙江为例》,《浙江社会科学》2011年第10期。

后 记

时光荏苒，岁月如梭，当书稿行至最简单的"后记"、终到成型掩卷之时，百感交集，经历种种波折，书稿终于完成了，一种如释重负之感油然而生。

本书本应是浙江省哲学社会科学规划课题"构建和谐社会背景下的浙江民营企业社会责任研究"的最终成果，但由于笔者眼疾无法长时间用电脑，最终以系列论文方式结题。这里要特别感谢浙江大学附属邵逸夫医院眼科的主任姚玉峰，以精湛的医术妙手回春除顽疾。记得最后一次手术，去除包扎眼睛的纱布已是晚上九点多，周围的世界很模糊、很朦胧，我以为是术后的正常情况。值班医生带我到姚主任办公室，做完检查做紧急处理后我才得知，姚主任怕我术后出现眼压过高等异常情况，一直等在办公室，等处理完确认没什么大问题才下班。我很感动，表示感谢，姚主任淡淡说了句：那是你运气好！何等的谦虚，真是光明天使，济世良医！

在本书写作期间，还经历了我亲爱的父亲由于心梗在重症 ICU 救治136天最后去世。很长一段时间，我心情都无法平静，每每想起自己无能为力看着心爱的父亲离我而去，忍不住泪流满面。

逝者已矣，我当自强。这里要特别感谢我的母亲。父亲走后，寒暑假理应多陪伴母亲，但母亲总是说：工作要紧，抓紧时间完成工作。暑假接母亲来杭住段时间，陪她到处走走。但只住了十天，母亲便执意要回老家，原因很简单，怕我不能专心致志工作。正是母亲无私的支持和关怀才使我在写作最痛苦、最艰难的时候有坚持下去的毅力和决心，感恩伟大的母亲！

　　感谢浙江工商大学校长陈寿灿教授,从课题的申报到调研的开展、论著的完成,都得到了陈校长的指点和帮助!感谢浙江省工商联秘书长林建良、主任景柏春,还有富阳等地工商联的陈雁、陈兵等,正是由于他们的支持,才使得调研顺利进行;感谢浙江财经大学数据科学院教授董金良,无论是调查问卷的设计、还是数据的实证分析都得到了董老师的帮助和指导;感谢统计专业万旭华、方靓、姚耀等同学,在数据的录入和处理上做了大量的工作;本书在写作过程中还得到笔者的研究生陈斌、吴凯强、周玲等在调查问卷发放、收集整理资料等方面的协助,在此一并表示谢意。

　　真诚地感谢浙江工商大学出版社编辑范玉芳、唐红等,没有他们的辛勤工作,本书是不能顺利出版的。

　　同时还要感谢我的先生和女儿的理解和支持,感谢所有引用文的作者,没有他们的研究作为借鉴,也不可能有本书的成果。

　　要感谢、感恩的人太多,恕不一一详列。此外还需指出的是,由于本人学识粗浅,书中涉及的观点难免疏漏和错误,敬请各位读者朋友批评指正。

李秋华

2019 年 6 月 18 日

参考文献

[1]LUCAS J.R. Res Ponsibility[M]. New York: Oxford University Press Ine, 1993(5).

[2] AUGUSTINE. On Free Choice ofthe Will [M]. translated by Thomas Williams, Indianapolis/Cambrige: Hacket Publishing Company, 1993.

[3]ALBERT FLORES, DEBORAH G·JOHNSON. Collective responsibility and professional roles[J]. 1983, 93(3):537-545.

[4]JDM K.ROTH. Internation Encyclopedia of Ethics [M]. salem Press Inc, London, Chicago,1995(568).

[5] WILLIAM SCHWEIKER. Responsibility and Christian [M]. Ethics, Cambridge University Press,1999(40):78-105.

[6] GARY WATSON. Two Faces of Responsibility [J]. Philosophical Topics,1996, 24(2):227-248.

[7]N. EBERSBADT. What History Us about Corporate Social Responsibilities [M]. Business and Society Reuiew, 1978(8).

[8]E.MERRICK DODD. For Whom Are Corporate Managers Trustees?[M]. Haruard Law Review,1932(45):1145-1163.

[9]DODD. E. Merrick. Book Reviews: Buresucracy and Trusteeship in large Corperations[M]. University of Chicago Law review,1942(9):546.

[10] BOWEN. H. R. Social Responsibilities of the Businessman [M]. New

York: Harpor and Row, 1953(6).

[11] THEODORE LEVITT. The Dangers of Social Responsibility [J]. Harvard Business Review,1958,36(5).

[12] HAYEK F.A. The Corporation in a Democratic Society: In Whose Interest Ought It and Will It Be Run?[C]// H.I. Ansoff, Business Strategy. Harmon Worth, 1969:260.

[13] MILTON FRIEDMAN. The Social Responsibility of Business Is to Increase Its Profits. In Tom L. Beauchamp and Norman E. Bowie (ed0)[M]. Ethical Theory and Business,3rd ed. Englewood Cliffs, NJ: Prentice-Hall,1988:87-91.

[14] MILTON FRIEDMAN. Capitalism and Freedom[D]. The University of Chicago, 1996:33.

[15] GOODPASTER. Business Ethics and Stakeholder Analysis [J]. Business Ethics Quarterly, 1991,1(1):53-74.

[16] THOMAS DONALDSON, LEE E. PRESTON. The Stakeholder Theory of the Corporation Conceps, Evidence and Implications [J]. Academy of Management Review,1995,20(1):65-91.

[17] BOWEN H. R. Social Responsibilities of the Businessman[M]. New York:Harper,1953:31.

[18] Committee for Economic Development, Social Responsibility of Business Corporations[M]. New York: Author, 1971:15-16.

[19] KEITH DAVIS, Can Business Afford to Ignore Social Responsibilities[J]. California Management Review. 1960,2(3):70-76.

[20] DAVIS KEITH and BLOMSTROM, ROBERT L, Business and Society: Environment and Responsibility[M]. Mew York: MeGraw-Hill, 1975: 39.

[21] FREEMAN, R.E Strategic management: A stakeholder approach[J]. Cambridge University Press, 1951.

[22] PORTER, M.E. Strategy & Society: The Link between Competitive

Advantage and Corporate Social Responsibilty [J]. Harvard Business Review, 2006, 84(12):78-92.

[23]LOGSDON J M, WOOD D. J. Business Citizenship: Form Domestic to Global of Analsis[J]. Business Ethics Quarterly,1994(4):415-417.

[24]MOON J, CRANE A, MATTES D. Can Corporate Be Citizens? Corporate Citizens As A Metaphor for Besiness Participation in Society [J]. Business Ethics Quartely, 2005, 15(3):429-453

[25]MATTERN, DIRK. CARNE Andrew. Corporate Citizenship: Toward a Extended Theoretical Conceptualization[J]. Acadeny of Managiment Review, 2005, 30(1):166-179.

[26]Logsdon Jeaanne M Wood, Business Citizenship: From Domestic to Global of Analsis[J]. Business Ethics Quarterly, 2002, 12(2):155-187.

[27]康德.法的形而上学原理[M].沈叔平,译.北京:商务印书馆,1991:7.

[28]康德.实践理性批判[M].韩水法,译.北京:商务印书馆,1999:21.

[29]康德.道德形而上学原理[M].苗力田,译.上海:上海人民出版社,2002:56.

[30]西塞罗.西塞罗三论:论老年·论友谊·论责任[M].徐奕春,译.北京:商务印书馆,1998:91.

[31]叔本华.伦理学的两个基本问题[M].任立,孟庆时,译.北京:商务印书馆,1996:247.

[32]弗兰克纳.伦理学[M].关键,译.北京:三联书店,1987。

[33]甘绍平.应用伦理学前沿问题研究[M].南昌:江西人民出版社,2002.

[34]约翰·马丁·费舍,马克·拉维扎.责任与控制——一种道德责任理论[M].杨韶刚,译.北京:华夏出版社,2002:240-242.

[35]彼得·斯特劳森,著.薛平,译.自由与怨恨[M].应奇,刘训练,编.第三种自由,北京:东方出版社,2006:30.

[36]郭金鸿.道德责任论[M].北京:人民出版社,2008.

[37]《古汉语常用字字典》编写组:古汉语常用字字典[M],北京:商务印书馆,1996:365.

[38]金炳华.马克思主义哲学大辞典[M].上海:上海辞书出版社,2003:665.

[39]罗尔斯.正义论[M].何怀宏,等,译.北京:中国社会科学出版社,2011.

[40]乔治·恩德勒,等.经济伦理学大辞典[M].王淼洋,等,译.上海:上海人民出版社,2001:420.

[41]高湘泽.一种可能作为比较纯正的规范伦理的原义"责任伦理"纲要[M].武汉:武汉大学出版社,2015.

[42]马克斯·韦伯.学术与政治[M].北京:三联书店,1998:107.

[43]叔本华.伦理学的两个基本问题[M].任立,孟庆时,译.北京:商务印书馆,1996:87.

[44]亚当·斯密.国民财富的性质和原因的研究[M].郭大力,王亚南,译.北京:商务印书馆,1974.

[45]马歇尔.经济学原理(上卷)[M].北京:商务印书馆,1962:11-12.

[46]路易斯·普特曼,兰德尔·克罗茨纳.企业的经济性质[M].上海:上海财经大学出版社,2000:21.

[47]科斯.企业的性质[M].上海:三联书店,1991:9.

[48]卢代富.企业社会责任研究——基于经济学与法学的视野[M].北京:法律出版社,2014.

[49]巫宝三.古希腊、罗马经济思想资料选辑[C].北京:商务印书馆,1990:26-27.

[50]苗力田.希腊哲学史[M].北京:中国人民大学出版社,1989:616.

[51]亨利·皮朗.中世纪欧洲经济史[M].上海:上海人民出版社,1964:51-53.

[52]卡尔·米切姆.技术哲学概论[M].殷登祥,等,译.天津:天津科学技术出版社,1999:93.

[53]周祖城.管理与伦理[M].北京:清华大学出版社,2000.

[54]乔治·斯蒂纳,约翰·斯蒂纳.企业、政府与社会[M].张志坚,王春香,译.北京:华夏出版社,2002.

[55]刘俊海.公司的社会责任[M].北京:法律出版社,1999.

[56]弗里德利希·冯·哈耶克.自由秩序原理[M].邓正来,译.北京:三联书店,1997.

[57]孟轲.孟子[M].杨伯峻,杨逢彬,注释.长沙:岳麓书社,2007.

[58]虞和平.中国现代化历程:第一卷[M].南京:江苏人民出版社,2001:200.

[59]孙中山.孙中山全集:第2卷[M].北京:中华书局,1982:340.

[60]穆藕初.振兴棉业刍议[C]// 华商纱厂联合会案例:第2卷,1962.

[61]张謇研究中心.张謇全集[M].南京:江苏人民出版社,1987:108-109.

[62]理查德·A.波斯纳.法律的经济分析:下[M].蒋兆康,译.北京:中国大百科全书出版社,1997:544-547.

[63]彼得·F.德鲁克.管理——任务、责任、实践[M].孙耀君,等,译.北京:中国社会科学出版社,1987:28.

[64]金泽良雄.当代经济法[M].刘瑞复,译.沈阳:辽宁人民出版社,1988:104.

[65]A.B. 卡罗尔,A.K. 巴克霍尔茨.企业与社会:伦理与利益相关者管理[M].北京:机械工业出版社,2004:24.

[66]斯蒂芬·P.罗宾斯.管理学[M].北京:中国人民大学出版社,1997:97

[67]哈罗德·孔茨,海因茨·韦里克.管理学[M].北京:经济科学出版社,1993:689.

[68]K.P. 安德鲁斯.哈佛管理论文集:可以使优秀的公司有道德吗?[M].孟光裕,等,译.北京:中国社会科学出版社,1995:413-414.

[69]彼特·普拉特利.商业伦理[M].洪成文,等,译.北京:中信出版社,1999.

[70]北京大学哲学系外国哲学史教研室.西方哲学原著选读:下卷[M].北京:商务印书馆,1998.

[71]霍布斯.利维坦[M].黎思复,等,译.北京:商务印书馆,1985.

[72]洛克.政府论:下篇[M].叶启芳,瞿菊农,译.北京:商务印书馆,2007:77-78.

[73]戴维.J.弗里切.商业伦理学[M].杨斌,译.北京:机械工业出版社,1999:43.

[74]唐纳森,邓菲.有约束力的关系——对企业伦理学的一种社会契约论研究[M].赵月瑟,译.上海:上海社会科学院出版社,2001:23.

[75]麦克尼尔.新社会契约论[M].雷喜宁,译.北京:中国政法大学出版社,1994.

[76]帕特里夏·沃海恩,爱德华·弗里曼,布莱克韦尔.商业伦理学百科辞典[M].刘宝成,译.北京:对外经济贸易大学出版社,2002.

[77]R.爱德华·弗里曼.战略管理——利益相关者方法[M].上海:上海译文出版社,2006.

[78]陈宏辉.企业利益相关者的利益要求:理论与实证[M].北京:经济管理出版社,2004.

[79]周辅成.西方伦理学名著选辑(上卷)[M].北京:商务印书馆,1964:40-41.

[80]李洪彦.中国企业社会责任研究[M].北京:中国统计出版社,2006.

[81]乔治·恩德勒.发展中国经济伦理[C].上海:上海社会科学出版社,2003:196-197.

[82]亚里士多德.尼各马可伦理学[M].廖申白,译.北京:商务印书馆,2003.

[83]苗力田.亚里士多德全集(Ⅶ)[M].北京:中国人民大学出版社,1992.

[84]亚里士多德.政治学[M].颜一等,译.北京:中国人民大学出版社,2003:99-100.

[85]理查德·T.德·乔治.经济伦理学[M].李布,译.北京:北京大学出版社,2002.

[86]龚群.现代伦理学[M].北京:中国人民大学出版社,2010:121.

[87]罗国杰主编.伦理学[M].北京:人民出版社,1989:418.

[88]邓晓芒.康德哲学讲演录[M].桂林:广西师范大学出版社,2005:134.

[89]阿尔森·古留加.康德传[M].王炳文,等,译.北京:商务印书馆,1981.

[90]苗力田,李毓章.西方哲学史新编[M].北京:人民出版社,1990:550.

[91]阿尔森·古留加.康德传[M].王炳文,等,译.北京:商务印书馆,1981.

[92]苗力田,李毓章.西方哲学史新编[M].北京:人民出版社,1990:550.

[93]陈旭东,余逊达.民营企业社会责任意识的现状与评价[J].浙江大学学报(人文社会科学版),2007(3).

[94]刘藏岩.民营企业社会责任推进机制研究[J].经济经纬,2008(5).

[95]李秋华,董金良,陈斌,等.民营企业社会责任研究:以浙江为例[J].浙江社会科学,2011(10).

[96]张洪峰.战略视角下民营企业社会责任建设的意义与对策研究[J].中外企业家,2012(4).

[97]张健.民营企业社会责任驱动财务绩效的有效性研究[J].经济论坛,2010(1).

[98]马新燕.民营企业社会责任评价——基于浙江省民营上市公司数据[J].企业经济,2013(4).

[99]李子畅.企业的唯一责任是盈利[J].新青年·权衡,2006(5).

[100]潘云华.社会契约论的历史演变[J].南京师范大学学报,2003(1).

[101]朱苏力.从契约理论到社会契约理论[J].中国社会科学,1996(4).

[102]李淑英.社会契约论视野中的企业社会责任[J].中国人民大学学报,2007(2).

[103]陈宏辉,贾生华.利益相关者理论与企业管理伦理的新发展[J].社会科学,2002(6).

[104]马力.西方公司社会责任界说述评[J].江淮论坛,2005(4).

[105]李彦龙.企业社会责任的基本内涵、理论基础与责任边界[J].学术交流,2011(2).

[106]冯梅,范炳龙.简析企业公民的权与责[J].中国质量,2009(12).

[107]龚天平.企业公民、企业社会责任与企业伦理[J].河南社会科学,2010(4).

[108]李秋华.论企业伦理责任[J].江西社会科学,2005(7).

[109]刘登科.康德的责任概念及其责任伦理观[J].中共南京市委党校学报,2004(5).

[110]黎友焕.论企业进行SA8000认证的程序及建立SA8000的步骤[J].WTO经济导刊,2004(9).

[111]孙继荣.ISO26000——社会责任发展的里程碑和新起点[J].WTO经济导刊,2010(12).

[112]黎友焕,魏升民.企业社会责任评价标准:从SA8000到ISO26000[J].学习与探索,2012(11).

[113]于新东,创造浙江民营经济发展新繁荣[N].浙江日报,2016-3-14(3).

[114]雷玉琼,苏衡彦.论企业由"经济人"向"社会人"转变[J].湖南大学学报,2001(4).

[115]高峰.企业社会责任思想的缘起与演变[J].苏州大学学报,2009(6).

[116]刘春权.对企业社会责任的价值理性追求及其伦理内涵[J].重庆社会科学,2004(1).

附录

民营企业社会责任调查问卷(公众)

尊敬的先生、女士:

您好! 首先非常感谢您在百忙之中参加本次问卷调查。请根据您的真实想法填写问卷,答案无所谓正误。本问卷调查结果将会受到严格保密,仅用于学术研究,不涉及任何商业用途。

感谢您的合作与支持!

说明:答案可多选,在所选答案上打√

1. 您是否听说过以下概念?(可多选)

    A. 联合国全球契约   B. 国际劳工公约

    C. 企业公民   D. SA8000

    E. 跨国企业"生产守则"   F. ISO26000

    G. 都没听说过

2. 您认为企业的社会责任具体内容包括:(可多选)

    A. 创造利润,对股东利益负责   B. 遵守法律,依法纳税

    C. 产品质量及售后服务   D. 员工福利及工作环境

E. 诚信经营、公平竞争　　　　　F. 支持公益事业,向社会捐款捐物

G. 遵守行业道德规范　　　　　　H. 以人为本,建立先进企业文化

I. 节能降耗,减少环境污染　　　J. 其他

3. 您认为民营企业是否应该承担社会责任?

A. 应该　　　　　　　　　　　　B. 不应该

C. 视企业规模大小及其发展阶段而定

4. 您认为现在倡导企业承担社会责任,树立良好的企业公众形象有无必要?

A. 既必要又紧迫　　　　　　　　B. 没有必要

C. 缺乏实际意义

5. 什么样的原因会促使您对一个企业产生亲和感甚至开始尊敬它?

A. 热衷于做公益事业

B. 以人为本,恪守商业道德且永不忘记承担对公众与社会的责任

C. 有很强的市场营销能力与良好的利润

D. 企业负责人有领袖魅力与企业家精神

6. 您对浙江民营企业履行社会责任的总体满意程度怎样?

A. 非常满意　　　　　　B. 基本满意　　　　　　C. 不满意

7. 您认为当前最迫切需要强调中国民营企业全面履行的企业社会责任有哪些?

A. 产品安全责任　　　　B. 公众安全责任

C. 环境保护责任　　　　D. 公益事业责任

E. 依法纳税责任　　　　F. 合法经营、维护公共秩序责任

8. 许多民营企业将承担社会责任当作一种提升企业形象的营销手段。对此,您是否认同?

A. 赞同　　　　　　　　B. 不赞同　　　　　　　C. 必要时可以使用

9. 民营企业履行社会责任必定会增加成本,您如何评价企业因履行社会责任而造成的成本开支?

A. 企业承担社会责任一定要有利可图,以此来弥补成本开支

B. 企业有义务承担社会责任,这是企业经营成本之一

C. 为了减少成本而不承担社会责任的企业应该受到严惩

D. 企业承担社会责任所花费的费用应该在一个合理的范围内

10. 您是否赞成民营企业每年公开企业社会责任报告?

    A. 赞成　　　　　　　　B. 不赞成　　　　　　　　C. 根据社会需要确定

11. 从公司性质上来分,您认为最应该公布企业社会责任报告的企业是哪一类?

    A. 大型央企　　　　　　B. 垄断性企业　　　　　　C. 上市公司

    D. 民营企业　　　　　　E. 所有企业

12. 您认为推进企业社会责任意识提高的主导力量应该来自哪里?

    A. 政府　　　　　　　　　　　　　　B. 企业本身

    C. 媒体舆论及中介组织　　　　　　D. 社会公众

13. 您认为目前中国民营企业履行社会责任的状况如何?

    A. 很好　　　　　　　　B. 很差　　　　　　　　C. 一般

14. 您认为跨国公司在发展中国家推行企业社会责任是:

    A. 新的贸易壁垒　　　　　　　　　　B. 有必要但不公平

    C. 主要有利于跨国公司本身利益　　　D. 是经济社会发展的趋势

    E. 仅仅增加中国公司的压力

15. 从行业划分来看,你认为最应该履行企业社会责任的领域是哪些?

    A. 食品行业　　　　　　　　　　　　B. 医疗保健品行业

    C. 采矿冶炼行业　　　　　　　　　　D. 服装纺织品行业

    E. 印刷印染行业　　　　　　　　　　F. 移动通信行业

    G. 金融行业　　　　　　　　　　　　H. 其他

16. 中国企业社会责任意识与国际社会相比而滞后。您认为形成这种情况的核心原因是什么?

    A. 政府对企业社会责任的强调和推进滞后

    B. 企业普遍没有树立以人为本的经营理念

    C. 市场经济和企业发展的成熟度不够

    D. 各种促进企业社会责任实践的专业协会和中介组织缺少

17. 如果您发现有的企业不负社会责任,在考虑购买其产品或接受服务时,您会:

    A. 这样的企业不值得信赖,拒绝其产品或服务

    B. 企业归企业,产品(服务)归产品(服务),不妨碍自己的购买意愿

    C. 尽可能地向亲朋好友传播,劝说大家不要购买其产品(服务)

18. 有些民营企业超越自身实际财力做公益事业,你是否赞成?

    A. 不赞成   B. 赞成

    C. 看企业的动机,如果是为了宣传,我会很反感   D. 无所谓

19. 对于民营企业履行公益责任,如下说法中您最认同哪一条?

    A. 企业就是应该多捐款做公益事业

    B. 公益责任应该是恪守基础责任且资金允许前提下的自觉行为,现代企业尽到产品安全责任、公众安全责任与环境保护责任就是最大的公益

    C. 企业做公益一定要宣传,让更多的公众知道并树立榜样

    D. 公益责任应该是政府的事,与企业无关

20. 如果民营企业有资金条件也有意愿担负公益责任,您赞成民营企业以自己的行动去实践,还是赞成企业通过专业的公益机构来实践?

    A. 企业自己的事情,想怎么做都可以

    B. 通过专业的公益机构会更有公信力

    C. 企业自己做更好,可以让人记得住

    D. 关键在于运作的方式,只要是真做公益就行

21. 从企业社会责任的角度来看,当前中国企业的产品安全责任与环境保护责任存在很大的问题。您认为造成这种现状的原因是什么?

    A. 政府监管不到位,相应法律法规滞后

    B. 企业见利忘义,商业道德不健全,公众意识淡漠

    C. 市场经济发展过程中的必然现象

    D. 不知道

22. 您认为当前中国企业的环境责任最主要的内容是什么?

    A. 鼓励发展和推广无害环境的技术

B. 治理污染,减少废气废水排放

C. 采用可再生的原料

D. 使用清洁能源

23. 有观点认为企业社会责任报告必须获得与财务报告同等的地位和分量,而且有必要对企业社会责任报告聘请专业机构进行独立的审核。您认为必要性如何?

　　A. 没有必要　　　　　　　　　B. 非常有必要,必须这样做

　　C. 无所谓　　　　　　　　　　D. 让企业自己选择

24. 西方许多国家均有专门的企业责任协会,您认为有没有必要在中国建立专门促进企业社会责任实践行动的组织?

　　A. 没有必要　　　　　　　　　B. 非常有必要

　　C. 国外经验不能照搬　　　　　D. 不清楚

25. 您认为企业有无必要设立企业社会责任专责人员或部门?

　　A. 有必要　　　　　　　　　　B. 没必要

26. 总体而言,您觉得民营企业的角色定位应该是:

　　A. "经济人",企业应该追求利润最大化,以赚钱为主要目的

　　B. "社会人",企业除了赢利外,也应该平衡与利益相关者之间的关系

　　C. "道德人",企业的目标和社会的发展是一致的,因而在自身生存发展的同时应该为社会做出贡献

27. 请根据您所理解的重要性程度,给以下企业社会责任内容排序:

　　A. 快速发展,保持盈利　　　　B. 向社会捐款捐物

　　C. 产品质量及售后服务　　　　D. 员工福利及工作环境

　　E. 遵守法律及行业道德规范　　F. 纳税多少

　　G. 与其他厂商融洽　　　　　　H. 节能降耗,减少环境污染

　　I. 为弱势群体解决就业问题　　J. 建立先进企业文化

28. 有人认为企业社会责任的履行应根据企业发展阶段的不同而有所区分,处于成熟期的企业应承担更多的社会责任。您同意这种说法吗?

　　A.同意　　　　　　　　B.基本同意　　　　　　　　C.不同意

29. 企业社会责任的履行应根据行业的不同而有不同要求。您同意这种说

法吗?

 A.同意   B.基本同意   C.不同意

30. 根据您的了解,请为浙江民营企业的社会责任履行情况打分。(满分10分)

 A. 浙江民营企业在保障员工的薪酬福利方面(包括激励机制,依法支付加班费用,住房公积金,合理的薪酬等级)的表现   (   )

 B. 浙江民营企业在环境保护方面的表现   (   )

 C. 浙江民营企业在产品及售后服务方面的表现   (   )

 D. 浙江民营企业在社区服务方面的表现   (   )

 E. 浙江民营企业在公益捐款方面的表现   (   )

 F. 浙江民营企业在诚信建设方面的表现   (   )

 G. 浙江民营企业在维护市场公平竞争方面的表现   (   )

 H. 浙江民营企业在企业文化建设方面的表现   (   )

 I. 浙江民营企业在发布过企业社会责任报告书,公布履行企业社会责任的资讯方面的表现   (   )

 J. 浙江民营企业在建立反商业贿赂的相应管理机制方面的表现
        (   )

读者基本情况

(1)您所在的行业性质

 A. 国家机关/党政机关/社会团体   B. 国有企业

 C. 民营企业   D. 服务业

 E. 其他(请注明)_____

(2)您的职位

 A. 公司董事长/合伙人   B. 企业高管

 C. 部门主管   D. 企业/公司普通员工

 E. 党政机关/社团/事业单位人员   F. 专业人员/技术人员

 G. 高校教师/学生   H. 个体经营者/自营职业者

 I. 其他(请注明)_____

(3)您的年龄

  A. 20岁以下   B. 20—24岁

  C. 25—29岁   D. 30—40岁

  E. 41—49岁   F. 50岁以上

(4)您的性别

  A. 男   B. 女

(5)您的学历

  A. 研究生及以上   B. 大学本科

  C. 大专   D. 高中

  E. 初中及以下

浙江民营企业社会责任调查问卷(企业)

尊敬的先生、女士(小姐):

    我们的目的是调查管理人员的企业社会责任取向以及企业承担社会责任的状况。问卷共4页,这些问题是反映您个人的责任取向及贵企业的情况,没有对错好坏之分,请您根据实际情况来回答。我们只将数据用于学术研究,不会用于商业目的。希望得到您的支持。

第一部分企业信息

1. 企业所在行业:＿＿＿＿＿＿＿＿

2. 是否有产品出口:A. 是   B. 否

3. 您是:A. 董事长或总裁   B. 高级管理人员

        C. 中层管理人员   D. 其他

4. 您的企业属于:＿＿＿＿＿＿＿＿

    A. 制造加工   B. 石油化工

    C. 零售商业   D. 饮食酒店业

    E. 农产品加工（含食品加工）   F. 建筑、房地产业

    G. 采矿业   H. 纺织服装   I. 其他

5. 贵企业发展处于:＿＿＿＿＿＿＿＿

    A. 孕育期、初创期   B. 成长期

    C. 成熟期   D. 衰退期

6. 贵企业2006年的工业增加值是＿＿＿＿＿＿＿＿万元。

第二部分 企业社会责任调查

说明:答案可多选,在所选答案上打√

一、对企业社会责任的基本认识

1. 您是否听说过以下概念?(可多选)

    A. 联合国全球契约　　　　　　B. 国际劳工公约

    C. 企业公民　　　　　　　　　D. OECD公司治理结构原则

    E. 跨国企业"生产守则"　　　　F. SA8000

    G. ISO26000　　　　　　　　H. 都没听说过

    I. 其他

2. 企业在经营活动中是否碰到企业利益相关方对企业提出社会责任要求?

    A. 从来没有　　　　　　　　　B. 偶尔有

    C. 经常遇到　　　　　　　　　D. 其他

3. 您认为企业社会责任对企业形象的树立:

    A. 非常重要　　　　　　B. 重要　　　　　　C. 无所谓

4. 您认为企业的社会责任具体内容包括:(可多选)

    A. 创造利润,对股东利益负责　　B. 遵守法律,依法纳税

    C. 产品质量及售后服务　　　　　D. 员工福利及工作环境

    E. 诚信经营、公平竞争　　　　　F. 支持公益事业,向社会捐款捐物

    G. 遵守行业道德规范　　　　　　H. 以人为本,建立先进企业文化

    I. 节能降耗,减少环境污染　　　J. 其他

5. 对企业来说,各个利益相关方的重要性顺序是(排序):

    A. 政府出资人　　　　B. 员工　　　　　C. 消费者

    D. 供应商　　　　　　E. 所在社区　　　F. 当地社会

    G. 社会团体　　　　　H. 媒体　　　　　I. 自然环境

    J. 其他

6. 您认为企业履行社会责任给企业带来了什么?(可多选)

    A. 提升企业商誉与品牌形象　　B. 增加了企业经营成本

    C. 提高开拓国际市场能力　　　D. 提高企业的管理水平

E. 降低了企业经营效率　　　　F. 创造宽松的经营环境

G. 其他

7. 您认为跨国公司在发展中国家推行企业社会责任是：

A. 新的贸易壁垒　　　　　　　B. 有必要但不公平

C. 主要有利于跨国公司本身利益　D. 是经济社会发展的趋势

E. 仅仅增加中国公司的压力

8. 您认为下列哪些行业容易面临企业社会责任问题？

A. 制造加工　　　　　　　　　B. 石油化工

C. 零售商业　　　　　　　　　D. 饮食酒店业

E. 农产品加工（含食品加工）　F. 建筑、房地产业

G. 采矿业　　　　　　　　　　H. 纺织服装

I. 医药　　　　　　　　　　　J. 其他

9. 对于企业社会责任,企业打算：

A. 更深入了解　　　　　　　　B. 列入长远发展策略

C. 不关心

二、公司治理

10. 您的企业是否设置了下列管理机构？

A. 企业社会责任部　　　　　　B. 可持续发展部

C. 环境管理部　　　　　　　　D. 公共关系部

11. 您的企业是否成立工会

A. 有　　　　　　　　　　　　B. 没有

C. 有,但作用不大　　　　　　D. 正准备成立

12. 贵公司董事会在制定企业重大决策过程中,有哪些机制保障利益相关者的利益？

A. 通过外部董事代表外部利益相关者的利益

B. 直接征求外部利益相关者的意见

C. 建立重大决策前专家论证制度

D. 决策方案需要经有关委员会同意后才能提交董事会

E. 其他

13. 贵公司是否建立了有关社会责任方面的委员会或类似机构?

    A. 是   B. 否

    如果是,请列出它们的名称:_____

三、企业文化

14. 贵企业的企业文化中是否包含有与社会责任相关的内容?

    A. 有   B. 否

    如果有,请简要说明_____

四、员工关系

15. 企业在保障员工薪酬福利方面采取了哪些措施?

    A. 完整的薪酬管理制度   B. 健全的激励机制

    C. 从不拖欠工资   D. 住房公积金

    E. 依法支付加班工资   F. 合理的薪酬等级

    G. 带薪休假   H. 其他

16. 贵企业是否有完善的员工培训制度和职业发展计划?

    A. 是   B. 否

17. 贵企业培训主要针对哪些员工?(可多选)

    A. 只针对高层管理人员   B. 包括中层管理人员

    C. 主要针对技术骨干   D. 关注新员工

    E. 针对中青年员工   F. 资深员工

    G. 全体员工   H. 其他

五、客户

18. 贵企业是否有完善的客户(消费者)关系管理制度?

    A. 已建立,制度体系比较完善   B. 有简单客户关系管理制度

    C. 正在建立相关制度体系   D. 没有,近期将建立

    E. 没有,近期也不打算建立   F. 其他

19. 贵企业是否进行过客户(消费者)满意度方面的调查?

    A. 有制度化的满意度调查和改进机制

    B. 只是偶尔进行客户满意度调查

    C. 根据需要偶尔进行过调查

D. 没有调查

E. 其他

20. 企业有没有建立客户反映意见的渠道?

    A. 建立了专门接受客户意见的渠道

    B. 没有专门渠道,客户难以反映意见

    C. 其他

六、供应商

21. 贵企业是否与供应商有稳定的合作伙伴关系?

    A. 是   B. 否

22. 企业在选择供应商时,是否考虑对方已履行企业社会责任或其企业形象?

    A. 考虑   B. 不考虑   C. 不一定

23. 是否向供应商企业宣传企业社会责任理念?

    A. 是,向所有供应商

    B. 是,只向部分关系密切的供应商

    C. 不一定

    D. 没有

    E. 其他

七、环境保护与节能降耗

24. 企业有没有制定环境保护与节能降耗的管理制度?

    A. 已经建立,制度体系比较健全

    B. 有简单的管理制度

    C. 正在建立相关制度

    D. 没有,近期将建立

    E. 其他

25. 企业在环境保护方面采取了哪些具体措施?(可多选)

    A. 项目可行性报告中涉及环境评估

    B. 生产经营计划中考虑环境因素

    C. 资助社会环境保护公益活动

D. 在企业内开展环境保护教育

E. 支持员工参与环境保护公益活动

F. 对供应商提出环境保护要求

G. 通过环境保护认证

H. 制定污染物排放管理制度

I. 制定废弃物回收再利用办法

J. 其他

八、政府、社区与社会组织关系

26. 采取了什么措施来加强公司与周边社区的互动？

A. 组织参观

B. 发放宣传材料

C. 为社区建设提供经济支持，如环境保护、健身设施等

D. 其他

27. 是否参与过政府政策的制定（或提出建议）？

A. 是   B. 否

九、公益事业

28. 您的企业有过公益捐款吗？

A. 经常   B. 有过   C. 没有

29. 在下述哪些方面进行过捐款或其他支持活动？（可多选）

A. 环保   B. 救灾   C. 扶贫

D. 社区公益   E. 社会基础建设   F. 其他

十、信息披露与沟通机制

30. 您的企业有否发布过企业社会责任报告书，公布履行企业社会责任的资讯？

A. 经常

B. 偶尔

C. 没有发布过，近期将发布

D. 没发过，近期也没有打算

31. 您的企业发布的企业社会责任报告书或财务报告中主要涉及哪些方

面？

    A. 财务信息   B. 劳工   C. 消费者

    D. 供应商   E. 环保   F. 社区公益

    G. 反腐败和商业贿赂

十一、市场竞争与反商业贿赂

32. 企业是否建立反商业贿赂的相应管理机制？

    A. 有比较完善

    B. 基本完善

    C. 没有，近期正在建立

    D. 没有，近期也不准备建立

    E. 其他

33. 企业为提高企业诚信水平采取了哪些对策（可多选）？

    A. 建立了诚信制度或风险防范体系

    B. 建立了内部人员诚信档案记录

    C. 对商业伙伴进行信用管理

    D. 将诚信列入企业的优先发展工作

    E. 兼职的或专门的诚信管理部门

    F. 在企业内开展诚信教育培训工作

    G. 其他

十二、其他

34. 请根据您所理解的重要性程度，给以下企业社会责任内容排序。

    A. 快速发展，保持盈利   B. 向社会捐款捐物

    C. 产品质量及售后服务   D. 员工福利及工作环境

    E. 遵守法律及行业道德规范   F. 纳税多少

    G 与其他厂商融洽   H. 节能降耗，减少环境污染

    I. 为弱势群体解决就业问题   J. 建立先进企业文化

35. 有人认为企业社会责任的履行应根据企业发展阶段的不同而有所区分，处于成熟期的企业应承担更多的社会责任。您同意这种说法吗？

    A. 同意   B. 基本同意   C. 不同意

36. 企业社会责任的履行应根据行业的不同而有不同要求。您同意这种说法吗？

    A. 同意   B. 基本同意   C. 不同意

37. 您的企业愿意接受我们对企业社会责任方面的案例采访吗？

    A. 愿意   B. 不愿意

专家效度评价表

尊敬的老师：

您好!感谢您在百忙之中抽出时间来指导本次课题研究,希望能够得到您的帮助与支持。现就问卷设计的合理性及有效性向您征求意见和建议。请您阅读后,对问卷的内容效度进行评定,并提出您的宝贵意见和建议。

1. 您的姓名_____　性别_____　工作单位_____
2. 您的职称：
   A. 教授　　　　B. 副教授　　　　C. 讲师　　　　D. 助教
3. 您认为问卷的内容设计：
   A. 很合理　　B. 比较合理　　C. 基本合理　　D. 不太合理
   E. 很不合理
4. 您认为问卷的结构设计：
   A. 很合理　　B. 比较合理　　C. 基本合理　　D. 不太合理
   E. 很不合理
5. 你对问卷设计的总体评价是：
   A. 很合理　　B. 比较合理　　C. 基本合理　　D. 不太合理
   E. 很不合理
6. 您认为问卷所设置的问题是否可以合理地反映浙江民营企业社会责任状况？
   A. 很合理　　B. 比较合理　　C. 基本合理　　D. 不太合理
   E. 很不合理

问卷信度和效度检验

在文献查阅及访谈的基础上,根据研究的目的和要求,针对本课题涉及的内容,设计了浙江民营企业社会责任调查问卷。将设计好的初始问卷向8位专家(4位教授,4位副教授)请教意见,并根据反馈意见进行修正。将修正后的问卷再次向专家咨询,表1是专家最终对问卷给出的评价。由结果可知,对于问卷的内容效度100%的专家表示很合理或比较合理,其中75%的专家认为很合理、25%的专家认为比较合理。对于问卷的结构效度100%的专家认为很合理或比较合理,其中50%的专家表示很合理、50%的专家表示比较合理。对于问卷设计的总体评价,100%的专家表示很合理或比较合理,其中62.5%的专家表示很合理、37.5%的专家表示比较合理;对于问卷是否反映了浙江民营企业的社会责任现状,100%的专家表示很合理或比较合理,其中75%的专家表示很合理、25%的专家表示比较合理。可见,本研究的调查问卷具有较好的效度。

表1　专家对问卷内容和结构效度评价

效度	很合理		比较合理		基本合理		不太合理		很不合理	
	人数	百分比%	人数	百分比%	人数	百分比%	人数	百分比%	人数	百分比%
您认为问卷的内容设计	6	75.00%	2	25.00%	0	0.0%	0	0.0%	0	0.0%
您认为问卷的结构设计	4	50.00%	4	50.00%	0	0.0%	0	0.0%	0	0.0%
你对问卷设计的总体评价	5	62.50%	3	37.50%	0	0.0%	0	0.0%	0	0.0%
您认为问卷所设计的问题是否可以合理地反映浙江民企的社会责任	6	75.00%	2	25.00%	0	0.0%	0	0.0%	0	0.0%

　　同时为了保证问卷的信度,本研究采用重测信度对问卷进行信度检验。具体方法为发放问卷1个月后对同一答卷人进行抽样重测(选取78个重测样本),并将两次问卷调查结果进行数据统计与处理,将问卷各个题项两次得分进行相关分性分析,得出所有问项两次测量数据的相关系数均处于0.8—0.9之间,说明两份问卷前后两次测量的结果都高度相关性。因此量表具有较高的重测信度。